조선 왕들은 왜?

조선 왕들은 왜?

지은이 박영규
1판 1쇄 발행 2023년 2월 25일
1판 3쇄 발행 2024년 3월 2일

발행처 (주)옥당북스
발행인 신은영

등록번호 제2018-000080호
등록일자 2018년 5월 4일

주소 경기도 고양시 일산동구 위시티1로 7, 507-303
전화 (070)8224-5900 **팩스** (031)8010-1066

블로그 blog.naver.com/coolsey2
포스트 post.naver.com/coolsey2
이메일 coolsey2@naver.com

값은 표지에 있습니다.
ISBN 979-11-89936-38-9 (03910)

조선 왕들은 왜?

조선 왕들의
뜻밖의 행동 뒤에 숨겨진
의문과 진실

박영규 지음

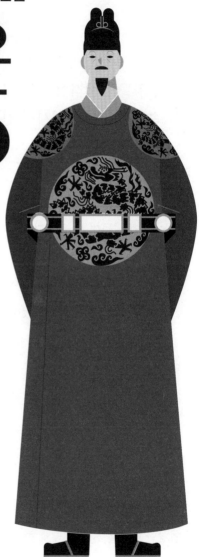

옥당

조선 왕들의 행적이 남긴 의문 부호,
그 속에서 찾아낸 역사적 진실

1917년 6월, 조선의 마지막 왕 순종은 당시 돈으로 12만 원이라는 거액을 들여 도쿄를 다녀왔다. 당시 12만 원의 가치는 1911년에 한국인이 경영하던 공장들의 총자본금 중 18%에 해당하는 금액이었다. 도대체 순종은 이 엄청난 비용을 쓰면서까지 왜 도쿄를 다녀왔으며, 그 목적은 무엇이었을까?

사람의 행위에는 반드시 이유가 있기 마련이다. 특히 왕들의 행위에는 특별한 이유와 목적이 있을 수밖에 없다. 왕의 행위는 일개 필부의 행위와는 비교도 되지 않는 파장이 뒤따르기 때문이다.

모든 행위에 반드시 이유가 있기 마련이라지만, 때로는 그 이유가 터무니없거나 뜻밖일 때도 종종 있다. 물론 왕들의 행위라고 해서 예외는 아니다.

순종이 빚만 잔뜩 지고 있던 왕실의 궁핍한 사정에도 불구하고 엄청난 비용을 들여 도쿄로 향하던 시점으로부터 525년을 거슬러 올라가면 그의 조상 태조 이성계가 벌인 뜻밖의 행위를 접할 수 있다.

1392년 11월, 고려 왕조를 무너뜨리고 새로운 왕조를 세운 이성계는 느닷없이 명나라에 사신을 파견하여 국호를 정해달라고 요청한다. 당시 명나라는 왕조를 교체한 사실을 인정하고 새로운 국호가 정해지면 결과만 알려달라고 통보해온 터였다. 그런데 이성계는 왜 굴욕스럽게도 다른 나라에, 그것도 그들이 요구도 하지 않았는데 굳이 자기가 세운 나라의 국호를 정해달라고 했던 것일까?

조선의 시조 이성계와 마지막 왕 순종뿐 아니라 그들 사이에 용상을 차지했던 25명의 왕도 선뜻 이해되지 않는 행적을 남겼다. 그리고 그 뜻밖의 행적 뒤에는 우리가 미처 몰랐던 역사적 진실이 감춰져 있었다. 그 진실은 때로는 엉뚱하게 왜곡되거나, 때로는 승자의 미담으로 미화되거나, 때로는 교묘하게 묻힌 채로 비밀인 양 남아있다.

이 책은 왜곡되고, 미화되고, 묻혀있는 그 조선 왕들의 행적 이면에 숨겨진 진실을 드러내는 데 목적이 있다. 어떤 일이든 숨겨진 진실을 파헤치기에 앞서 의문이 생기기 마련이다. 예컨대 이런 의문들이다.

태조는 왜 왕씨들의 씨를 말리려 했을까? 왕씨들이 다시 일어날까 봐 두려워서? 아니면 신하들의 주장에 떠밀려서?

정종은 왜 자기 아들을 아들이 아니라고 부인해야만 했을까? 아들을 살리기 위해서? 아니면 뒤늦게 자기 아들이 아니란 것을 깨달아서?

태종은 왜 배은망덕하게도 처가를 몰락시켰을까? 정말 외척의 발호를 막기 위함이었을까? 또 다른 속사정은 없었을까? 심온을 죽인 것도 외척의 발호를 막기 위한 일의 연장선상에서 벌인 일일까? 아니면 또 다른 숨겨진 이유가 있었을까?

물론 이런 의문에 대한 그럴싸한 대답들이 이미 있다. 그런데 과연 그 대답들은 진실일까? 아니면 진실을 감추기 위해 미화되거나 조작된 것일까? 조작했다면, 미화되었다면 진실은 무엇일까?

필자는 이런 의문을 품고 조선 왕들의 행적 중에 선뜻 이해되지 않는 것들을 다시 한번 살피기 시작했다.

세종은 왜 철저한 사대주의자로 살았을까?

문종은 왜 멀쩡하다가 갑자기 죽었을까?

단종은 왜 자살했다고 기록되었을까?

세조는 어린 시절, 궁 밖에서 홀로 성장했다는데 왜 그랬을까?

예종은 왜 남이를 역적으로 몰아 죽였을까?

성종은 왜 법을 무시하고 어우동을 사형시켰을까?

연산군은 왜 삼년상을 없앴을까?

중종은 왜 대장금에게만 치료를 맡겼을까?

인종은 왜 스스로 굶어 죽었을까?

명종은 왜 마마보이로 살아야만 했을까?

선조는 왜 식사 중에 죽었을까?

광해군은 왜 허균의 죽음을 방관했을까?

인조는 왜 아들을 질투하여 죽였을까?

.

.

.

왜?

왜?

왜?

조선 왕들은 왜?

결국, 이 책은 이 물음표 65개에 대한 대답으로 채워졌다.

부디 독자 여러분이 조선왕 27명의 행적이 남긴 물음표 속에서 조선사의 진실에 한 발짝 더 다가가길 바란다.

2023년 2월

일산우거에서

박영규

1장

태조 편

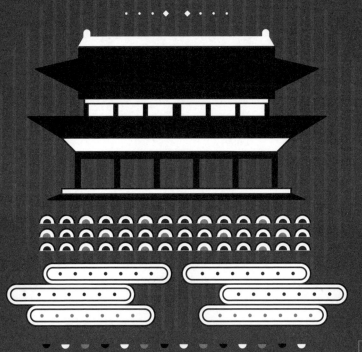

이성계는 무슨 이유로 명나라에 국호를
정해 달라고 했을까?

이성계가 공양왕을 내쫓고 고려 왕조를 멸망시킨 뒤에 가장 서두른 작업이 국호를 정하는 일이었다. 이성계는 이 과정에서 납득할 수 없는 행동을 한다. 명나라에서 요구하지도 않았는데 굳이 명나라에 국호를 정해달라고 요청한 것이다. 도대체 왜 그랬을까?

이성계는 1392년 음력 7월 17일에 왕위에 오르고, 바로 다음날인 7월 18일에 명나라에 사신을 보내 왕조가 바뀐 사실을 알린다. 이때 이성계는 명나라에 보낼 문서에 자신을 고려의 문하시중이라고 적는다. 아직 국호가 정해지지 않았고 상국(명나라)의 허락을 받지 않았으니 새로운 나라의 이름도, 왕의 호칭도 쓸 수 없는 처지라는 이유에서였다. 그리고 7월 19일에 사신을 보내 왕조의 교체 사실을 승인해 달라는 서신을 올린다.

이성계의 사신을 접한 명나라는 고려의 일은 고려인들이 자유롭게 처리하라고 대답한다. 그러면서 국호가 바뀌면 즉시 알려달라고 한다. 왕조의 교체든 국호를 정하는 일이든 알아서 하고, 결과만 알려달라는 말이었다.

그런데 이성계는 1392년 11월 29일에 다시 예문관 학사 한상질(한명회의 조부)을 명나라에 파견하고 새로운 국호를 정해달라고 요청한다. 그 내용은 이렇다.

"삼가 간절히 생각하옵건대, 소방小邦은 왕씨의 후손인 요(공양왕)가 혼미하여 도리에 어긋나서 스스로 멸망하는 데 이르게 되니 온 나라의 신민들이 신을 추대하여 임시로 국사를 보게 하였으므로 놀라고 두려워서 몸 둘 곳이 없었습니다. 요사이 황제께서 신에게 권지국사權知國事(왕호王號를 인정받지 못하는 동안에 사용한 왕의 칭호)를 허가하시고 이내 국호를 묻게 되시니, 신은 나라 사람과 함께 감격하여 기쁨이 더욱 간절합니다. 신이 가만히 생각하옵건대, 나라를 차지하고 국호를 세우는 것은 진실로 소신이 감히 마음대로 할 수가 없는 일입니다. 조선朝鮮과 화령和寧 등의 칭호로써 천총天聰에 주달하오니, 삼가 황제께서 재가해 주심을 바라옵니다."

명나라 황제 주원장이 국호가 정해지면 알려달라고 했는데, 이성계는 '조선'과 '화령', 두 가지를 보내서 하나를 선택해 달라고 요청한 것이다. '조선'은 단군조선, 기자조선 등 역사적인 맥을 잇는다는 의미에서, 그리고 '화령'은 이성계의 출생지라는 이유로 채택된 듯하다. 화령은 원래 화주목이었는데 공민왕 시대에 화령부로 개칭되었다.

명나라는 '조선'과 '화령' 중에 '조선'을 선택했다. 그리고 그 이유를 이렇게 말했다.

"동이東夷의 국호에 다만 '조선'의 칭호가 아름답고, 또 이것이 전래된 지가 오래되었으니 그 명칭을 근본 하여 본받을 것이며, 하늘을 본받아 백성을 다스려서 후사를 영구히 번성하게 하라."

명나라에서 '조선'을 국호로 정해주자 이성계는 매우 기뻐하며 이렇게 말했다.

"실로 이것은 종사와 백성의 한이 없는 복이다. 진실로 중앙과 지방에 널리 알려서 그들과 함께 혁신하게 할 것이니, 지금부터는 고려란 나라 이름은 없애고 '조선'의 국호를 좇아 쓰게 할 것이다. 아아! 나라를 세워 자손에게 전하고 이미 국호를 고쳤으니, 정치를 시행해 어진 정사를 펼치고 마땅히 백성의 일에 힘쓰는 정치를 펴야 될 것이다."

'조선'이라는 국호를 두고 명나라와 조선은 모두 만족해했지만, 그 이면을 살펴보면 양국의 입장은 사뭇 달랐다. 조선 측에서는 단군조선과 기자조선의 문화와 전통을 동시에 계승한다는 의도였지만, 명은 기자조선을 의식하고 조선이라는 국호에 쾌히 동의한 것이다. 즉,《논어》에 등장하는 은나라의 현인 기자가 조선으로 망명하여 백성을 교화했으며, 이에 주나라가 기자를 조선의 제후에 봉하였다는《한서 지리지》의 내용을 염두에 두고 있었던 것이다. 이처럼 '조선'은 민족주의 역사관과 사대주의 가치관이 혼재된 이름이었다.

여기서 다시 이야기의 핵심으로 돌아가서, 도대체 왜 이성계는 명나라에서는 원하지도 않았는데 명나라에 국호를 정해 달라고 했을까? 자신이 세운 나라의 이름을 타국이 결정하게 한 것은 사대주의적일 뿐 아니라 매우 굴욕적인 일이다. 이성계와 조선의 개국 세력 역시 이 점을 모르지 않았을 텐데 왜 그랬을까?

그 답은 1393년 3월 9일에 이성계가 주원장에게 올린 표문表文(중국의 임금에게 올리는 외교 문서)에서 찾을 수 있다.

"지난번에 특별히 천자의 명령이 내리심을 받았사온데, 나라 이름을 마땅히 고쳐야 될 것임을 지시하여 빨리 달려와서 보고하기를 명하였으니, 신은 나라 사람들과 더불어 감격함을 견디지 못하겠습니다. 간절히 생각하옵건대, 옛날 기자箕子 시대에 있어서도 이미 조선이란 칭호가 있었으므로 이에 아뢰어 진술하여 감히 천자께서 들어주시기를 청했는데, 유음兪音(신하의 말에 대한 임금의 대답)이 곧 내리시니 특별한 은혜가 더욱 치우쳤습니다. 이것이 대개 구중궁궐에서 천하를 다스리면서 만 리 밖의 일을 환하게 보시어 신이 부지런히 힘써 조심함을 살피시고, 신이 성실하여 딴마음이 없음을 어여삐 여기시어 이에 소방小邦(작은 나라)으로 하여금 새 국호를 얻게 했던 것입니다."

표문에서 이성계는 자신이 딴마음이 없다는 것을 강조한다. 바로 이것이 이성계가 주원장에게 국호를 정해달라고 한 이유이다. 자신은 딴마음을 품지 않고 대국인 명나라와의 사대 관계를 충실히 지키며 섬길 것이니 이를 믿어달라는 증표로 국호를 정해달라고 한 것이다. 그야말로 소국을 다스리는 (약)자로서 대국에 확실히 고개를 숙임으로써 침략이나 응징당하지 않고 왕조를 보존하려는 보신책이었다.

이는 겉으론 매우 굴욕적인 처사이지만 약소국으로선 실리적 선택이었을 것이다. 그리고 이 실리적 선택으로 당시 최강대국인 명나라의 침입을 당하지 않았을 뿐 아니라 훗날 임진왜란 때는 결정적인 군사 원조를 받아 왕조를 보존하게 된다.

장남을 두고 막내를 세자로 세운 진짜 내막

조선 왕조 초기에 가장 불행한 사건은 이방원이 왕자의 난을 일으켜 태조 이성계를 왕위에서 밀어낸 일이다. 이방원이 왕자의 난을 일으킨 직접적인 원인은 태조 이성계의 세자 책봉이었다. 이성계는 조선 건국 직후, 적장자를 두고 둘째 부인 소생인 여덟째 아들 방석을 세자로 책봉했다. 이 때문에 첫째 부인 소생들의 불만이 많았는데, 급기야 이성계가 병상에 누운 틈을 타 다섯째 아들 방원이 쿠데타를 일으켜 부왕을 왕위에서 밀어내는 사태가 벌어진 것이다.

조선 건국 당시 태조에게는 일곱 명의 아들이 있었다. 본부인 한씨에게서 여섯, 둘째 부인 강씨에게서 둘을 얻었다. 한씨가 낳은 여섯 아들 중에 막내인 방연은 조선 건국 이전에 죽었고, 장남 방우를 비롯해 방과·방의·방간·방원 등은 장성해 있었다. 반면 강씨 소생 방번과 방석은 아직 소년이었다. 특히 막내 방석은 이제 열한 살이었다. 그런데 태조는 한씨 소생들을 모두 제쳐놓고 강씨 소생인 막내 방석을 세자로 책봉했다.

태조 이성계는 왜 이런 무리한 결정을 했을까? 태조가 장남 방우를 세자로 책봉하지 않은 데는 이유가 있었다. 조선 건국 당시 방우는 아버지 이성계와 부자 관계를 끊어버린 상태였기 때문이다. 이성계와 이방우, 이들 부자 관계가 이렇게 뒤틀리게 된 배경에는 이성계의 위화도 회군이 있었다.

이성계는 고려 말에 전쟁 영웅이라는 명성에 힘입어 중앙 정계로 진출한 후, 1388년에 요동 정벌에 나서게 된다. 하지만 요동 정벌에 반대한 이성계는 위화도에서 회군하여 요동 정벌을 주창한 최영을 축출하고 우왕을 폐위시킨다. 이후, 이성계는 조정의 요직을 차지하여 세력을 확대, 역성혁명의 기반을 다지게 된다.

그런데 이 일과 관련하여 이성계 집안 내부에서 심한 갈등이 벌어진다. 이성계의 장남 방우가 위화도 회군을 반역으로 규정하고 아버지를 성토했다. 방우는 이성계가 위화도 회군을 단행하자, 벼슬을 버리고 철원의 보개산으로 은거하여 집안과 인연을 끊어버렸다. 위화도 회군 당시 서른다섯 살이었던 방우는 문과에 급제하여 삼십 대에 이미 예의판서와 밀직부사 벼슬에 오른 촉망받는 인재였다. 이성계도 그런 장남을 매우 자랑스럽게 생각했는데, 정작 위화도 회군을 두고는 첨예하게 대립했던 모양이다.

이성계는 요동 정벌이 현실성 없는 망상에서 비롯된 잘못된 판단이라고 생각하고, 그 명령을 내린 상관 최영과 우왕을 제거하는 것이 대의에 맞는 일이라고 보았다. 반면 방우는 왕명을 받고 적을 치기 위해 떠난 장수가 의견이 다르다고 해서 거꾸로 창을 돌려 섬기던 왕을 공격하는 것은 반역 행위라고 규정했다. 그런데 그 반역의 우두머리가 자신의 아버지라는 사실을 알고 견딜 수 없어 아예 가족과 함께 속세를 버리고 은거해버렸다.

이성계는 장남 방우가 집안과 인연을 끊고 있던 상황인 1392년 음력 7월에 공양왕을 내쫓고 왕위에 올랐다. 하지만 조선이 개국된 이후에도 방우는 아버지를 찾지 않았다. 그는 세자는 물론이고 왕자의 신분으로 살 생각이 전혀 없었다. 그러니 이성계가 장남인 그를 세자로 책봉하고 싶어도 그럴 수 없는 상황이었다. 이성계가 장남을 세자로 책봉하지 않은 것이 아니라 장남인 이방우가 세자 책봉을 거부한 것이었다.

이렇듯 장남이 세자 되길 거부하는 상황이라면 서열상 둘째 이방과를 세자로 책봉하는 것이 순리에 맞았다. 하지만 이성계는 차남 방과는 물론이고 정적 정몽주를 격살하여 조선 건국에 막대한 공을 세운 다섯째 방원도 건너뛰며 둘째 부인 소생인 어린 방석을 세자로 책봉했다.

이는 누가 봐도 순리에 맞지 않는 수였다. 그런데 왜 이성계는 이런 무리수를 뒀을까? 그 배경에는 둘째 부인 강씨가 있었다.

조선 건국 당시 이성계의 첫째 부인 한씨는 사망한 상태였다. 따라서 조선 건국 이후 첫 번째 왕비 자리는 둘째 부인 강씨(신덕왕후) 차지였다. 사실, 신덕왕후는 운이 좋아서 조선의 첫 번째 왕비가 된 것이 아니었다. 그녀는 이성계가 가장 신뢰하고 의지하는 책사였고, 조선 건국의 일등 공신이었다. 따지고 보면 그녀가 없었다면 이성계는 조선 건국은 고사하고 고려 말의 혼란 속에서 정치인으로 성장하기도 힘들었을 것이다.

전장을 떠돌던 이성계가 개성의 정가에서 자리를 잡지 못하고 궁지에 몰렸을 때, 당대 최고 권신이었던 이인임의 종손자 이제와 자기 딸을 결혼시켜 이성계의 정치적 입지를 다진 것도 그녀였고, 이성계가 낙마하여 정치적 위기에 몰렸을 때 이방원을 황주에 보내 이성계를 개성으로 데리고 온 것도 그녀였으며, 이방원에게 최대의 정적 정몽주를 격살하라고 시킨 사람도 그녀였다. 또한 이성계로 하여금 왕위에 오를 것을 강권하여 고려 왕조를 폐하고 조선 왕조를 세우게 한 것도 그녀, 신덕왕후 강씨였다.

강씨는 권력욕이 강하고 정치력이 뛰어났을 뿐 아니라 당시로선 이성계에게 가장 큰 영향력을 행사하는 인물이었다. 거기다 이성계는 강씨의 말이라면 껌뻑 죽는 공처가였다. 강씨의 의견에 반대할 엄두를 내지 못했다. 강씨는 자기 아들을 세자로 세울 것을 주장했는데, 자신의 주장을 관철하기 위해 편전까지 와서 직접 대신들에게 의견을 전달하기까지 했다. 당시 대신들은 장남 방우를 세자로 책봉할 수 없는 상황인 만큼 자식들의 서열과 상관없이 조선 개국에 가장 큰 공을 세운 방원을 세자로 세울 것을 주청했다. 하지만 강씨는 자신이 직접 나서서 방원의 세자 책봉을 막았다. 그리고 자기 소생인 방석을 세자로 세우고야 말았다.

당시 물망에 올랐던 둘째 방과와 다섯째 방원도 신덕왕후의 강력한 의지를 막을 수 없었다. 그만큼 강씨의 조정 장악력이 대단했다. 심지어 이방원은 강씨가 건재한 동안에는 왕위에 욕심이 없는 것처럼 숨죽이고 살아야 했다. 혹여 용상을 탐내고 있던 자신의 속내를 강씨에게 들키기라도 하면 가차 없이 목이 달아날 것이었기 때문이다. 그래서 이방원은 1396년에 강씨가 죽은 뒤에야 비로소 정변을 획책하여 부왕 이성계를 밀어낼 수 있었다.

역사에 가정은 없다지만, 만약 강씨가 죽지 않고 살아있었다면 이방원이 쿠데타를 일으킬 생각을 할 수 있었을지, 또 왕위에 오를 수 있었을지 의문이 든다.

03

왕씨를 멸족하지 못해 안달 난 이성계

　흔히 태조 이성계의 인품을 거론하면, 너그럽고 친화적이며 포용력이 있다고 한다. 실제 그의 행적에서도 온화한 성품을 확인할 수 있는 이야기가 많다. 그래서 이성계를 포용의 리더로 인식하곤 한다. 하지만 다음의 기록은 그의 포용력에 의구심을 갖게 만든다.

　왕씨가 망하자, 여러 왕씨를 섬으로 추방하였더니, 신하들이 의논하여 모두 말하였다.

　"제거하지 않으면 반드시 후환이 있을 것이니, 죽여 버리는 것만 못하다."

　그러나 명분 없이 죽이기는 어려우므로 수영 잘하는 사람으로 하여금 배를 갖추도록 하고, 여러 왕씨를 유인해 말하였다.

"지금 교서教書가 내려 여러분을 섬 속에 두어 서인을 만들라 하신다."

그러자, 여러 왕씨가 대단히 기뻐서 다투어 배에 올라탔다.

배가 해안을 떠나자, 뱃사람이 배를 뚫고 바닷속으로 잠수하였다.

배에 물이 반쯤 찼을 때, 본래 왕씨와 잘 아는 중이 해안에 서서 손을 들어 물에 빠져들어 가는 왕씨를 부르니, 왕씨가 즉석에서 시를 지어 중을 불러 읊었다.

"노 젓는 한 소리 푸른 바다 밖에서 들려 오지만 비록 중이 있은들 어이하랴."

이에 중이 통곡하고 돌아갔다.

성종 시대의 문신 남효온의 문집 《추강냉화》에 전하는 내용이다. 이 이야기에서 보듯 이성계는 조선을 건국한 후에 고려 왕족들을 모아 섬에 따로 살게 해주겠다고 속인 뒤, 물에 빠트려 죽였다. 개인 문집에 전하는 내용이라 그저 야사에 불과하다고 생각할 수도 있겠지만, 이 이야기는 단순히 《추강냉화》에만 전하는 것이 아니다. 조선 시대 왕들의 업적을 뽑아 기록한 《국조보감》에도 비슷한 이야기가 전한다.

3년 갑술에 왕씨들을 유배할 적에 대간이 왕강, 왕승보, 왕승귀, 왕격을 섬으로 옮겨 보내기를 청하여 아뢰었다.

"이 무리는 비록 전하께서 후하게 대우해 주더라도 반드시 그 은덕을 생각하지 않을 것입니다. 또한 왕강은 지모가 뛰어나고, 승보와 승귀는 용력을 대적할 사람이 없으니 만약 그들을 경도京都에 있게 한다면 반드시 헤아릴 수 없는 큰 변을 선동할 것입니다."

결국, 이렇게 해서 왕씨들을 섬으로 보낸 것은 분명해 보인다. 《조선왕조실록》의 태조 재위 3년(1394년) 2월 22일 기록에서도 비슷한 내용을 볼 수 있다.

대간과 형조에서 소장을 같이 올려 아뢰었다.
"공양군과 여러 왕씨를 마땅히 해도海島에 안치해야 될 것입니다."
임금이 세 관청의 장무를 불러 유시하였다.
"지난번에 이미 명령하기를, '내 비록 대사大事가 있더라도 마땅히 소장을 같이 올리지 못하게 하라.'고 하였는데, 어찌 명령을 따르지 않는가? 이 일은 이미 깊이 생각하라고 명령했는데 어찌 급히 서둘기를 이같이 하는가?"
이에 대답하였다.
"비록 이미 명령을 받았사오나, 또한 소장을 같이 올린 것은 일이 크기 때문이오며, 깊이 생각하라고 명령하셨는데도 다시 아뢰게 된 것은 뜻밖의 변고가 있을까 두려워한 때문입니다."

이후에도 조정에서 계속 왕씨들을 섬으로 보내야 한다고 상소했다. 결국 그해 2월 26일에 태조는 대간들이 출근을 거부하며 연명 상소를 올리자, 왕씨 일족을 유배 보내라는 명을 내렸다.

물론 이때 모든 왕씨를 죽인 것은 아니었다. 다만 목숨을 부지한 왕씨에게는 아예 성을 바꾸게 했다. 그 내용이 〈태조실록〉 3년 4월 26일에 전한다.

'고려 왕조에서 성을 받아 왕씨가 된 사람에게는 모두 본성本姓을 따르게 하고, 무릇 왕씨의 성을 가진 사람은 비록 고려 왕조의 후손이 아니더라도 또한 어머니의 성姓을 따르게 하였다.'

이성계는 조선 건국 후에 고려 왕씨들을 섬으로 유인하여 죽였을 뿐 아니라 겨우 살아남은 왕씨들에게도 성을 바꿔서 살게 함으로써 정책적으로 왕씨를 멸족시킨 것이다. 그래서 고려 왕족의 후예인 왕씨들은 산이나 섬에 숨어 살면서 자신의 성씨를 전全씨, 옥玉씨, 용龍씨 등으로 바꿔서 살아야 했다.

중국사와 한국사를 통틀어 전 왕조의 후예들을 이렇게까지 멸한 사례는 찾아보기 힘들다. 심지어 이성계의 아들 태종 이방원조차도 《동각잡기》에 이런 말을 남겼다.

"태조가 개국하던 처음에 왕씨가 보존되지 못한 것은 전혀 태조의 본의가 아니고, 한두 대신의 책략에 의한 것이었다. 예로부터 왕조가 바뀌어 새로 명을 받은 자는 앞 임금의 후예를 봉하여 새 나라와 더불어 오래 가게 하기도 하고, 혹은 벼슬을 주어 현명한 것을 드러내게 하기도 하였으니, 그 후예를 남김없이 멸해버린 일은 없었다."

정적 제거에는 물불을 가리지 않던 이방원조차도 이런 생각을 가졌는데, 어째서 너그럽고 인자한 성품으로 소문 난 이성계가 유독 고려 왕씨에게는 이렇듯 가혹하고 잔인한 짓을 저질렀을까?

그 이유는 고려 왕씨가 다시 일어나 조선을 무너뜨릴 것이라는 두려움을 떨쳐버릴 수 없었기 때문이다. 그래도 죄 없는 사람들을 가혹하게 죽이고 멸족시킨 것에 대한 일말의 죄책감은 남아 있었던 모양이다. 조선 초에 일어난 알려지지 않은 사건들의 내막을 비교적 자세히 서술하고 있는 《축수편》에는 그 일말의 죄책감을 이렇게 전한다.

왕씨를 바닷속에 빠뜨려 죽인 뒤에, 태조의 꿈에 칠장지복七章之服을 입은 고려 태조가 분을 품고 말하였다.

"내가 삼한을 통합하여 이 백성들에게 공이 있거늘, 네가 내 자손을 멸하였으니, 곧 오래되지 않아 도리어 보복이 있을 것이다. 너는 알아 두어라."

이에 태조가 놀라 깨었다. 이내 왕씨의 선원璿源(족보)에 적혀 있는 한 장의 부분을 사면하였다.

04

정도전의 요동 정벌 계획,
왜 실행하지 못했을까?

    조선 건국을 논하자면 태조 이성계와 정도전의 유착 관계를 살피지 않을 수 없다. 비록 조선의 건국은 이성계에 의해 이뤄졌지만, 조선의 실질적인 설계자가 정도전이었다는 것은 그 누구도 부정하지 않기 때문이다. 심지어 정도전이 자신을 한나라의 장량에 비유하면서 조선의 개국에 자신의 공이 가장 컸음을 공공연히 자랑하곤 했다. 그리고 한 고조 유방이 장량을 이용한 것이 아니라 장량이 유방을 이용하여 한나라를 세웠다고 말하기까지 했다. 이는 자신이 주역이 되어 이성계를 통해 역성혁명을 주도해 조선을 개국했다는 의미일 것이다.

정도전이 이런 태도를 보인 것은 그에 대한 이성계의 신임이 절대적이었기 때문이다. 이성계는 정도전의 계획과 주장이면 거부하는 일이 거의 없었다. 조선을 성리학 중심의 국가로 만드는 것에서부터 재상 중심의 정치, 한양으로의 천도, 경국대전의 기초 작업, 경복궁의 설계, 병권 집중화 운동 등 조선 건국 과정에서 행해진 거의 모든 일은 정도전이 주도했고, 그때마다 이성계는 그의 주장을 수용했다.

그런데 정도전이 강력하게 주장했지만, 관철하지 못한 일도 있었다. 바로 요동 정벌이었다. 정도전이 요동 정벌을 주장하기 시작한 것은 1396년이었다. 그 무렵, 명나라는 조선에서 올린 표表와 전箋의 문장에 대해 시비를 걸어왔다. 표전은 중국에 보내는 사대 문서인데, 1395년 10월에 유구와 정신의가 명나라에 가지고 간 표전문 속에 중국을 희롱하는 말이 들어 있다고 하여 사신들이 억류되었다. 이때 명나라는 표문을 작성한 정도전을 명나라로 보내라고 요구했는데, 조선에서는 정도전이 표문을 작성한 당사자가 아니며, 병을 앓고 있는 상태라 보내지 못한다고 하였다.

이후 정도전은 남은과 함께 요동 정벌을 주장했다. 정도전과 남은은 거의 매일 같이 태조에게 요동 정벌의 당위성을 역설하였고, 태조 또한 긍정적인 태도를 보였다. 정도전은 요동을 정벌해야만 명나라의 내정 간섭에서 벗어날 수 있다고 보았고, 태조 역시 그 점에 동의했다.

하지만 그들과 함께 역성혁명의 중추를 맡았던 조준의 강력한 반대에 부딪쳐 쉽게 관철하지 못했다. 그리고 조준이 휴가를 내고 등청하지 않은 날, 두 사람이 또 태조에게 강력하게 요동 정벌을 청하였고, 거의 승낙을 얻어내게 되었다. 하지만 여전히 좌정승 조준의 동의가 필요했다. 그래서 두 사람은 조준의 집에 찾아가 이렇게 말했다.

"요동을 공격하는 일은 지금 이미 결정되었으니 공은 다시 말하지 마십시오."

그러자 조준이 이렇게 대꾸했다.

"만일에 내가 공과 더불어 여러 도의 백성을 거느리고 요동을 정벌한다면, 그 백성들이 우리를 흘겨본 지 이미 오래인데, 어찌 백성들이 즐거이 따르겠습니까? 나는 스스로 망하고 나라까지 패망되는 일이 요동에 도착하기도 전에 일어날까 염려됩니다. 임금의 병세가 한창 성하여 일을 시작할 수 없으니, 원컨대 여러분들은 내 말로써 임금에게 복명하기를 바랍니다. 임금의 병환이 나으면 내가 마땅히 친히 아뢰겠습니다."

이후 조준은 태조를 찾아가 요동 공략의 부당함을 강력하게 주장했고 동의를 얻어내 기어코 정도전의 요동 정벌을 막았다.

하지만 정도전과 남은의 요동 정벌에 대한 야망은 쉽게 꺾이지 않았다. 사실, 그들은 개국 초부터 요동 정벌 계획을 세우고 있었다. 또한 이를 위해 병권을 집중시키고 있었다. 개국 당시 조선의 군대는 하나로 결집되어 있지 못했고, 각 절제사가 시위패(중앙군)를 거느리는 형태였다. 원래 시위패는 공민왕 때 궁궐을 지키고 국방을 안정시키기 위해 만든 조직인데, 조선 건국 무렵에는 절제 사들의 사병처럼 활용되고 있었다. 당시 절제사들은 국가의 명령 없이도 시위패를 지휘할 수 있었기 때문에 시위패는 그들의 사병 이나 마찬가지였다. 이런 사병을 거느린 세력은 정안군 이방원을 비롯한 왕자들과 개국 공신들이었다.

정도전은 개국 직후, 의흥삼군부 판사로 있으면서 각 절제사를 의흥삼군부에 예속시키고, 의흥삼군부의 지휘 아래 시위패를 움 직이도록 조치했다. 덕분에 시위패를 개인적으로 움직이는 일은 다소 줄어들었다. 하지만 여전히 병권이 절제사의 손에 있었으므 로 왕권을 위협하는 요소로 남아 있었다.

정도전은 의흥삼군부를 통해서 진법 훈련이라는 명목으로 시위 패를 하나의 조직으로 묶어내는 데는 성공했지만, 사병을 혁파하 고 조선의 군대를 하나로 뭉치게 하는 데는 실패했다. 하지만 정 도전은 사병을 혁파하지 않으면 요동 정벌도 불가능하다고 판단 했고, 그 때문에 사병 혁파에 더욱 몰두하였다. 정도전의 사병 혁 파 운동에는 세자 방석도 동참했다.

정도전과 세자 방석의 사병 혁파 방도는 시위패에 대한 영향력 이 큰 자들의 절제사 직위를 폐지하는 형태였다. 개국 이후 왕조 는 점차 안정되어 갔고, 따라서 사적으로 군대를 동원할 일이 거 의 사라진 상황이었기에 왕자들과 유력자들의 절제사직 폐지는 당연한 수순이었다. 그래야만 조선의 모든 병권을 삼군부에 집중 시켜 국력을 배가시킬 수 있었다.

정도전, 남은, 심효생 등은 이 일을 위해 여러 차례 왕자들의 병권을 빼앗아야 한다는 상소를 올렸다. 태조는 쉽게 승낙하지 않았다. 그렇다고 쉽게 물러날 정도전이 아니었다. 더구나 세자 방석과 방석의 장인 심효생까지 합세한 상황이어서 태조도 계속 거부할 수만은 없었다. 결국, 1398년 8월 중순에 왕명에 의해 왕자들의 시위패 운영이 폐지되었다. 다만 세자의 친형 방번이 거느린 시위패만 유지시켰다.

정도전과 세자 방석의 병권 집중화 운동은 이렇듯 이방원을 비롯한 여러 왕자와 사병을 거느리고 있던 유력한 신하들에겐 크나큰 위협이 아닐 수 없었다. 사병이 혁파되고 병권이 오로지 삼군부에만 귀속되면 혹 자신들이 일거에 제거되지 않을까 하는 두려움이 있었다. 더구나 방번의 군대만 유지되고 있었기에 한씨 소생 왕자들의 불안은 더욱 커졌다.

이에 이방원을 비롯한 왕자들은 병권 집중화에 주력하고 있던 정도전 세력을 제거할 기회를 엿보았다. 그리고 얼마 뒤인 8월 26일에 급기야 이방원은 이성계가 병석에 누워있는 틈을 타 쿠데타를 일으켜 정도전을 제거하고 정권을 장악했다. 이로써 정도전의 요동 정벌 계획은 완전히 무산되었고, 설상가상으로 이성계마저 왕위에서 밀려나게 되어 요동 정벌은 더는 거론조차 할 수 없는 일이 되고 말았다.

아들 이방원을 상대로 벌인 복위전쟁

1402년 11월 5일, 안변부사 조사의가 군사를 일으켜 태조의 복위와 세자 방석과 신덕왕후의 원수를 갚겠다고 천명했다. 군사를 일으킨 조사의는 신덕왕후 강씨의 족속이었으며, 조사의와 함께 난을 일으킨 강현 역시 신덕왕후의 친족이었다.

반역을 주도한 조사의는 1393년에는 형조의 정5품 의랑 벼슬에 있었고, 1397년에는 첨절제사를 지내다 물러났다. 그리고 1398년에 정도전과 방석 일파가 제거될 때 유배길에 올랐다가 서인으로 전락하여 전라도 수군에 예속된 채 노역을 해야 했다. 그러다 이성계의 요청으로 풀려나 안변부사로 재직하고 있었다.

겉으로는 난을 주도한 인물이 조사의처럼 보였지만 실상 조사의를 움직인 것은 이성계였다. 조사의가 군대를 일으킬 당시 이성계는 고향 함주(함흥)에 머무르고 있었다. 함주에 머물기 전에는 안변에 머물렀는데, 조사의가 안변부사가 된 것은 이성계가 안변에 머물기 몇 달 전이었다. 물론 이성계의 입김이 작용한 결과였다. 이성계가 조사의를 안변부사로 삼은 것은 복위 전쟁을 감행하기 위한 포석이었다.

그렇다면 이성계는 언제부터 복위 계획을 세웠을까? 이를 확인하기 위해서는 그가 왕위에서 물러난 뒤의 행보를 살펴볼 필요가 있다.

이성계가 병상에서 일어나 제대로 움직이기 시작한 것은 이방원이 난을 일으킨 지 4개월이 흐른 1398년 12월 말이었다. 이때부터 이성계는 후원을 거닐기도 하고, 신하들에게 잔치를 베풀기도 했다. 그리고 이듬해 1월 19일에 궁궐에서 나가 방번의 옛집에서 살게 해 달라고 요청했으나 거절당했다. 그러나 이성계는 줄기차게 궁궐에서 나가게 해달라고 요청했고 결국, 그해 3월 13일에 비어있던 시중 윤환의 옛집으로 옮겨갔다. 그날 이성계는 금강산 유점사에서 보살재를 베풀게 해달라고 했다가 거절당하자, 화가 나서 궁문을 호위하는 군사들을 모두 물러가게 한 뒤에 급작스럽게 새벽에 거처를 옮겨버렸다. 그리고 이렇게 말했다.

"내가 한양에 천도하여 아내와 아들을 잃고 오늘날 환도하였으니, 실로 도성 사람들에게 부끄럽기 그지없다. 그러니 출입을 밝지 않은 때에 해서 사람들로 하여금 보지 못하게 하여야겠다."

그런 말을 하고는 개성 근처의 관음굴에 가서 법석을 열었다. 그리고 곧장 평주 온천으로 가려 하는데 정종이 내관 박영문을 보내 이런 말을 전하며 길을 막았다.

"부왕께서 미리 가실 곳을 명령하지 않으시고 갑자기 온천에 가시면 신하들이 가신 곳을 알지 못하여 놀라고 두려워서 실망할 것입니다. 빌건대, 환궁하셔서 날을 가리어 행차하소서."

말인즉, 마음대로 다니지 말고 자신들이 행선지를 알 수 있도록 해달라는 것이었다. 이성계는 별수 없이 발길을 돌려야 했다. 그리고 돌아오는 길에 승려 신강을 만나자, 눈물을 흘리며 이렇게 하소연했다.

"방번과 방석이 모두 죽었다. 내가 비록 잊고자 하나 잊을 수가 없다."

두 아들뿐 아니라 아끼던 사위 이제도 살해되었고, 딸은 머리를 깎고 비구니로 살고 있었다.

이성계는 그런 일들을 곱씹으며 복위를 계획했다. 그토록 아끼던 어린 자식들에 대한 원수를 갚겠다는 일념이었다. 그런데 그런 이성계의 복위 계획에 또 한 번 불을 지르는 사건이 발생했다. 1400년에 2차 왕자의 난이 일어나고 이방원이 세자로 책봉된 뒤, 정종을 밀어내고 아예 용상을 차지해버린 것이다.

이성계는 분노를 참지 못하고 1401년 윤3월에 안변으로 들어갔다. 안변은 함주와 함께 이성계가 역성혁명의 기반을 다진 곳이었으니, 복위를 꾀하기에 그곳만큼 좋은 곳도 없었다.

한편, 이성계가 안변에 머물고 있다는 소식을 들은 방원은 몹시 불안했다. 그래서 도승지 박석명을 비롯하여 이성계의 옛 친구 성석린을 보내 개성으로 돌아오도록 종용했다. 그러자 이성계는 뜻밖에도 별다른 저항 없이 개성으로 돌아왔다. 그리고 곧장 태종에게 방간을 소환하라고 요구했다. 하지만 정승들의 강력한 반대로 방간은 소환되지 않았다. 당시 이성계가 방간을 소환하려 한 것은 방간을 자신의 복위 계획에 참여시키려는 의도였을 것으로 보인다. 뜻을 이루지 못한 이성계는 한동안 소요산에 머물며 기회를 엿보다가 순식간에 함주로 들어가 버렸다. 선조의 능을 참배한다는 핑계를 댔지만, 실제로는 복위 전쟁을 꾀할 목적이었다.

이성계가 함주로 들어간 것이 1402년 11월 1일이었는데, 나흘 뒤인 11월 5일에 조사의가 군사를 일으켰다. 이성계가 조사의를 앞세워 복위 전쟁을 시작한 것이다.

이성계가 함주에 머물던 상황에서 반란이 일어나자, 태종은 몹시 당황했다. 그래서 박순과 무학을 차례로 함주로 보내 이성계에게 돌아올 것을 종용했다. 하지만 이성계는 시일을 끌며 계속 함주에 머물렀고, 그 사이 조사의의 반군은 제법 맹위를 떨치고 있었다. 이미 함경도 지역은 거의 장악한 상태였고, 그 여세를 몰아 평안도로 나아갈 계획이었다.

사태가 매우 심각하다고 판단한 태종은 11월 13일에 조영무를 도통사로 삼고, 이천우, 김영열, 이귀철 등에게 군대를 안겨 동북면과 서북면으로 향하게 하였다. 또 민무질과 신극례에게도 군사를 내주고 동북면을 떠나게 했다.

그러자 이성계는 11월 18일에 함주에서 서북면 맹주로 향했다. 동북면의 민심을 얻었다고 판단한 반군이 서북면까지 장악하게 하기 위함이었다. 그 소식을 듣고 진압군 선봉에 선 이천우가 군대를 이끌고 맹주로 들어갔다. 그리고 선봉대로 기마유격대를 보냈으나 반군에게 오히려 붙잡히는 신세가 되고 말았다. 그때 이미 서북면의 상당 부분도 반군이 장악했다. 그런 까닭에 급한 마음으로 무턱대고 맹주로 들어갔던 이천우 부대 전체가 반군에 포위되고 말았다. 이천우는 고전을 면치 못하고 아들 이밀과 함께 십여 기의 기마병들만 이끌고 가까스로 포위망을 뚫고 나왔다.

한양에 이천우의 패전 소식이 전해진 것은 6일 후인 11월 25일이었다. 은주지사 송전이 겨우 도주해 와서 알린 것이다.

그로부터 이틀 뒤인 11월 27일, 조사의의 반군은 평안남도 안주까지 진출해 있었다. 그때 반군은 청천강 인근에 주둔해 있었는데, 그 병력 속에는 포로병인 김천우가 있었다. 반군 병사들이 그에게 진압군의 숫자가 얼마나 되느냐고 물었는데, 김천우가 약 4만 명은 될 것인데, 그대들이 어떻게 당해낼 수 있느냐고 하자, 반군 내부에 이탈자가 속출했다. 그리고 조화란 자가 군영에서 달아나려고 군막에 불을 지르자, 반군들이 놀라서 사방으로 흩어지는 사태가 발생했다.

이렇듯 조사의의 반군은 내부 균열로 인해 무너졌다. 그러자 조사의는 수하들을 거느리고 안변으로 돌아갔다. 하지만 그때 조사의 휘하 군사는 기껏 기병 50여 기밖에 남지 않은 상황이었다. 그러자 도안무사 김영렬이 군대를 이끌고서 포위한 후 조사의와 아들 조홍, 그리고 강현 등을 사로잡았다.

안변에서 조사의가 압송되어 도성에 도착한 때는 12월 7일이었다. 안변과 도성 사이의 거리를 생각할 때, 조사의는 12월 초에 체포되었다는 뜻이다. 군대를 일으킨 것이 11월 5일이었으니 채 한 달이 되지 못해 무너졌고, 압송된 지 11일 만인 12월 18일에 처형되었다. 그와 함께 강현, 조홍, 홍순, 김자량, 박양, 이자분, 김승, 임서균, 문중첨, 한정 등 이성계의 복위를 도왔던 장수와 관리들도 모두 목이 달아났다.

조사의 세력의 죽음과 함께 태조 이성계의 복위 계획도 완전히 무산되었다. 아들 이방원에게 왕위를 뺏기고 아끼던 자식과 사위마저 잃은 그는 다시 왕위를 찾아 방원을 응징하려 했지만 허무하게도 실패하고 말았다. 아버지와 아들의 싸움은 결국, 아들의 완승으로 끝난 것이다.

조사의를 앞세워 다시 한번 용상에 오르리라 생각했던 이성계는 조사의의 패배 소식을 듣고 맹주에서 평양으로 옮겨 갔다. 그리고 조사의가 압송되어 도성에 도착한 다음 날 도성으로 돌아왔다.

이성계가 도성으로 돌아온다는 소식을 듣고 방원이 마중을 나갔는데, 두 부자가 만난 곳은 황해도 금천의 금교역이었다. 이긍익이 쓴 《연려실기술》은 야사 《축수편》을 인용하며 이 만남에 대해 다음과 같은 이야기를 전한다.

태종이 직접 교외로 나가 태조를 맞이하려 하자, 하륜이 말리면서 태상왕의 진노가 아직 다 가라앉지 않았으니 조심해야 한다고 조언하며, 큰 장막을 치되 장막을 떠받치는 굵고 높은 기둥을 많이 세워한다고 했다. 그 말을 듣고 태종이 그렇게 하라고 했더니, 정말 하륜의 예상대로 태조가 태종을 보자마자 갑자기 활을 쏘았다. 그래서 태종은 급히 기둥 뒤에 몸을 숨겨 화살을 피하였다. 이에 태조가 탄식하며 '모든 것이 하늘의 뜻이로다.'라고 하며 옥새를 태종에게 건넸다. 또 태종이 태조에게 잔을 올리는데, 역시 하륜이 일러준 대로 직접 잔을 따라 올리지 않고 중간에 내시를 통해 잔을 바치게 하자, 태조가 소매 속에서 철퇴를 꺼내 놓으면서 '모두가 하늘의 뜻이로다.'라고 했다.

조사의의 난 이후로 이성계는 더는 태종과 맞서지 않았다. 결국, 방원의 왕위 계승을 받아들이고, 용서하기로 한 것이다. 이미 세상의 인심이 모두 태종에게 돌아서 있었으니, 제아무리 천하의 이성계라고 할지라도 어쩔 도리가 없었다. 이성계는 이후로도 6년을 더 살다가 1408년에 생을 마감했다.

2장

정종 편

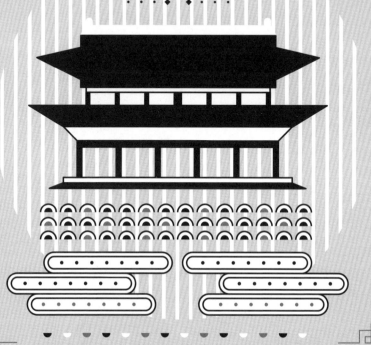

아들을 버린 이유

정종은 조선의 2대 왕이었지만, 사실 수백 년 동안 묘호도 받지 못한 왕이었다. 왕위에 2년 동안 머물다 상왕으로 물러난 뒤 19년을 더 살다가 죽었는데, 그는 그저 공정대왕으로만 불리었을 뿐 묘호를 받지 못했다. 그러다 숙종 때인 1681년에 이르러서야 겨우 정식으로 묘호를 받아 정종으로 불리게 되었다. 무려 300년 가까이 제대로 왕으로 인정받지 못했다. 그래서인지 흔히들 정종을 허수아비 왕으로 부르곤 한다.

허수아비 왕이었던 정종이 얼마나 힘없는 왕이었는지 보여주는 사건이 있는데, 바로 아들 불노를 스스로 아들이 아니라고 한 일이다.

정종은 왕위에 오른 지 두 달쯤 지난 1398년 11월 7일에 원자를 세웠는데, 그가 바로 불노다. 정종은 왕이 되기 전에 유씨 성을 쓰는 첩을 둔 적이 있는데, 그 유씨가 낳은 아들이 불노였다. 정비 정안왕후 김씨에게서는 자식을 얻지 못했으므로 불노는 정종의 장남이었다. 그러나 정종이 왕위에 오를 당시에는 궁궐로 데리고 오지 못했는데, 어느 날 대사헌 조박이 유씨와 불노를 궁궐로 데리고 왔다. 유씨는 조박의 친척 여동생이었는데, 정종의 장남을 낳았으니 당연히 궁궐로 들어가야 한다고 생각한 것이다. 그리고 불노는 정종의 장남이니 왕위를 계승해야 한다고 여겼다. 정종 또한 그렇게 생각해 유씨를 가의옹주로 책봉하고, 불노를 원자라 부르라고 한 것이다.

정종이 불노를 원자로 정했다는 소식이 전해지자, 가장 분노한 사람은 이방원이었다. 이방원은 왕위를 잠시 둘째 형 정종에게 맡겨놓은 것뿐이라고 생각하고 언제든 기회가 되면 자신이 용상을 차지할 생각이었다. 그런데 불노가 원자가 되고 세자가 되면 왕위는 불노에게 넘어갈 것이 뻔했다. 이방원은 예상치 못한 이 사태에 화도 나고 당혹스럽기도 했다.

이방원은 분을 이기지 못하고 어떻게 해서든 불노를 궁궐에서 내쫓아야 한다는 생각에 이숙번을 불렀다. 이숙번은 이방원의 속내를 알고 앉자마자 이렇게 말했다.

"사직을 안정시킨 지 지금 몇 달 되지도 않았는데, 조박이 공의 가까운 인척임에도 그 마음이 조금 변했으니, 다른 사람들의 마음도 알 수가 없는 것입니다. 그러니 공께서는 해결책을 생각하시고, 또 군대를 준비하는 일 또한 해이하게 해서는 안 될 것입니다."

사실, 조박은 이방원의 손위 동서였다. 그야말로 믿는 도끼에 발등 찍힌 셈이었다.

이숙번의 말을 듣고 이방원이 화가 나서 소리쳤다.

"그대들은 부귀가 부족하여 이런 말을 하는 것인가?"

"부귀가 부족한 것은 아닙니다. 우리가 목숨을 돌아보지 않고 창졸간에 사직을 안정시킨 것은 공을 추대하여 임금으로 삼고자 한 것입니다. 그런데 지금 원자라 일컫는 사람이 궁중에 들어와 있습니다. 그래서 공께서는 제 말을 듣지 않으시면 반드시 후회하실 거란 말입니다. 저는 그저 필부에 지나지 않아 도망가면 그만이지만, 공은 매우 귀중한 몸이니 장차 어떻게 처리될지 어떻게 알겠습니까?"

숙번의 말인즉, 정종을 비롯한 사람들이 거사 당시에는 이방원을 왕으로 세우려고 했으나 막상 정종이 왕위에 오르자 생각이 달라졌을 수 있다는 뜻이었다. 또한 원자까지 버젓이 세웠으니, 자칫하면 정종이 방원을 부담스럽게 여겨 무슨 조치를 취할 수도 있으니 군대를 잘 지켜 두라는 것이었다.

이숙번의 그 말에 이방원은 아무 대답도 하지 못했다. 틀린 말이 아니었기 때문이다. 자칫하면 죽 쒀서 남 주는 꼴을 넘어 목숨마저 위태로울 수 있었다. 잠시 둘째 형에게 왕위를 맡겼다가 다시 자신이 찾아오면 된다는 생각이었는데, 느닷없이 원자가 지목되었으니 발등에 불이 떨어진 셈이었다. 이방원은 즉시 측근들을 이용하여 정종이 불노를 원자로 삼은 일로 자신이 몹시 분노해 있다는 사실을 정종의 귀에 들어가게 했다.

그 소식을 들은 정종은 갑자기 불노가 자기 자식이 아니라며 궁궐에서 쫓아내버렸다. 정종의 논리는 이러했다. 처음에 가의옹주 유씨는 우왕의 총신이었던 임견미의 사위 반복해의 후실로 들어갔는데, 반복해가 임견미와 함께 죽자 이방과의 첩으로 들어왔다. 그리고 그때 이미 유씨가 아이를 잉태하고 있었다. 그러니 불노는 자신의 아들이 아니라 반복해의 아들이라는 것이었다. 하지만 남의 아이를 잉태한 여자를 후실로 들였을 리는 만무했고, 더구나 남의 자식을 원자로 삼았을 리도 없었다. 실상은 아들 불노를 살리기 위한 고육책이었던 것이다.

어쨌든 그 길로 불노는 쫓겨났다. 쫓겨난 불노는 자신이 정종의 아들이라고 떠벌리고 다니다가 붙잡혀 유배되었는데 이후 강제로 머리를 깎이고 승려로 살다가 죽었다.

07

급작스럽게 용상을 던져야 했던
말 못할 사연

대개 왕들은 죽을 때까지 왕위에 머문다. 그런데 정종은 왕위에 오른 지 불과 2년 만에 스스로 용상에서 내려왔다. 그리고 상왕으로 물러난 뒤에 19년을 더 살다가 죽었다. 도대체 정종은 왜 스스로 왕위에서 물러났을까?

정종이 왕위에서 물러난 배경에는 2차 왕자의 난이 있었다.

불노가 원자 자리를 잃고 궁궐에서 쫓겨난 이후, 조정에는 자연스럽게 방원이 왕위를 이어받는 것이 맞다는 기류가 형성되었다. 또 조정 핵심 세력 대다수가 방원의 세력이었기 때문에 그들은 정종에게 은근히 방원을 왕위계승권자로 확정해야 한다는 압박을 가하고 있었다. 그러나 아직 정종이 젊은 만큼 대놓고 그런 말을 할 상황은 아니었다. 더구나 상왕 이성계의 건강이 점차 회복되고 있어 그의 눈을 의식하지 않을 수도 없었다. 그런 가운데 조정에서는 세자를 세워야 한다는 말이 돌았고, 대다수 신료는 방원을 점찍은 상태였다. 그런데 방원의 넷째 형 방간은 그 점을 불만스럽게 여겼다. 그는 당연히 왕위는 자신이 계승해야 한다고 생각했다.

'주상에겐 적자가 없고, 따라서 동생 중에 왕위를 잇는 것은 당연한 일이 아니겠는가? 그런데 셋째 형(방의)은 건강도 나쁘고 왕위에 관심이 없으니, 당연히 다음은 내 차례지. 어째서 방원이 차례라 말인가?'

방간이 속으로 그렇게 생각하고 있는데, 박포란 자가 찾아와 그의 시기심에 불을 질렀다. 박포는 정도전을 제거할 때 길잡이 역할을 하며 나름대로 자신의 공이 컸다고 생각하는 인물이었다. 그런데 막상 논공행상에서 2등 공신밖에 되지 않자 불만을 늘어놓고 다녔고, 결국 그 때문에 유배까지 다녀왔다. 이에 속으로 방원에게 불만이 많았던 터에 방간을 찾아가 이렇게 말한 것이다.

"정안공이 공을 보는 눈초리가 이상하니 장차 정변이 날 것이오."

그 말을 듣고 방간은 '내가 방원이 놈한테 죽을 수는 없지. 죽지 않으려면 방원이를 먼저 죽일 수밖에.'하는 생각으로 나름대로 모략을 꾸몄다. 그리고 판교서 감사를 맡고 있던 이내에게 이런 말을 하였다.

"방원이가 나를 시기하고 있으니, 내가 어찌 필부처럼 남의 손에 죽겠는가? 내가 먼저 방원이를 쳐서 목숨을 보전하고 사직도 지키리라."

방간은 이내를 믿고 자신의 거사 계획을 자세하게 말했다. 그 말을 듣고 이내는 자기 스승인 우현보를 찾아가 이렇게 알렸다.

"회안공이 정안공을 해치려 합니다. 이달 그믐날에 거사를 하겠다고 했습니다. 그러니 정안공에게 알려야 하지 않겠습니까? 정안공도 스승님의 문생 아닙니까? 빨리 비밀리에 알려야 합니다."

그러자 우현보는 곧 아들 홍부를 불러 방간의 모의를 알려주라고 했다. 그 말을 듣고 이방원은 하윤과 이무를 불러 대책을 의논했다. 그런 상황에서 방간이 종을 시켜 방원을 집으로 초청하였다. 방원은 간다고 했다가 당일에 몸이 아파 가지 못한다고 전했다. 그리고 며칠 뒤, 방원이 사냥을 나간다고 하자, 방간의 아들 맹종이 와서 어디로 사냥 가는지 물었다. 그리고 자기의 아버지도 사냥을 나간다고 말했다.

맹종의 말을 듣고 방원이 사람을 놓아 방간의 집을 염탐했더니, 방간의 군사들이 모두 갑옷을 챙겨 입고 있었다. 방원은 형과 일전을 불사할 요량으로 이화, 이천우 등의 집안사람들을 모아놓고 의논했다. 그러자 숙부 이화가 군사를 일으켜 대응해야 한다고 했으나 방원은 골육간에 그럴 수 없다며 거절하고, 방간에게 사람을 보내서 서로 만나 감정을 풀자고 제의했다. 하지만 방간은 자기 뜻이 이미 정해졌으니 돌이킬 수 없다고 대답해 왔다.

방원과 방간이 서로 군대를 일으켜 싸우려 한다는 말은 곧 궁궐에 전해졌다. 하지만 정종은 믿지 않았는데, 방간이 휘하 상장군 오용권을 시켜 정종에게 이렇게 말했다.

"방원이가 나를 해치려 하므로 내가 부득이 군사를 일으켜 공격합니다. 주상은 놀라지 마십시오."

이 소리에 정종이 크게 노하여 도승지 이문화를 시켜 방간에게 이렇게 말했다.

"네가 흘러 다니는 말을 듣고 혹하여 동기를 해치고자 하니, 미치고 패악하기가 심하구나. 네가 군사를 버리고 단기로 대궐로 나오면 내가 장차 보전해 주겠다."

하지만 방간은 정종의 말을 듣지 않았다. 방간은 오히려 이성계에게도 사람을 보내 이렇게 전하게 했다.

"방원이가 장차 저를 해치려 하니, 제가 속절없이 죽을 수는 없습니다. 그래서 군사를 일으켜 응변하려 합니다."

이성계가 그 소리에 화를 내며 사람을 시켜 자신의 말을 전하게 했다.

"네가 방원이와 아비가 다르냐? 어미가 다르냐? 이 소 같은 놈아, 어쩌다 이 지경이 되었느냐?"

그러나 그때 이미 방간의 군대는 개성의 동대문을 향하고 있었다. 그러자 정종이 황급히 도승지 이문화를 보내 방간에게 교지를 내려 군사 행동을 멈추고 궁궐로 들어오라고 했다. 하지만 방간은 듣지 않고 진군했다. 그때 이방원 역시 대응하기 위해 군대를 집결시켜 두고 있었다.

두 형제의 군대는 선죽교에서 멀지 않은 가조가에서 교전하였다. 그러나 교전은 오래가지 않았다. 양쪽 군대는 잠시 어우러지는 듯하더니 이내 방간의 군대가 무너지기 시작했다. 그도 그럴 것이 방간의 병력은 방원의 병력에 한참 미치지 못하였다. 방간의 군대가 뭉그러져 달아나자, 방원은 수하들에게 이렇게 소리쳤다.

"만약 우리 형을 보거든 절대 화살을 쏘지 말라. 어기는 자는 목을 베겠다."

결국, 군세가 약한 방간은 패배하여 붙잡히고 말았다. 그리고 곧 정종의 왕명이 떨어졌다.

"너는 백주에 서울에서 군사를 움직였으니, 죄를 용서할 수 없다. 그러나 골육지정으로 차마 주살을 가하지 못하니, 너의 소원에 따라서 외방에 안치하겠다."

그 말을 듣고 방간이 토산에 가길 원하니, 그를 토산으로 안치하게 했다. 방간이 1400년 2월, 아직도 가시지 않은 겨울바람을 맞으며 토산으로 쫓겨나자, 방원의 책사 하륜이 정종에게 방원을 세자로 세울 것을 주청했다. 그 말을 듣고 정종이 방원을 세자로 삼을 것을 결심하고 태상전(태상왕이 거처하는 전각)을 찾아 이성계에게 그 사실을 고하니, 이성계가 이렇게 말했다.

"장구한 계책은 집정대신과 모의하는 것이 가하다."

말하자면 자신에겐 묻거나 알리지 말라는 것인데, 정종이 그 뜻을 쉽게 헤아리지 못했다. 그리고 방원을 왕세자로 삼아 국정을 모두 맡겼다. 이제 그로서는 왕위를 내주는 일만 남아 있었다.

이후로 모든 정사는 세자 이방원이 처리하였다. 방원은 이때부터 본격적으로 사병을 혁파하기 시작했다. 정도전의 사병 혁파를 비난하였던 그 입으로 사병 혁파를 부르짖은 것이다. 비록 정도전이 주장한 내용이었지만, 국가를 위해선 반드시 사병이 혁파되어야 한다는 것은 그도 뜻이 같았다. 하지만 사병 혁파에 대해 불만을 품는 인사들이 늘어났다. 그들은 한결같이 자신과 뜻을 같이했던 인물들이었다. 이방원은 이천우, 조영무, 조온, 이거이 등 자신의 측근이었던 그들의 군대를 빼앗고 과감하게 유배 보냈다.

그렇듯 사병 혁파에 성공하자, 1400년 11월 11일 정종은 마침내 왕세자에게 선위한다는 교서를 내렸다. 판삼군부사 이무가 권근이 지은 교서를 받들고 도승지 박석명이 국보를 받들고 방원에게 내리니, 방원이 울면서 받지 않았다. 물론 모두 각본에 있는 행동이었다. 그렇게 세 번에 걸쳐 선위를 사양하다 각본대로 받으니, 이날로 방원이 용상을 차지하였다.

1398년 8월 26일 밤에 반역을 도모하여 세자를 죽이고, 세자의 형과 이성계의 부마를 죽였으며, 역성혁명의 주역이자 조선의 설계자 정도전과 그와 뜻을 같이했던 남은과 심효생을 죽였다. 또한 정도전이나 남은과 친밀한 자들을 모두 도륙하였고, 자신의 친형과 시가전을 벌여 이긴 덕으로 세자의 자리를 차지하였으며, 마침내 왕위를 맡겨뒀던 둘째 형을 압박하여 용상을 차지함으로써 반역에 종지부를 찍었다. 거사한 지 무려 2년 3개월 만에 성공을 거둔 셈이었다.

이런 일련의 과정이 말해주듯 정종은 스스로 왕위에서 내려온 것이 아니라, 태종 이방원과 그 측근의 압박을 견디다 못해 용상을 내줘야 했다.

야사에 따르면 정종에게 왕위를 이방원에게 내주라고 권고한 사람은 그의 왕비 정안왕후였다고 한다. 정안왕후는 정종이 왕위를 더 오래 유지하고 있다가는 방원에게 죽임을 당할 수도 있다고 생각했다. 그래서 물러날 것을 권했고, 정종 역시 왕비의 생각과 같았기에 권고받은 바로 다음 날 왕위에서 물러났다고 한다. 실권 없는 왕의 처지가 얼마나 비참했는지 보여주는 이야기라 하겠다.

3장

태종 편

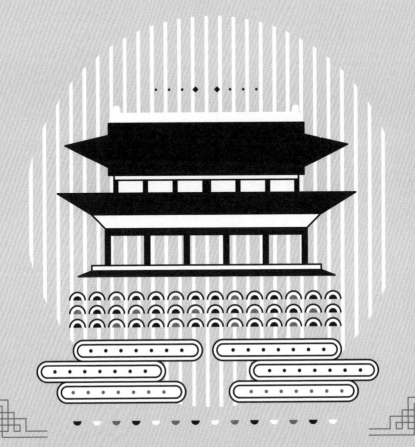

처가를 몰락시킨 진짜 이유가 따로 있었다

태종 집권 초기에 조선 조정을 뒤흔든 가장 큰 사건은 민무구, 민무질 형제의 숙청이었다. 이들 민씨 형제는 태종의 왕비 원경왕후의 친동생들이었을 뿐 아니라 태종이 용상을 차지하는 데 결정적인 역할을 한 공신들이었다. 그런데 태종은 그 공신들을 일거에 숙청했을 뿐 아니라 그들의 집안까지 몰락시켜버렸다. 왜 그랬을까?

태종 이방원이 민씨 집안을 몰락시킨 배경에는 왕비 민씨와의 불화가 있었다. 불화의 직접적인 원인은 태종이 제공했다. 태종은 왕위에 오르자마자 많은 후궁을 한꺼번에 받아들였는데, 이 때문에 원경왕후는 불편한 심기를 노골적으로 드러내며 화를 냈다. 원경황후가 태종의 축첩 행위에 그토록 화를 낸 것은 이유가 있었다.

태종은 원래 왕위에 오르기 전에도 첩이 있었다. 곧 효빈 김씨였는데, 김씨는 원래 부인 민씨의 몸종이었다. 당시 양반가에서는 자신이 아끼는 몸종은 남편의 첩으로 들이지 않는 것이 불문율이었다. 자매처럼 아끼는 몸종과 질투를 주고받는 사이가 되고 싶지 않은 것은 인지상정이었다. 그런데도 이방원은 민씨가 아끼던 김씨를 마음대로 취해버렸다. 민씨는 이 일을 몹시 못마땅하게 여겼지만 이미 엎질러진 물이라 어쩔 수 없었다.

그런데 효빈 김씨가 있음에도 태종은 왕위에 오르자마자 여러 궁녀와 동침하였다. 그러자 왕비 민씨는 참지 못하고 왕과 동침한 궁녀들을 중궁전으로 불러 다그쳤다. 그 소식을 접한 태종도 가만히 있지 않았다. 태종은 중궁전에서 일하는 시녀와 환관 20여 명을 내쫓아버렸다. 중전의 손발을 다 잘라버린 것이다. 이 사태가 벌어진 1401년 6월 18일부터 태종과 민씨의 부부싸움이 본격화되었다.

민씨는 태종보다 두 살 많은 여인으로 민제의 딸이었다. 민제는 고려 왕조 시절에 이방원에게 학문을 가르친 스승이었다. 학문을 배울 때 이방원은 민제의 집에서 기거했는데, 그때 부인 민씨를 만났다.

민씨의 아버지 민제는 여산 송씨에게서 4남 3녀를 얻었는데, 왕비 민씨는 둘째 딸이었다. 민씨의 언니는 조박에게 시집갔으며, 민

씨 아래로는 무구, 무질, 무휼, 무회 등 남동생 넷과 막내인 여동생
이 있었다. 민씨는 이방원과 결혼하여 1385년 스물한 살 때 첫딸
인 정순공주를 낳았고, 2년 뒤에는 차녀 경정공주를 낳았다. 그 뒤
로 세 명의 아들을 낳았으나 모두 일찍 죽었고, 다시 아이를 낳으
니 역시 딸이었다. 그리고 1394년에 세 명의 딸 아래로 아들을 낳
았는데, 그가 양녕대군이다. 양녕대군 이후로 2년 터울의 효령대
군을 낳았고, 다시 1397년에 연년생으로 충녕대군을 낳았다. 따라
서 태종은 왕위에 오를 때 민씨에게서 얻은 3남 3녀의 자녀가 있
었다.

그런데도 이방원은 1394년에 민씨의 몸종 김씨를 첩으로 삼아
1395년에 경녕군을 얻었으니 서자까지 한 명 있는 상황이었다.
이방원은 이에 만족하지 않고 용상에 오르자마자 후궁을 두기 시
작하여 그 수가 아홉에 이르게 된다. 태종이 궁인을 후궁으로 삼
은 것은 왕위에 오른 직후였다. 또 태종이 동침한 궁인도 한두 명
이 아니었다. 이 때문에 왕비 민씨는 태종의 옷을 붙잡고 울면서
이렇게 따지고 들었다.

"상감께서는 어찌하여 예전의 뜻을 잊으셨습니까? 제가 상감과
함께 어려움을 지키고 같이 화란禍亂을 겪어 국가를 차지하였사
온데, 이제 나를 잊음이 어찌 여기에 이르셨습니까?"

왕비 민씨가 이런 말로 태종을 비판한 것도 무리는 아니었다.
태종은 여러 명의 후궁을 들이고도 1402년 3월 7일 악공 권홍의
딸을 다시 별궁으로 맞아들여 후궁으로 삼으려고 하자 민씨는 이

소식을 듣고 태종을 찾아가 울음을 그치지 않았다고 한다. 또 식음을 전폐하고 분을 삭이지 못했는데, 이 때문에 태종은 권씨를 위해 마련했던 가례색(임금이나 왕세자 등의 가례에 임하여 두는 임시 관아)을 파하고 그저 환관과 시녀 몇 명만 앞세워 권씨를 별궁에서 맞아들여야 했다. 이 일 이후, 왕비 민씨는 우울증과 심열증에 시달렸고, 태종은 며칠 동안 정사를 보지 않았다.

이후 태종은 민씨를 다독이기 위해 장인 민제의 집에 거둥하여 잔치를 베풀기도 했지만, 태종과 민씨는 쉽게 화해하지 못했다. 그런 가운데 1404년 8월 6일 민씨의 장남 제가 세자에 책봉되었다. 세자 책봉 뒤에도 태종과 민씨 사이는 여전히 좋지 않았다. 태종은 민씨가 투기가 심하다고 지적하였고, 민씨는 태종이 초심을 잃고 후궁에게 눈이 팔려 정사는 뒷전이라고 비판하였다. 그러자 태종은 아예 민씨 처소를 찾지도 않았다.

또 민씨가 그렇듯 오만한 태도를 보이는 것은 모두 민씨의 동생들이 권력을 차지하고 있어서라고 생각하고, 처남들을 제거할 음모를 꾀한다. 민씨에 대한 증오가 커지자 처남들을 아예 역적으로 몰아 죽이기로 한 것이다.

처남들을 제거하기 위한 태종의 음모는 치밀했지만, 그 과정은 아주 치졸했고 그 결과는 몹시 잔혹했다. 그 음흉하고 치졸한 음모의 서막은 1406년 8월 18일에 시작되었다. 이날 태종은 느닷없이 세자에게 왕위를 물려주고 용상에서 물러나겠다고 선언했다. 백관들이 그 소식을 듣고 대궐로 달려왔다. 의안대군 이화, 영의정부사 성석린 그리고 조정의 원로들이 대거 몰려와서 대전 앞에 열을 갖춰 앉고는 지신사(도승지) 황희에게 아뢰게 하고 성석린이 대표로 간했다.

"전하께서 아직 춘추가 한창이고, 세자의 나이는 성년에 이르지 못했는데, 아무 변고도 없는 상황에서 전위傳位코자 하시니 신 등은 그 이유를 알지 못해 황공해 하고 있습니다."

태종의 전위 표명, 그것은 조정 대신들로서는 보통 곤혹스러운 문제가 아니었다. 전위를 받아들이면 임금에 대한 불충이요, 받아들이지 않으면 차기 임금에 대한 불충이었다. 이래도 불충이고, 저래도 불충이니 그 처신이 쉽지 않았다. 더욱이 태종은 갓 불혹에 접어든 때로 연로한 것도 아니요, 나라에 특별한 변고가 생긴 것도 아니었다. 앞뒤를 아무리 재어 봐도 태종이 왜 전위를 하겠다고 하는지 대신들은 도대체 알 수 없었다.

하지만 이유야 어찌 되었든 백관들은 모두 나서서 전위는 절대 안 된다고 한목소리를 냈다. 물론 민무구와 민무질 형제도 마찬가지였다. 또 세자도 울면서 선위를 받을 수 없다고 버텼다. 그러자 태종은 며칠 만에 못 이기는 척 전위 의사를 거둬들였다.

그리고 얼마 뒤, 태종의 숙부인 이화가 민무구와 민무질을 탄핵하는 상소를 올렸다. 이미 태종과 이화는 입을 맞춘 상황이었다. 이화뿐 아니라 이숙번과 하륜도 이 일에 깊이 가담하고 있었다.

이화의 탄핵 상소문의 핵심은 민씨 형제가 어린 세자를 끼고 권력을 독점하려 한다는 것과 세자의 위상을 위협하는 왕자들이 있다면 없애는 편이 낫다는 태도를 가지고 있다는 것이었다. 물론 민씨 형제가 그런 마음을 품고 있다는 근거는 오직 태종의 말이었다. 태종이 언젠가 민무구와 대화를 나눴는데, 그런 마음을 품고 있는 것을 확인했다는 것이었다.

이화의 상소문을 자세히 살펴보면, 태종과 민무구 두 사람만 알고 있는 일들이 대부분이다. 이는 태종이 민무구와 나눈 대화를 이화와 그 일당에게 발설했다는 뜻이며, 이화가 민무구와 무질을 탄핵한 사건에 태종이 깊숙이 연루되어 있음을 말해준다. 다시 말해 이화가 올린 상소문은 태종이 지은 것이나 진배없었다. 또 이화의 상소문에 나타난 내용도 태종이 모두 알려준 것이었다. 하지만 그 사실 여부는 확인할 수 없다. 오로지 태종만 아는 내용이므로 그것을 태종이 지어낸 말이 아니라고 단정할 수도 없었다. 그렇듯 태종은 작정하고 민무구 형제를 죽이려 했고, 민씨 형제는 빠져나갈 방도가 없었다.

이화의 상소문 이후, 민무구와 민무질을 처벌해야 한다는 상소가 빗발쳤고, 태종은 마지못한 얼굴로 무구를 여흥에, 무질을 대구에 유배 조치했다. 이는 그들의 부친인 민제가 제안한 것이다. 그대로 뒀다간 유배형이 아니라 극형에 처해질 것을 염려한 고육책이었다. 하지만 민씨 형제의 일은 그쯤에서 끝나지 않았다. 만약 민무구 형제가 살아남은 가운데 태종이 죽고 세자 제가 즉위한다면, 그 뒷감당이 만만치 않았기 때문이다. 필시 민씨 형제는 복수할 것이고, 탄핵에 가담한 무리들은 대거 숙청당할 것이 뻔했다.

그 점을 모르지 않는 하륜, 이숙번, 이화 등은 대간들을 통해 지속해서 그들 형제를 극형에 처할 것을 요구했다.

그런 가운데 민씨 형제 편에 서 있던 이무, 조희민, 강사덕 등은 자위책을 마련하기 위해 은밀히 민씨 형제와 연락을 취했는데, 이 일이 발각되어 사건은 걷잡을 수 없이 확대되었다. 결국 1409년에 정사공신 이무가 사형을 당하였고, 민씨 형제는 제주도로 유배되었다. 그러자 이번에는 종친들과 세자의 장인인 김한로, 심지어 세자까지 민씨 형제를 죽여야 한다고 상소했다. 그리고 이듬해인 1410년 태종은 마침내 민씨 형제에게 자진 명령을 내렸다. 또 6년 뒤인 1416년에는 그들의 두 아우인 무휼과 무회에게도 자진하게 했고, 그들의 처자도 모두 변방으로 내쫓았다.

왕비 민씨와의 부부갈등에 화가 난 태종은 결국, 네 명의 처남을 모두 죽임으로써 왕비와 처가를 철저하게 응징했다.

양녕대군은 폐위시켜야만 했을까?

민무구 형제를 역적으로 몰아 죽인 이후, 태종은 또 한 번 조정에 엄청난 파란을 일으킨다. 세자 제(양녕대군)를 전격적으로 폐위하고 셋째 아들 충녕대군 도를 새로운 세자로 삼은 것이다.

아무리 왕이라고 해도 일국의 세자를 폐하고 새로운 세자를 세우는 것은 쉬운 일이 아니다. 세자의 명백한 잘못이라는 폐위 명분이 있어야만 가능한 일이었다. 그렇다면 태종은 어떤 명분으로 세자 제를 폐위했을까?

태종이 세자 제를 폐위한 명분은 세자의 폐륜 행각이 도를 넘었다는 것이었다. 하지만 세자가 도를 넘는 행동을 한 배경에는 태종이 죽인 민무구, 민무질 등 외숙들의 사건과도 무관하지 않았다.

세자 제는 원래 외숙인 민무구, 민무질 형제와 친분이 두터웠다. 그런데 태종이 그들을 어린 세자를 끼고 권력을 농단하려 했다는 죄목을 씌워 죽인 1410년부터 세자 제는 본격적으로 비뚤어지기 시작했다. 그때 열일곱 살이 된 세자는 이미 결혼한 지 4년 된 유부남이었다.

그런데 이 세자가 넘쳐나는 욕정을 주체하지 못해 보는 여자마다 처소로 불러들이는 통에 도성에 세자의 성 추문이 파다했다. 세자 제가 처음 빠져든 여자는 명나라 사신의 연회장에서 처음 본 봉지련이란 기생이었다. 연회가 끝난 뒤 세자는 두 명의 시종을 앞세우고 봉지련의 집을 찾아가 그녀와 동침하였고, 이후에는 노골적으로 동궁으로 불러들여 정을 통하였다. 그리고 이 일은 도성 안에 파다하게 퍼져 있었다.

뒤늦게 이 소식을 들은 태종은 노발대발하며 세자에게 봉지련의 집을 안내한 두 명의 시종에게 곤장을 치고, 봉지련은 옥에 가뒀다. 그러자 세자는 봉지련을 풀어주지 않으면 굶어 죽겠다고 단식투쟁을 했다. 결국, 태종은 혹 세자가 상사병을 얻어 큰 탈이라도 날까 봐 두려워하여 봉지련을 풀어주고 비단까지 하사했다. 하지만 세자가 봉지련을 동궁까지 불러들이는 것은 금지했다. 이에 세자는 궐 밖으로 나가 봉지련을 만났다. 시자들이 태종을 무서워하여 궐 밖으로 나가려 하지 않자, 세자는 궐 밖에서 사람을 구해 봉지련을 만나러 다녔다. 그리고 그들을 통해 다른 기생들도 동궁으로 들여 풍악을 울리며 놀았다.

태종이 그 말을 듣고 노하여 환관들을 다그쳐 세자와 함께 어울려다니는 자들을 모두 색출해 오라고 명하였다. 그리고 그들에게 모두 장형을 내리고, 관직에서 내쫓아버렸다. 또 세자전의 환관들을 매질하고 유배형을 내리기까지 하였다. 세자전의 종들을 모두 잡아다 감옥에 가두자, 세자는 식음을 전폐하고 다시 단식투쟁을 시작했다. 세자가 단식을 지속하자 태종은 별수 없이 환관과 종들을 모두 풀어주고 세자의 마음을 달랬다.

그 뒤로 세자는 한층 대담해졌다. 걸핏하면 동궁으로 기생들을 끌어들여 동침하였고, 악공과 한량들과 어울리며 주색잡기를 일삼았다. 심지어 큰아버지 정종과 동침했던 기생 초궁장과 사통하여 동궁에서 함께 지내기도 했다. 이 일을 알게 된 태종은 초궁장을 내쫓았다. 그러자 세자는 이번에는 매형 이백강의 첩 칠점생을 차지하려고 눈독을 들였다. 하지만 이를 눈치챈 동생 충녕대군이 강력하게 저지하는 바람에 성공하지 못했다.

이후 세자는 곽선의 첩 어리가 절색이라는 소리를 듣고 그녀를 납치하여 겁탈하는 사건을 벌였다. 이 사건이 조정에 알려지자 태종은 도저히 안 되겠다며 제를 세자 자리에서 내쫓으려고 했다. 하지만 조말생과 이원이 만류하는 바람에 실행에 옮기지 못했다. 그렇게 어리 사건은 넘어가는 듯했는데, 이번에는 더 큰 사건을 저질렀다. 도성에서 방유신이라는 사람의 손녀가 미인이라는 소문을 듣고 방유신을 협박하여 그 손녀를 취한 것이다. 이 사건이 알려지자 태종은 죄도 없는 방유신에게 장 100대를 때리고 3,000

리 밖으로 유배 보냈다. 그리고 방유신의 손녀가 미인이라고 전한 이귀수란 자는 사형시켰다.

이런 사태가 벌어진 뒤에도 세자의 호색 행각은 계속되었다. 다시 어리를 불러들여 아이를 잉태시켰다. 그러자 태종은 분노를 이기지 못하고 세자를 폐위시켜버렸다. 그러자 세자가 편지를 보내 이렇게 말했다.

"전하의 시녀는 다 궁중에 들였는데, 그것이 모두 신중하게 생각하여 들인 것입니까? 지금까지 신의 여러 첩을 다 쫓아내 곡성이 사방에 이르고, 원망이 나라 안에 가득 찼습니다. 이 어찌 전하의 잘못이 아니겠습니까? 신은 앞으로도 음악과 여색에 쏠리는 마음을 참을 생각이 없습니다. 그저 마음 내키는 대로 살겠습니다."

말인즉, 아버지는 수많은 첩을 거느리면서 왜 나는 첩 하나 거느리지 못하게 하냐는 것이었다. 또 아버지가 어떻게 하든 앞으로도 여색을 즐기며 내 마음대로 살겠다는 뜻이었다.

이런 세자의 태도에는 지나친 축첩으로 어머니 민씨를 고통스럽게 하고 외가를 쑥대밭으로 만든 아버지에 대한 원망이 섞여 있었다. 세자의 편지를 읽고 이런 속내를 간파한 태종은 "세자의 글을 읽고 몸서리가 친다."고 말했다. 그리고 신하들과 세자의 스승들에게 편지를 내보이며 말했다.

"이 말은 나를 욕한 것이니, 말인즉 아비인 나도 옳은 길을 가지 않는다는 뜻이다. 내가 만약 부끄러운 생각이 있다면 어떻게 그대들에게 이 글을 보이겠는가? 모두 허망한 일을 가지고 말한 것이니 나는 명백히 해명하려고 한다."

태종이 신하들에게 세자의 편지까지 내보이며 이런 말을 하는
이유는 하나였다. 세자를 폐위시키겠다는 것이었다. 아무리 왕이
라고 해도 쉽게 세자를 폐위시킬 수 없으니, 폐위 명분을 얻기 위
해 부끄러움도 잊고 세자의 편지를 공개했다. 하지만 태종은 세자
에게 시강원 스승들을 보내 대화를 나누게 하였다. 마지막 기회를
주겠다는 뜻이었다. 그러나 세자의 태도는 전혀 달라지지 않았다.
반성의 빛도 없었다. 그런 까닭에 조정 대신들은 오히려 세자를
폐하라는 상소를 올렸다. 그들은 이미 태종이 세자를 폐할 마음이
있다는 사실을 알고 있었다. 세자를 폐하라는 상소문을 접한 태종
은 이렇게 말했다.

"모든 관리의 상소문을 보니 소름이 끼친다. 하늘도 이미 버린
일이기에 어쩔 수 있겠는가? 세자 제를 내쫓도록 하라."

이렇듯 양녕대군은 세자에서 쫓겨났는데, 그 원인이야 누가 봐
도 호색 행각을 일삼은 양녕대군이 제공한 게 맞다. 하지만 양녕
대군이 그렇게 막 나가게 된 배경을 살펴보면, 태종에 대한 반발
심에서 비롯된 것임을 짐작할 수 있다.

태종은 왕위에 오르자마자 여러 명의 후궁을 한꺼번에 들이는
바람에 왕비 민씨와 심한 불화를 일으켰다. 심지어 그 불화로 인
해 민씨의 친정은 쑥대밭이 되었다. 네 명의 처남들은 모두 유배
되어 사약을 받았고, 그 가족도 비참한 처지가 되었다. 그 때문에
왕비 민씨는 몸져누웠고, 우울증까지 앓았다. 말하자면 양녕대군

은 하루아침에 외가붙이를 모두 잃은 것이다. 또 그들 외숙이 숙청되는 과정에서 태종은 세자였던 양녕대군을 철저히 이용했다. 무려 세 번에 걸쳐 전위 파동을 일으켜 세자를 불안하게 만들었고, 그것도 모자라 외숙부에게 어린 세자를 이용해 권력을 장악하려 했다는 죄를 덮어씌움으로써 아들을 권력의 도구로 전락시켰다.

그런 일을 겪던 당시 세자의 나이는 지금의 초등학교 고학년에서 중학생 나이에 불과했다. 아직 정신적인 방황기에 있던 제가 아버지의 축첩으로 인한 부모의 불화와 어머니의 우울증, 아버지의 손에 죽어간 외숙부들을 지켜보는 것은 감당할 수 없는 고통이었을 것이다. 양녕대군은 이 고통의 원인을 제공한 부왕 태종에 대해 호색 행각과 제왕 교육 거부라는 소심한 복수를 감행했고, 아비 태종은 그런 양녕대군의 속내를 읽고 세자 폐위라는 극단적인 선택을 한 것이다.

이렇게 놓고 볼 때, 태종이 양녕대군을 폐위한 진짜 이유는 양녕대군의 엽색 행각이 아니라 양녕대군이 품고 있던 원망과 아버지에 대한 복수심을 눈치챘기 때문이 아니었을까.

10

세종에게 왕위를 넘긴 속사정

태종은 1418년 5월에 장남인 세자 양녕대군을 폐위하고 삼남 충녕대군을 세자로 삼은 뒤, 불과 2개월 뒤에 전격적으로 용상에서 물러났다. 왕이 살아있는 상태에서 왕위를 내놓는 것은 역사 속에서 찾아보기 쉽지 않은 사건이다. 왕이 생전에 물러나면 신하들의 고통이 배가된다. 이는 국가의 명령체계에도 큰 문제를 일으킬 뿐 아니라 신하들의 업무도 두 배로 가중시키는 결과를 낳는다. 그런데 태종이 물러날 당시에는 상왕 정종마저 살아있었다. 세 명의 왕이 동시에 생존하는 상황이니, 조정의 신하들로서는 여간 곤혹스러운 일이 아닐 수 없었다.

곤혹스러운 것은 신하들만이 아니다. 용상에 앉아야 하는 세자도 곤혹스럽긴 매한가지였다. 왕위에 올라도 제대로 된 왕일 수 없으니 처신이 곤란할 수밖에 없었다. 더구나 태종은 물러날 때, 왕권의 핵심인 군권은 물려주지 않았다. 그러니 왕위를 물려받은 세종의 용상은 빛 좋은 개살구에 불과했다. 국정에 대한 책임만 있고, 권한은 제대로 없는 처지가 된 것이다.

이렇듯 왕이 생전에 왕위를 물려주는 것은 조정을 불안하게 만들고, 신하들도 고통스럽게 하는 것이며, 왕위를 이어받은 새 왕도 힘들게 하는 일이었다. 이를 훤히 알고 있었던 태종이 왜 이런 결정을 내렸을까? 이를 두고 대개 세종에게 정사를 가르치기 위한 태종의 위대한 결단이라고 평가하는 경우가 많다. 하지만 정작 태종 스스로는 그렇게 말하지 않았다. 태종은 살아있는 상태에서 왕위를 세종에게 물려주게 된 결정적인 이유를 자신의 건강 때문이라고 말했다. 과연 이 말은 사실일까?

사실, 태종의 말대로 그가 왕위를 내놓았던 1418년 7월 당시, 태종의 건강은 그다지 좋지 않았다. 그가 말했듯 지병을 앓고 있는 것도 사실이었다. 그가 앓고 있던 지병은 종기였다. 지금이야 종기가 외과에서 간단하게 시술만 하면 고칠 수 있는 질병에 불과하지만 조선 시대만 하더라도 종기는 당시 사람들이 가장 두려워하던 악병 중 하나였다. 태종도 바로 그런 종기에 시달리고 있었다.

사가들은 흔히 태종 이방원을 매우 강건하고 지배욕이 강한 인물로 묘사한다. 그러다 보니 이방원은 체력이 좋고 매우 건강했을 것으로 생각하기 쉽다. 하지만 이성계의 표현에 따르면 이방원은 '파리하고 허약한 체질'이었다. 그는 어릴 때부터 공부에 매달린 전형적인 백면서생이었다. 무술을 익힌 적도, 무장으로 전쟁에 나가 싸운 적도 없었다. 그가 익힌 무술은 기껏해야 양반들이 즐기던 활쏘기 정도였다. 하지만 지배욕이 강하고, 권력에 대한 집착이 강했다. 또한 잔병치레를 많이 하지도 않았다. 그러나 종기는 오랫동안 그를 괴롭힌 질병이었다.

태종의 몸에 처음으로 종기가 난 것은 서른여섯 살 때인 1402년이었다. 당시까지 태종은 큰 병치레 없이 지내왔는데, 그해에는 무려 열 차례에 걸쳐 종기에 시달렸다. 그래서 태종은 이런 말을 한다.

"내가 지금 36세인데, 그전에는 창종瘡腫의 병이라고는 알지 못하였다. 그런데 금년에는 종기가 열 번이나 났다."

태종이 왕위에 오른 지 겨우 2년 된 때였다. 태종은 왕위에 올라 왕권 강화에 매진하였고, 자연스럽게 과중한 업무에 시달렸다. 그 외중에 종기가 생긴 것이다. 그것도 한 번이 아니라 열 번이나 계속 생겼다. 결국, 태종은 일단 정사를 잠시 뒤로 물렸다. 그리고 주치의 양홍달을 불러 치료책을 물으니, 양홍달은 이렇게 처방했다.

"깊은 궁중에 있으면서 외출하지 아니하여 기운이 막혀 그런 것이니, 탕욕湯浴을 해야 됩니다."

양홍달은 뜨거운 물에 몸을 담그면 피로도 풀리고 동시에 육신을 깨끗하게 씻을 수 있다는 처방을 내린 것이다. 그런데 태종은 탕욕을 할 바에는 차라리 온천을 가겠다고 우겼다. 온천을 가면 탕욕은 자연스럽게 할 것이고, 동시에 오랜만에 궁궐을 벗어나 격무로 쌓인 스트레스도 풀 요량이었다. 어쩌면 양홍달의 처방보다는 더 좋은 처방일 수도 있었다.

하지만 임금의 온천 나들이는 그리 간단한 일이 아니었다. 임금이 온천을 가면 조정 대신들도 줄줄이 따라가야 하고, 그 바람에 엄청난 인원이 움직일 수밖에 없었다. 그것은 결과적으로 백성들에게 민폐가 될 것이 뻔했다. 아니나 다를까 간관들이 태종의 온천행을 강력하게 반대했다. 아직 태종의 나이가 젊으니 종기 정도로 큰 병을 앓지는 않을 것이라는 얘기였다. 이 말에 태종은 발끈 화를 냈다.

"20, 30의 나이 젊은 사람은 절대로 병이 없느냐? 간관들이 내 병의 치료를 못하게 말리니 나는 가지 않겠다."

그러자 어릴 적 친구이자 태종의 도승지였던 박석명이 여러 말로 태종을 달래며 설득했다. 하지만 이미 화가 난 태종은 끝까지 온천을 거부했다. 대신 강무를 핑계로 해주로 사냥을 떠났다.

그런데 태종이 종기를 앓았던 것은 사실이었다. 태종 4년과 8년의 실록 기록에 종기 때문에 중국 사신을 접대하지 못한 사실이 있기 때문이다. 또 종기 때문에 병상에 누워서 제대로 정사를 돌보지 못했다는 기록이 있는 것도 이를 증명한다.

태종의 종기는 등에도 있었고, 목에도 있었다. 태종은 이 종기가 심해져서 세종에게 왕위를 선위하겠다는 말을 직접 하기도 했다.

그만큼 종기는 태종을 지속해서 괴롭힌 병마였다.

　태종은 종기가 심해져서 다른 큰 병을 유발할까 몹시 염려했다. 그리고 그 염려는 현실이 되고 말았다.

　이에 대해 실록은 이런 기록을 남기고 있다.

　　임금의 행차가 기탄으로 돌아오니, 상왕의 목 위에 난 작은 종기가 목욕할 때 중풍中風으로 병환이 더한 때문이었다. [세종 1년 (1419년) 5월 2일]

　태종이 왕위를 넘긴 지 겨우 9개월 지났을 때였는데, 당시로선 치명적인 병마인 중풍에 걸린 것이다. 조선 시대에 중풍에 걸리면 '더는 사람 구실을 할 수 없다.'고들 했다. 그만큼 중풍은 심각한 질병이었다. 그런데 그 중풍의 원인이 바로 종기였다. 목 위에 난 작은 종기에 개의치 않고 목욕을 했다가 덧났고, 그것은 중풍으로 이어졌다.

　태종은 이때 중풍을 맞은 후 제대로 거동을 하지 못했다. 시간이 지날수록 증세는 더욱 나빠졌고 발병 3년 만에 그는 영영 잠들고 말았다.

　이런 상황으로 볼 때, 그가 생전에 세종에게 왕위를 넘긴 이유가 지병 때문이라는 그의 말은 사실에 가깝다. 만약 1418년 당시 그가 세종에게 왕위를 넘기지 않았더라면 그의 죽음은 더 빨리 닥쳤을 수도 있었으니 말이다.

심온은 자기가 역적인 줄도 몰랐다

태종은 처가인 민씨 집안만 몰락시킨 것이 아니라 사돈, 즉 세종의 장인인 심온 집안까지 몰락시켰다. 태종의 이런 행위를 두고 사가들은 외척의 전횡을 사전에 막는 조치라고 평가하는데, 과연 이는 옳은 말일까?

태종은 1418년 7월 6일에 전격적으로 왕위를 세자에게 넘겼다. 하지만 왕위를 넘기면서도 권력의 핵심이라고 할 수 있는 군권은 넘겨주지 않은 반 토막짜리 전위였다. 혹여 군권까지 넘겨주면 자기를 뒷방 늙은이 취급할까 봐 두려웠던 것이다.

세종을 왕위에 앉힌 뒤, 태종은 세종의 장인 심온을 영의정으로 추천했다. 당시 세종의 조정 대신들은 모두 태종이 지명한 자들로 채워졌기 때문에 태종의 추천은, 곧 임명이나 다를 바 없었다. 그런데 영의정이 된 심온이 명나라 사신으로 가는 날, 그를 배웅하기 위해 나온 사람들이 하도 많아 그들이 타고 온 수레로 온 도성이 뒤덮일 정도였다는 말을 전해 들은 태종은 느닷없이 심온 제거 작업에 착수한다. 태종은 심온을 제거할 방도를 모색하다가 일전에 벌어졌던 '강상인의 옥'에 엮어 넣기로 작정했다.

'강상인의 옥'이란 세종 즉위년인 1418년 8월에 병조참판으로 있던 강상인이 군권과 관련한 보고를 세종에게만 하고 태종에게는 하지 않았다가 병조 관원들이 대거 처벌된 사건이었다. 그런데 태종은 심온을 제거하기 위해 강상인 사건을 다시 들춰냈다. 태종은 강상인이 군권과 관계된 업무를 세종에게만 보고한 것이 단순히 개인의 판단이 아니라 조직적인 음모에 의한 것이라고 규정했다. 그리고 그 음모의 중심에 심온이 있다고 단정했다.

하지만 강상인 사건을 아무리 살펴봐도 심온과 연관된 흔적은 없었다. 당시 심온의 아우 심정이 군부의 일을 보았는데, 태종은 강상인과 심정이 함께 모의했고, 심정은 다시 심온의 지시를 받았다는 식으로 몰아붙였다. 그리고 결국은 심온이 모든 일을 주도한 주범이라고 결론지었다. 한마디로 말도 되지 않는 허구지만, 태종은 주변 신하들을 동원하여 심온을 대역 죄인으로 몰아세웠다.

그런데 그렇듯 역적으로 몰리고 있던 심온은 정작 자기가 역적이 된 사실조차 몰랐다. 심온은 아무것도 모르고 사신의 임무를 마치고 명나라에서 돌아왔고, 의주에 도착하자마자 대역 죄인이 되어 체포되었다. 그리고 큰 칼을 목에 찬 채 의금부로 압송되었고, 그때야 비로소 자신이 대역 죄인이라는 사실을 통보받았다. 그래서 심온은 자신을 주모자라고 지목한 강상인 등과 대질신문을 시켜달라고 요청했지만, 거절당했다. 그때 강상인은 이미 참형을 당하고 없었다. 혹 강상인이 심온과의 대질신문에서 다른 말이라도 할까 봐 미리 죽인 것이다.

그렇게 되자 심온도 모든 것이 태종의 머리에서 나온 것임을 직감하고 체념한 뒤 모든 혐의를 인정했다. 그리고 사약을 받고 죽었다. 이후 심온의 아내, 즉 세종의 장모와 그 자녀들은 노비 신세로 전락했다. 태종이 심온을 죽이는 과정은 민무구 형제를 죽이는 과정과 매우 흡사하다. 없는 죄를 자기가 고안하고, 다시 조정 대신들을 끌어들여 그들이 당사자들을 역적으로 몰아붙여 죽이는 방식이었다. 하긴 모두 태종이 각본을 쓰고 연출하여 만든 연극이었으니, 흡사한 것은 당연했다.

민무구 형제와 심온의 사건에서 보듯 태종은 조금이라도 자신의 눈에 거슬리는 사람이 있으면 그가 처남이든 사돈이든 가리지 않고 결국 죽음으로 내모는 냉혈한이었다. 또 일단 누군가를 적으로 규정하면 제거 방식의 비합리성은 따지지 않았다. 오직 상대를 제거하는 것이 모든 것에 우선하며, 일단 제거하기로 결심이 서면 반드시 죽음으로 내몰았다.

태종의 정치가 이런 식이었기 때문에 누구도 감히 태종에게 입바른 소리를 할 수 없었다. 태종과 다른 의견을 낸다는 것은 곧 죽음을 의미하기 때문이었다. 당시 왕이었던 세종조차도 여느 신하들과 마찬가지로 한마디도 하지 못했다.

임금의 장인, 즉 국구이자 왕비의 아버지, 그리고 일인지하 만인지상一人之下 萬人之上(한 사람의 아래, 만 사람의 위. 영의정을 이르는 말)이었던 심온은 그렇게 변명조차 한번 해 보지 못하고 역적의 오명을 뒤집어쓴 채 형장의 이슬로 사라졌다.

이 사건은 누가 봐도 조작된 역모 사건이었다. 태종은 왜 이 역모 사건을 조작했을까? 정말 외척의 발로를 경계하기 위한 우국의 심정으로 행한 일이었을까? 그런데 만약 외척의 발로를 막기 위한 것이었다면 처음부터 심온에게 정승의 자리를 내주지 않으면 될 것이었다. 또한 왕비 일가인 청송 심씨 일가를 요직에서 배제하면 될 일이었다. 그런데 자신이 직접 심온을 영의정에 임명하고, 그의 권력이 커지는 것을 막고자 역모 사건을 만들어 죽였다는 것은 쉽게 이해가 되지 않는 일이다.

그런 까닭에 이런 의심을 하지 않을 수 없었다. 자신이 쿠데타를 통해 불법적으로 왕위에 올랐고, 그로 인해 늘 주변을 의심하는 의심증에 시달리다가 스스로 의심증을 극복하지 못해서 저지른 일종의 병증의 결과가 아닐까 하고. 마치 도둑이 제 발 저리듯 말이다.

사실, 당대의 신하나 세종도 심온이 죄가 없다는 사실을 잘 알고 있었던 것 같다. 그래서 태종이 죽은 뒤에 심온과 그 가족을 사면해야 한다는 여론이 일었다. 하지만 세종은 아버지가 한 일을 자식이 뒤집을 순 없다며 소헌왕후의 어머니 안씨와 그 자녀들을 노비에서 평민으로 신분을 올려주는 선에서 사안을 마무리했다.

이후 세종이 죽고, 문종이 왕위에 오르자 또다시 심온의 사면 문제가 불거졌다. 문종이 곧 여론을 수렴하여 심온을 사면하고 신분을 회복해주었다. 또한 심온의 아들들에게도 벼슬을 내려 조정에 나오게 했다.

결국, 문종의 이런 조치는 심온이 억울하게 역적으로 몰려 죽었음을 인정할 뿐 아니라 조부 태종의 조치가 옳지 않았다는 것을 인정한 꼴이었다.

역적의 딸 소헌왕후,
어떻게 왕비로 살아남았을까?

아비가 역적의 몸이 되었으면, 역적의 딸이 될 수밖에 없고, 역적의 딸이라면 당연히 연좌되어 노비로 전락하는 것이 조선의 연좌법이었다. 이런 점에서 본다면 역적으로 몰려 죽은 심온의 딸 소헌왕후는 아버지가 역적의 신분으로 죽었으니 역적의 딸로 살수밖에 없었다. 그래서 어머니와 가족들처럼 그녀 역시 연좌법에 따라 왕비의 자리에서 쫓겨나는 것이 당연했다. 하지만 태종은 그녀를 폐위하지 않았다. 그녀의 어머니와 형제가 모두 노비 신분이 된 상황에서도 그녀를 왕비 자리에서 내치지 않았다. 태종은 왜 역적의 딸이 된 소헌왕후를 폐위하지 않았을까?

아버지와 숙부가 역적으로 몰리고 친정어머니를 비롯한 형제들
이 모두 노비가 될 것이라는 소식을 들은 소헌왕후 심씨는 곡기를
끊고 드러누웠다.

그런 상황에서 조정 대신들이 왕비를 폐위하라고 연일 상소를
올렸다. 아버지가 역적으로 죽고, 그 가솔이 모두 노비가 된 마당
에 딸이 왕비의 자리에 있다는 것은 있을 수 없는 일이라는 얘기
였다. 태종도 처음에는 그 주장을 받아들이고 심씨를 폐위할 생각
이 있었다. 그래서 가례색을 세우고 비빈을 맞이할 준비를 하라고
이르기까지 했다.

하지만 세종은 이에 동조하지 않았다. 무언의 항변으로 부왕에
게 맞섰다. 그저 죽을 결심으로 누운 아내 곁에 앉아 있을 뿐이었
다. 그래서 태종도 마음을 바꾸고 소헌왕후를 찾아와 말했다.

"왕비를 폐하는 일은 없을 것이니 염려 말고 일어나 밥을 먹도
록 하라."

그 무렵에 중신들이 태종을 찾아와 왕비 심씨의 폐위를 거론했
다. 그러자 태종이 이렇게 말했다.

"평민의 딸도 시집을 가면 친정 가족에 연좌되지 않는 법인데,
하물며 심씨는 이미 왕비가 되었으니, 어찌 감히 폐출하겠는가. 경
들의 말이 옳지 못한 것 같다."

아들 세종의 심정을 헤아린 태종의 조치였다. 그러면서 세종을
안심시키며 이렇게 말했다.

"중전이 죄인의 딸인 까닭으로 바깥사람들이 폐출하자 하겠지

만 이것이 어찌 법관들이 요청할 일이겠느냐?"

이에 조말생, 원숙, 장윤화 등 의금부 당상관들은 이에 동의하지 않고 반박했다.

"형률로써 논한다면 내리신 말씀이 옳습니다. 그러나 주상의 처지에서 논한다면, 심온은 곧 부왕의 원수이니, 어찌 그 딸로서 중궁에 자리를 잡고 있도록 하겠습니까? 은정을 끊어 후세에 법을 남겨두시기를 청합니다."

이 말에 태종은 아무 대답도 하지 않았다. 그 자리에 함께 있던 세종의 의중을 헤아리기 위함이었다.

이 무렵, 좌의정 박은이 병조에 나아가서 당상관들에게 이렇게 주장했다.

"그 아버지가 죄가 있으니, 그 딸이 마땅히 왕비로 있을 수 없다."

태종이 이 말을 듣고 유정현, 허조, 허지와 의정부 당상관을 모두 불러 모아놓고 말했다.

"《서경》에, '형벌은 아들에게도 미치지 않는다' 하였으니, 하물며 딸에게 미치겠느냐. 그전의 민씨閔氏 (원경왕후)의 일도 또한 불충이 되었으나, 그 당시에는 왕비를 폐하고 새로 왕비를 맞아 세우자고 의논한 사람이 하나도 없었는데, 지금은 어찌 이 지경에 이르렀느냐. 내가 전일에 가례색을 세우라고 명한 것은 빈과 잉첩을 뽑으려고 한 것뿐이다."

이 말에 영의정 유정현은 대답하지 않고 있었고, 좌의정 박은이 나서서 대충 무마했다.

"신 등도 또한 금지옥엽金枝玉葉(세종의 아들과 딸들)이 이처럼 번성하오니, 왕비를 폐하고 새로 세우고 하는 일은 경솔히 의논할 수 없으니, 빈과 잉첩을 갖추게 하고자 함이 심히 마땅합니다."

박은의 말처럼 소헌왕후는 어린 자식이 여럿 있었다. 큰딸 정소공주를 비롯하여 세자 향, 수양대군, 거기다 이제 막 태어난 안평대군이 있었다. 아무리 왕비의 아버지가 역적으로 죽었다고 하더라도 어린 자식이 넷이나 있는 왕비를 내쫓긴 쉽지 않았다. 물론 이것은 조정 중신들의 뜻이 아니었다. 그들은 줄곧 역적의 딸을 왕비 자리에 둘 수 없다고 주장해왔다. 하지만 중신들은 마음을 바꿨다. 심지어 심온을 역적으로 내모는 데 선봉에 섰던 좌의정 박은조차 말을 바꿔야 했다. 정작 군왕인 세종이 아내를 내쫓을 뜻이 전혀 없다는 것을 확인했기 때문이다.

어쨌든 이렇게 해서 왕비를 새로 맞이하려던 가례색은 빈과 후궁을 맞이하는 것으로 변경되었다. 소헌왕후는 가까스로 폐출의 위기를 넘긴 것이다. 이는 세종이 끝까지 심씨의 폐출을 받아들이지 않은 결과였다.

당시 세종이 소헌왕후의 폐출에 동조하지 않은 결정적인 이유가 있었다. 소헌왕후가 왕자를 출산한 지 두 달밖에 되지 않았기 때문이다. 아무리 장인이 역적으로 몰려 죽었다 하더라도 이제 막 자기 아들을 낳고 몸도 제대로 회복하지 못한 아내를 내쫓는다는 것은 도리상 있을 수 없는 일이었다. 그것이 아버지의 뜻이라고 해도 마찬가지였다.

이렇게 볼 때, 소헌왕후가 폐위를 모면한 것은 이제 갓 태어난 아들 덕이었다고 할 수 있겠다. 당시 갓 태어난 아들은 안평대군 이용이었으니, 그가 어머니의 폐출을 막은 것이다.

4장

세종 편

세종은 정말 사대주의자인가?

세종에 대해 비판적인 시각을 가진 사람 중에는 세종을 향해 사대주의자라고 말하기도 한다. 사대주의란 주체성을 잃고 실익도 없이 강한 국가에 무조건 의존하는 성향을 일컫는데, 세종은 과연 그런 왕이었을까?

사실, 세종의 명나라에 대한 태도는 사대주의로 비칠 만한 경우가 많았다. 세종 재위 10년(1428년) 11월 19일의 다음 기록에서도 세종의 그런 면모를 엿볼 수 있다.

정사를 보았다. 판부사 변계량이 아뢰었다.

"성상께서 지성으로 사대事大하시와 해청을 잡으면 즉시 바치오나, 옛날에는 포획하기가 쉽지 않던 것이 지금은 잡은 것이 조금 많아졌사오니, 청하건대 좋은 것을 택하여 바치고 많이 바치지는 마소서. 또 그 포획이 심히 괴롭사오니 뒷날에 잡지 못할지 어찌 알겠으며, 혹시 많이 바치라는 명이 있다면 어찌 감당하겠습니까?"

이에 임금이 말하였다.

"황제께서 만약에 많이 포획한 것을 들었는데도 다 바치지 않는다면 불가하지 않겠는가."

이 기록에 등장하는 임금이 곧 세종이다. 당시 조선에서는 명나라를 섬기는 사대의 예로 조공을 했는데 해청海靑은 명나라에서 요구하는 공물 중 하나였다.

해청의 본래 명칭은 해동청海東靑으로 흔히 송골매, 보라매 등으로 불리는 사냥용 매다. 명나라는 매년 조선 조정에 송골매를 공물로 바칠 것을 요구했는데, 사실 송골매를 포획하는 것은 매우 어려운 일이었다. 또한 명에서 요구하는 송골매는 잘 훈련된 사냥용 매였기 때문에 어릴 때 새끼를 포획하여 훈련해야 했다.

그런데 송골매 새끼를 포획하려면 매우 위험한 낭떠러지까지 사람이 직접 올라가야 했다. 이 때문에 송골매를 포획하는 전문가를 고용해야 했고, 설사 전문가를 고용한다고 하더라도 포획한 숫자는 얼마 되지 않았다. 심지어 어떤 해는 한 마리도 포획하지 못해 송골매가 아닌 다른 매를 송골매라고 속이고 바치는 일도 있었고, 그것이 탄로 나서 매우 곤란한 상황이 되기도 했다.

그런데 1428년, 그해에는 포획한 송골매의 숫자가 좀 많았던 모양이다. 그래서 변계량이 포획한 송골매를 모두 명나라에 바치면 명나라에서 다음에도 많이 바치라고 할 것을 염려하여 일부만 바치라고 한 것이다. 하지만 세종은 포획한 것 중 일부만 바쳤다가 명나라 황제가 그 사실을 알게 되면 큰일이 생긴다고 모두 다 바치라고 한 것이다.

이처럼 세종은 명나라에 대한 사대가 극진했다. 심지어 사대의 일환으로 명나라에 바치던 공녀 문제에서도 극진했다. 중국에서 공녀를 요구하면 금혼령을 내린 후 처녀들을 뽑아 명나라에 바쳤다. 또한 그 과정에서 명나라 사신의 눈을 지나치게 의식하여 행동하기도 했고, 직접 나서서 처녀를 뽑기도 했다. 이런 까닭에 명나라 사신들의 횡포가 심했다. 당시 명나라에서는 주로 환관들이 사신으로 왔는데, 그들은 개인적으로 원하는 것을 조선에 요구하는 일이 많았다. 이럴 때도 세종은 그들의 청을 들어주라고 했다. 그러자 조정 신하 중에 세종이 사대의 예를 지나치게 한다는 비판이 있었다. 이 말을 듣고 세종이 이런 말을 하였다.

"이제 들으니, 명나라에서 요구하는 매와 검은 여우 등의 물건은 모두가 환자宦者 윤봉(명나라 사신)이 원하는 바라고 우리나라에서 뒷공론하는 자들이 간혹 말한다 한다. 그런데 나는 이 말이 혹시나 명나라에 알려질까 두렵다. 또 들으니, 내가 사대事大의 예를 지나치게 한다고 말한다는데, 지금 명나라가 사신을 보내오고 상을 주고 하는 일이 해가 없을 정도로 예우가 융숭함이 일찍이 없었다. 다만 우리나라는 본래 예의의 나라로서 해마다 직공職貢의 예를 닦아, 때에 따라 조빙朝聘하면 명나라가 이를 대우하는 것이 매우 후하였다. 그런데 정성을 다하여 섬기지 않는다면 이것은 크게 불경하는 일이고, 특히 신하된 도리를 다하지 못하게 되는 것이니, 그럴 수가 있겠느냐.ˮ [세종 10년(1428년) 윤4월 18일]

말인즉, 세종은 명나라 황제가 보낸 사신을 융숭하게 대접하는 것도 사대의 예이며, 대국을 섬기는 소국으로서 신하의 예를 행하는 일이라고 생각한 것이다. 세종을 사대주의자였다고 비판하는 시각은 바로 이런 세종의 태도 때문에 생긴 것이다. 또한 세종 당대에도 명나라에 대한 세종의 사대가 지나치다는 비판이 있었으니, 오늘날 세종을 사대주의자라고 비난하는 것도 과한 일은 아닐 것이다.

하지만 세종의 이런 태도는 얼핏 보면 사대주의적 행동 같지만 자세히 보면 실리주의적 행동이다. 세종을 사대주의자라고 비판하는 것은 세종의 실리적인 면모를 확인하지 못한 데서 비롯된 선부른 판단일 수 있다.

세종이 명나라에 대한 사대의 예를 극진하게 한 것은 사실이었지만, 그렇다고 명나라의 요구라면 무조건 들어주자는 것은 아니었다. 오히려 세종은 사대의 예를 극진하게 하는 것이 크게 보고 멀리 보면 국가적으로 더 이익이 된다고 생각했다.

세종은 어차피 조선은 작은 나라이므로 명나라와 같은 대국에 의지하여 살 수밖에 없다고 판단했다. 그래서 명나라를 극진히 섬기고 우대하여 그들과 전쟁을 치르거나 분쟁을 겪는 것을 막고 여진족이나 일본 등의 침입이 있을 때 도움을 받는 것이 현명하다고 본 것이다. 그렇다고 마련하기 어려운 공물을 계속 바친 것도 아니었다.

조선이 공물에서 빼달라고 요청한 것 중에 대표적인 것이 금과 은이었다. 금과 은은 조선에서 많이 생산되지도 않는데, 명나라에서는 금과 은을 조공 품목에 넣어 매년 바칠 것을 강요했다. 이에 세종은 조공의 예를 극진하게 행하는 가운데, 명나라에 금과 은은 조공 품목에서 빼달라고 여러 차례 요청하였고, 결국 재위 11년에 마침내 더는 금과 은을 바치지 않아도 된다는 명나라 황제의 약속을 얻어냈다. 이에 대해 당시 명나라에 사신으로 다녀온 김을현이 그해 11월 29일에 이렇게 보고했다.

"주청하신 바 있는 금·은의 세공歲貢을 면제해 달라고 청한 일을, 황제께서 육부에 내려 논의하게 하시니, 이부상서 건의蹇義가 아뢰기를, '이는 곧 고황제(명태조 주원장)께서 이루어 놓으신 법이라 고칠 수 없습니다.' 하니, 황제께서 우순문右順門에 나아가서 건의 등에게 유시하시기를, '조선이 사대를 지성으로 해왔고, 또 먼 변방 사람의 정을 들어주지 않을 수 없으므로, 짐이 이미 칙서로 그의 견면蠲免을 허락하였으니 고집하지 말라.' 하셨습니다."

세종은 단순히 공물의 품목을 줄이는 정도의 실리만 챙긴 것은 아니었다. 가장 큰 실리는 국방과 영토문제였다. 예컨대 조선이 왜구 소탕 작전의 일환으로 실행한 대마도 정벌은 원래 명나라의 요구에 의한 것이었다. 당시 명나라는 조선이 왜와 연합하여 명나라를 공격하려 한다고 의심하고 있었고, 이 의심을 불식시키려면 조선이 군대를 동원하여 왜구의 본거지인 대마도를 정벌하라고 요구했다.

이에 조선은 이종무에게 군대를 안겨 대마도를 공략함으로써 명나라의 의심으로부터 벗어났을 뿐 아니라 왜구의 노략질로 엄청난 피해를 입고 있던 조선 백성들의 삶도 안정시켰다. 거기다 조선 수군의 전투력도 크게 상승시키는 결과를 얻었다. 그야말로 일석삼조의 이익을 얻은 셈이었다.

대마도 정벌뿐 아니라 여진 정벌을 통한 변방 안정과 영토 확장도 사대정책과 무관하지 않았다. 조선은 건국 초부터 여진과 자주 영토 분쟁을 겪곤 했고, 그 때문에 여진을 정벌하여 변경을 안정시켜야 할 처지였다. 하지만 독자적으로 여진을 정벌하고 그 땅을 차지하면 명나라의 의심을 살 수 있어서 섣불리 실행에 옮길 수 없었다.

그런데 명나라 또한 여진의 성장을 두려워하여 어떻게 해서든 여진의 힘을 약화시켜야했다. 그래서 주기적으로 군대를 동원하여 여진 정벌에 나서곤 했는데, 이때 명나라는 늘 조선의 동참을 요구했고, 그래서 자연스럽게 조선은 여진을 공격할 수 있었다. 말하자면 명나라의 경계심 때문에 함부로 여진을 공격하지 못하던 상황에서 지극한 사대정책으로 명나라에 신뢰를 줌으로써 오히려

조선 왕들은 왜?

명나라의 지원을 받으며 여진을 공격하는 상황이 된 것이다. 조선은 그 과정에서 4군과 6진을 개척했을 뿐 아니라 압록강과 두만강을 넘어 파저강과 송화강 유역으로 영토를 확대하는 성과까지 거뒀다.

따라서 당시 명에 대한 세종의 극진한 사대는 단순히 강자에게 고개를 숙이는 의존적인 행위가 아니라 작은 것을 내주고 큰 것을 얻는 실리적 행위였음을 알 수 있다. 대세를 인정하고 소국으로서 대국에게 머리는 숙이되, 실리는 확실히 챙기자는 것이 세종의 대세관이었다.

세종이 유독 황희에게만 관대했던 이유

세간에 알려진 세종은 '공명정대하고 혁신적이며 매우 합리적인 왕'이다. 세종의 업적과 행적, 그리고 정사 처리 과정을 보면 이러한 평가는 사실에 가까워 보인다. 하지만 세종의 모든 행동이 합리적이고 공명정대했던 것은 아니다. 특히 세종 치세에 가장 오랫동안 정승으로 있었던 황희에 대한 처결은 지나치게 관대했다.

야사에서 황희는 매우 청빈한 정승으로 알려졌지만, 실록의 기록은 그렇지 않다. 황희는 여러 비리에 연루된 적이 있었고, 자식들의 부정부패도 심했으며, 심지어 살인 사건을 은폐하기도 했다. 그런데 세종은 황희를 늘 용서하고 정승으로 기용했으며, 단 한 번도 형벌을 주거나 유배를 보낸 적이 없었다. 왜 세종은 유독 황희에게만 그토록 관대했을까?

우선 황희가 어떤 비리를 저질렀는지부터 살펴보자.

황희는 좌의정이 된 지 5개월쯤 되던 1427년(세종 9년) 6월 17일에 우의정 맹사성, 형조판서 서선 등과 함께 살인 사건에 연루되어 의금부 옥에 갇히게 되었다. 당시 조정에 엄청난 파장을 불러일으킨 이 사건은 황희가 의정부 찬성으로 있을 때 일어난 살인 사건 때문에 벌어진 일이었다.

황희와 서선은 사돈지간이었는데, 황희의 사위이자 서선의 아들 서달이 표운평이라는 지방의 아전을 때려죽이고는 자신의 종이 죽인 것으로 조작했다. 당시 의정부 찬성 벼슬에 있던 황희는 이 사태를 접하고 친분이 깊었던 판부사 맹사성을 비롯하여 여러 지방관에게 압력을 가하거나 매수하여 사건을 조작했다. 심지어 피해자의 가족까지 매수하여 거짓 증언을 하게 했다. 덕분에 서달은 무혐의 처분되었고, 서달의 종이 대신 죄를 뒤집어쓰고 감옥에 갇혔다. 이는 사건 담당자였던 해당 지역의 현감을 비롯하여 감사, 형조판서 등이 모두 동조한 결과였다.

그러나 세종은 그냥 넘어가지 않았다. 처결 문건들을 낱낱이 살펴보면서 앞뒤가 맞지 않은 부분이 많아 의심의 여지가 있다고 보고, 의정부에 사건을 다시 내려보내 죄인들을 신문할 것을 명령했다. 그 결과 사실이 백일하에 드러났고, 사건을 은폐하기 위해 청탁과 뇌물이 오갔음이 밝혀졌다.

법대로 하면 서달은 교수형감이었다. 하지만 세종은 그가 외아들이라는 이유로 형장 100대를 치고, 3,000리 밖으로 유배 보내는 것으로 대신했다. 또 범행에 가담한 좌의정 황희와 우의정 맹사성을 파면하고, 형조판서 서선의 임명장을 회수했다. 형조참판 신개는 강음에, 대사헌에 올라 있던 조계생은 태인에, 형조좌랑 안숭선은 배천에 유배했다. 또 온수현감 이수강은 형장 100대에 3,000리 밖인 광양으로 유배되었으며, 직사현 지사 조순, 직산현감 이운, 목천현감 윤환은 각각 장형 100대와 도형 3년을 선고받았다. 그 외에 대흥현감 노호는 형장 90대와 도형 2년 반, 신창현감 곽규와 신창 교도 강윤은 각각 장형 100대와 도형 3년, 도사신기는 장형 100대에 처했다.

그런데 세종은 사건 조작에 깊이 관여한 황희는 죄를 면해주고 좌의정에 복귀시켜 주었다. 심지어 유배 간 황희의 사위 서달에게는 가족과 함께 살 수 있도록 죄를 경감하여 황희의 마음을 달래기까지 했다. 당시 대사헌 이맹균이 강력하게 반대하고 나섰지만 세종은 요지부동이었다. 황희는 그때 모친상을 당하여 벼슬에 나올 수도 없는 처지였지만 세종은 그에게 상복을 벗고 관직에 나올 수 있도록 기복 명령까지 내려 좌의정에 복귀시켰다.

세종이 황희를 복귀시킨 가장 큰 이유는 그를 대신할 인재가 없다는 것이었다. 살인을 은폐한 범죄자를 일국의 정승으로 복귀시키는 이유치고는 매우 군색한 말이었다. 이에 대해 사헌부에서 계속 반발했지만, 세종은 뜻을 굽히지 않았다.

하지만 황희의 비리는 이것으로 끝나지 않았다. 1428년 1월 28

일, 첨절제사 박유가 황희에게 뇌물을 보내다가 단속 관원들에게 붙잡힌 것이다. 거기다 6월 14일에는 황희가 역졸 박용으로부터 말과 술대접을 받고 그를 비호하는 편지를 썼다는 대간의 보고가 세종에게 올라갔다.

그런데 세종은 이번에도 뜬소문이라고 일축하며 황희를 두둔하며 탄핵하지 말라고 지시했다. 하지만 소문이 점차 커져서 조정이 시끄러워지자 대간에서는 황희를 탄핵했고, 황희는 스스로 나와 자신의 누명을 조사해줄 것을 청했다. 이에 따라 황희의 서찰을 받아갔다는 박용의 아내 복덕에 대한 국문이 이뤄지고, 의금부에서는 황희와 복덕의 대질신문을 요청했다. 그러나 대질은 이뤄지지 않았고, 탄핵을 받은 황희는 임금에게 사직을 요청했다. 하지만 이번에도 세종은 사직 요청을 받아들이지 않았다.

이 사건 이외에도 황희의 몇몇 행적이 또 구설에 올랐다. 처남인 양수와 양치가 위법을 저지른 것이 발각되자, 그들은 잘못이 없고 단지 풍문일 뿐이라는 글을 세종에게 올려 처남들을 구해낸 적도 있고, 관청에서 몰수한 과전을 아들 황치신에게 돌려주려고 사사로이 글을 올려 임금에게 청한 적도 있었다. 또한 황중생이란 사람을 서자로 삼아 집안에 드나들게 했다가 후에 황중생이 죽을 죄를 범하자, 곧 자기 아들이 아니라고 하면서 그의 성을 조씨로 바꾸기도 했다. 그 외에도 온정에 이끌려 몇몇 사건에 청탁이나 권력을 행사하다가 탄핵을 받은 일들이 있었다.

그런데도 세종은 재위 13년인 1431년에 황희를 영의정에 임명했다. 이때 황희의 나이 이미 예순아홉이었다. 당시 황희는 교하의 수령 박도에게 토지를 청탁하고, 그 대가로 도의 아들을 행수로 만든 뇌물 사건과 태석균이라는 인물이 죄를 받을 때 사헌부에 부탁하여 고신告身(임명장)을 내주라고 청탁한 사건으로 사헌부 좌사간 김중곤으로부터 탄핵을 받은 상황이었다.

김중곤의 탄핵 소장을 보고 세종도 명백히 황희의 잘못이 있다고 인정했다. 하지만 탄핵은 받아들이지 않았다. 그리고 세종은 이조판서 안숭선을 불러 이런 말로 황희를 두둔했다.

"황희가 교하 고을의 원 박도에게 토지를 요구하고 도의 아들을 행수로 들인 것과 태석균의 임명장에 승인 표시를 해줄 것을 청탁한 것은 참으로 옳지 않다. 그러나 태종께서 신임하던 신하이고 재주가 남다른데 이런 일로 영영 인연을 끊어야 하는가?"

안숭선이 대답했다.

"교하와 석균의 일은 정말 황희의 잘못입니다. 그러나 정사를 의논하는 데 황희만큼 깊은 계책과 원대한 생각을 내놓는 사람은 없습니다."

이에 세종이 맞장구를 쳤다.

"경의 말이 옳도다. 지금 대신 중에 황희만 한 사람이 많지 않다. 지나간 대신들을 말하자면 하륜, 박은, 이원 등은 모두 재물을 탐한다는 말을 들었는데, 하륜은 자기 욕심을 채우기를 도모하는 신하였고, 박은은 임금의 비위만 맞추는 신하였으며, 이원은 잇속만 차리고 의리를 모르는 신하였다."

세종이 결국 황희를 택한 것은 지금껏 정승을 지낸 다른 사람들에 비해 그나마 청렴하고 일처리 능력이 탁월하다는 판단에 따른 것이었다. 황희는 어떤 문제든지 계책이 남달랐고, 상황과 사건에 따라 적절한 처방을 내놓을 줄 아는 능력이 있었다. 또 몇 번 뇌물을 받았다고는 하나 다른 신하에 비해 가난하게 살았고, 인정이 많고 마음이 유순하여 노비들에게도 모질게 대하지 않는 위인이었다. 세종은 그런 그의 자질과 능력을 높이 평가하여 여러 가지 부정부패를 인지하였음에도 그를 계속 기용한 것이다.

이듬해 황희가 70세가 되어 치사致仕(조선 시대 관리가 70세가 되면 벼슬에서 물러나던 제도)하게 해달라고 요청했을 때도 궤장을 내려 영의정에 머물러 있게 했고, 정치제도를 육조직계제에서 삼정승 중심의 의정부서사제로 바꿔 황희의 정치적 비중을 한층 높여주었다. 나중에 황희가 너무 연로하여 거동이 불편하게 되었을 때도 파직하지 않았다. 오히려 초하루와 보름에만 조회에 나오게 배려하여 그의 영의정 직을 유지하게 했다. 그 뒤에 황희의 거동이 점점 어려워지자, 큰일 이외에는 그를 번거롭게 하지 말라고 조정에 명했다가 황희의 나이 87세 되던 1449년에야 영의정 벼슬로 치사하게 했다.

그리고 이듬해인 1450년, 세종은 생을 마감했다. 세종은 재위 기간 내내 황희와 함께 정사를 논했는데, 그만큼 황희의 업무 처리 능력을 높이 평가했다.

며느리를 넷이나 내쫓다

세종은 태종에 비해 너그럽고 포용력이 넓었다. 인정도 많고 남에 대한 배려도 깊었으며, 어려운 처지에 놓인 사람을 그냥 지나치지 못하는 성격이었다. 그런데 유독 며느리들에게는 깐깐하고 가혹한 면이 있었다. 심지어 세종은 며느리를 무려 네 명이나 쫓아낸 무서운 시아버지였다. 왜 세종은 그렇게 며느리들에게 무섭게 굴었을까?

세종은 소헌왕후에게서 여덟 명의 적자를 얻었고 그 적자들을 결혼시키고는 네 명의 며느리를 내쫓았다. 세종이 내쫓은 첫 번째 며느리는 세자 향의 세자빈으로 입궁한 휘빈 김씨였다. 휘빈은 세자 향이 열네 살이 되던 1427년 4월 9일에 맞이한 아내로 김구덕의 손녀이자 김오문의 딸이었다. 그런데 세종은 2년 뒤인 1429년 7월 18일에 휘빈 김씨를 사가로 내쫓았다.

휘빈 김씨가 남편인 세자 향의 사랑을 받기 위해 주술을 사용했다가 발각됐다는 것이다. 세자 향이 아내인 자신에게는 냉랭하게 대하면서 오히려 효동이나 덕금 같은 시녀에게 따뜻하게 대하자 질투가 나서 저지른 일종의 해프닝이었다. 물론 세자빈이라는 직분에 어울리지 않는 경박한 행동임에는 분명하지만, 남편의 사랑을 받기 위한 아내의 몸부림 정도로 이해할 수 있는 일이었다. 주변에 소문이 난 것도 아니고 세자 향에게 무슨 변고가 생긴 것도 아니었다. 그야말로 세종이 눈 한번 슬쩍 감아주면서 휘빈에게 훈계 한마디 던지고 끝내면 될 일이었다. 더구나 사가에서는 흔히 일어나는 일이었고, 휘빈 김씨는 십 대의 어린 소녀였다.

그런데도 세종은 휘빈을 내쫓아버렸다. 참으로 무서운 시아버지의 면모였다. 거기다 휘빈의 시녀 호초는 참형에 처했다. 사실, 호초는 주인이 시키면 무슨 일이든 해야 하는 처지였는데, 그녀를 극형에 처했다는 것은 정말 이해할 수 없는 대목이다.

하지만 세종의 며느리 내쫓기는 거기에서 그치지 않았다. 휘빈을 내쫓고 3개월도 되지 않아서 세자 향은 창녕 현감 봉려의 딸 순빈을 세자빈으로 맞아들였다. 그런데 세종은 1436년 10월 26일에 순빈 봉씨도 폐출시켰다.

세종이 그녀를 내쫓은 이유는 크게 두 가지였다. 첫째는 순빈이 아이를 갖지도 않았으면서 임신을 하고 낙태했다고 거짓말한 것이며, 둘째는 궁궐 여종 소쌍과 동성애를 즐겼다는 것이다.

당시 궁궐 안에는 궁녀들끼리 함께 지내며 동성애를 즐기는 일이 잦았다. 궁녀들이 동성애를 행한 것은 그들의 특수 신분 때문이었다. 왕 이외에는 어떤 남자와도 가까이할 수 없었기에 인간의 본능인 성욕을 그런 방식으로라도 해소하려 했다. 사실, 순빈 봉씨의 처지도 그들 궁녀와 별반 차이가 없었다. 남편이 있기는 했으나 찾아주지 않았으니 말이다. 하지만 순빈 봉씨는 왕실의 여인이었으니 이 일에 대한 세종의 처리가 과했다고만 볼 수 없을 것이다.

사실 휘빈 김씨와 순빈 봉씨의 행동을 '여인'이라는 측면에 놓고 본다면 측은한 측면도 있다. 휘빈 김씨와 순빈 봉씨 폐출 사건의 공통점은 남편의 사랑을 갈구한 여인들의 '황당한 행동'이라는 점이다. 한 사람은 남편의 사랑을 얻기 위해 방술을 행하며 애타는 심정을 표현했고, 다른 한 사람은 자신을 찾아주지 않는 냉랭한 남편을 포기하고 다른 방법으로 본능을 해결하려고 했다. 이 두 여인이 사랑을 갈구한 대상은 세자 향이었다. 그는 아내로 맞아들인 두 여인에게 전혀 관심을 보이지 않았고, 심지어 냉랭하고 매정하게 대하면서 다른 여자들에게 사랑을 쏟았다.

이 때문에 세종과 소헌왕후가 세자 향을 불러 타일러 보았지만, 소용없는 일이었다. 따라서 휘빈 김씨와 순빈 봉씨 폐출에 근본적인 원인을 제공한 사람은 다름 아닌 남편인 세자 향이다. 그는 적법한 절차를 거쳐 혼인한 부인에 대해 남편의 의무를 전혀 행하지 않았다. 휘빈과 순빈의 일을 세종에게 고해바친 사람도 세자 향이 었다. 하지만 세종은 이는 제쳐두고 두 여인의 행위만을 따져 며느리들을 폐출시켰으니, 비정한 시아버지라고 할 만하다. 만약 세종이 내쫓은 며느리가 이들 두 사람뿐이라면 세종을 비정한 시아버지라고 몰아붙이는 것이 과할 수도 있다. 하지만 휘빈과 순빈 사이에 또 쫓겨난 며느리가 있었다.

1433년(세종 15년) 6월 14일, 세종은 영의정 황희, 좌의정 맹사성, 우의정 최윤덕 등을 불러 이렇게 말했다.

"임영대군의 아내 남씨는 나이 열두 살이 넘었는데 아직 오줌을 싸고 눈빛이 바르지 못하며 혀가 심히 짧고 행동이 놀라고 미친 듯한 모습이기에 내쳐야 하겠다."

세종의 이 말은 임영대군의 아내 남씨가 나이에 비해 여러모로 뒤처지고 혀 짧은 소리를 한다는 것이다. 하지만 남씨의 행동을 이해 못 할 바도 아니다. 이제 겨우 열두 살 소녀다. 그리고 갑자기 시집와서 낯선 소년과 한 방을 사용해야 하는 상황이다. 더구나 명색이 부부이니 같은 이불을 덮고 자야 하는 처지다. 이것이 열두 살 어린 소녀에게는 매우 낯설고 무서운 상황일 수 있다. 그래서 겁을 먹고 오줌도 싸고 눈빛이 바르지 못할 수 있다. 하지만 세종은 이런 남씨를 가차 없이 내쳤다.

세종이 남씨를 내친 시기는 휘빈 김씨를 폐출한 때로부터 4년 뒤다. 그리고 3년 뒤에 다시 순빈 봉씨를 내쫓았다. 그리고 1449년에 막내아들 영응대군의 처 송씨를 내쫓았다. 영응대군은 1444

년에 열한 살 나이로 송씨와 결혼했는데, 5년 만에 내친 것이다. 송씨가 병이 있다는 것이 이유였다. 그리고 영응대군 이염은 그해에 정충경의 딸에게 다시 장가들었다. 하지만 영응대군은 쫓겨난 송씨를 잊지 못했다. 그래서 세종이 죽은 뒤에 몰래 송씨와 만나 두 명의 딸까지 낳게 된다. 그녀가 두 명의 딸을 낳은 것을 보면 지병이 있었던 것도 아니었다. 또 영응대군은 여전히 그녀를 사랑했다. 그런데도 세종은 왜 송씨를 내쫓았을까?

사실, 송씨는 세종 부부가 선택한 여인이었다. 세종은 순빈 봉씨를 내쫓은 이후에 며느리를 간택하는 과정에 직접 참여했다. 이이전에는 왕과 왕비는 직접 며느리를 뽑지 않았다. 내관과 상궁, 종친 대표들을 시켜 간택했다. 하지만 순빈 봉씨 사건을 경험한 후, 세종은 1439년에 의창군을 장가보낼 때부터 자신이 직접 며느리를 간택했다. 송씨는 그렇게 세종이 뽑은 며느리였다. 더구나 세종은 생의 마지막을 영응대군의 집에서 맞이할 만큼 막내아들을 아꼈다. 그렇기에 더욱 유별나게 막내며느리를 골랐고, 송씨는 이 과정에서 간택되었다. 세종은 그런 그녀를 병이 있다는 이유로 내쫓았던 것이다.

세종이 내쫓은 네 명의 며느리 중에 순빈 봉씨를 빼고는 내쫓은 이유가 빈약하다. 휘빈 김씨는 방술을 썼다는 것이 이유였고, 임영대군의 첫 부인 남씨는 어리숙하다는 것이 이유였으며, 영응대군의 첫 부인 송씨는 병이 있다는 이유였다. 조선 왕조의 어느 왕도 세종처럼 여러 차례 며느리를 내쫓은 경우는 없었다. 그렇다면 왜 유독 세종은 이렇게 반복적으로 며느리를 내쫓은 것일까? 아들에 대한 지나친 사랑 때문이 아니었을까 싶다. 세종의 아들 사랑은 여느 왕보다 지나친 감이 있었는데 다음 사례가 그렇다.

세종은 재위 30년(1448년) 8월 24일에 선공감 정 이사평을 파직했다. 그 이유를 실록은 "평원대군이 가까이 한 의녀 백이를 첩으로 삼은 까닭이었다"고 기록하고 있다. 이사평은 대마도 정벌로 잘 알려진 이종무의 셋째 아들이다. 말하자면 한양에서 제법 내로라하는 집안 출신인데, 백이라는 의녀를 첩으로 들였다. 당시 양반들은 의녀를 첩으로 들이면 자신의 개인 여종 한 명을 공노비로 내놓으면 되었다. 법을 어기는 일은 아니었다. 그런데 세종은 이사평을 파직했다. 그렇다고 백이가 평원대군의 첩도 아니었다. 단지 자신의 아픈 아들 평원대군이 총애하던 의녀를 첩으로 들였다는 것 때문이었다.

이러한 아들에 대한 지극한 사랑은 며느리에 대한 욕심으로 이어졌는지도 모른다. 그래서 성에 차지 않는 며느리는 가차 없이 내쫓은 것이 아닐까.

극비리에 진행된 훈민정음 창제

훈민정음은 누가 만들었는가? 이 물음에 대해 아직 명확한 결론을 짓지 못하는 것이 학계의 현실이다. 그러나 실록을 자세히 살펴보면 이에 대한 답이 있다.

흔히 훈민정음은 세종과 집현전 학자들이 공동으로 만들었거나 집현전 학자들이 만들고 세종이 후원한 것으로 알려져 있다. 하지만 이는 잘못된 이해다. 훈민정음은 세종이 거의 홀로 만든 것이다. 아니 홀로 만들 수밖에 없었다.

당시 훈민정음 창제 작업은 공식적으로 진행할 수 없었고, 그러다 보니 집현전 학자들을 투입할 수 없었다. 물론 집현전 학자 중 일부가 도움을 줬을 수는 있다. 그러나 그것은 어디까지나 세종의 질문에 답하는 정도의 조력자 수준에 불과했다. 정인지 같은 집현전 학자들은 세종이 무슨 의도로 운학韻學(언어학)에 관심을 두는지 몰랐다. 세종이 훈민정음을 공식적으로 공표할 때까지 그들은 왕이 스스로 문자를 만들 줄은 상상도 하지 못했을 것이다. 세종의 창제 작업은 철저하게 비밀리에 진행됐기 때문이다.

만약 세종이 비밀리에 창제 작업을 진행하지 않았다면, 적어도 실록에 그에 대한 언급이 한마디라도 있어야 정상이다. 그러나 세종이 훈민정음을 공표할 때까지 문자 창제에 관한 언급은 한마디도 없다. 임금의 공식적인 행동과 말이 모두 기록되던 당시에 공식적인 사안이 전혀 기록되지 않는다는 것은 불가능하다. 실록에 무기 제작과 같은 극비 사항도 기록된 것을 보면 훈민정음 창제는 극비리에 진행된 국가사업도 아니었다는 뜻이다. 즉 훈민정음 창제는 세종이 홀로 극비리에 진행했던 것이다.

세종은 왜 이 일을 홀로 극비리에 진행했을까? 답은 훈민정음 반포에 반대했던 최만리의 상소문에 잘 나타나 있다.

최만리의 상소문을 요약하자면, 첫째는 새 문자를 만들어 단독으로 쓴다는 말이 중국에 흘러 들어가면 비난을 받을 수 있다는 것이고, 둘째는 중화의 문자인 한자를 대신하여 훈민정음을 쓰면 스스로 오랑캐가 된다는 논리, 셋째는 설총의 이두로써 가능한 일을 굳이 훈민정음으로 대체할 필요가 없다는 것, 넷째는 창제 취지 중 하나로 훈민정음 보급이 억울한 사람을 줄일 수 있다는 논리가 옳지 않다는 것 등이다. 그러나 이 내용의 골자는 '사대事大'

와 '권위'였다.

당시 유학자들은 성리학을 삶의 지표로 삼고, 대국인 중국을 섬기는 것을 당연하게 여겼다. 그들은 이 두 가지 원칙을 국가를 유지하는 철칙으로 여겼으며, 이 철칙은 그들의 권력을 지키는 수단으로 작용했다. 그들의 내면에는 학자 또는 선비로서 갖는 권위주의가 도사리고 있었다. 적어도 문자는 자기들만 아는 것이고, 학문은 자신들만의 고유한 영역이라는 사고에 빠져 있었다.

그들의 학문을 떠받치고 있는 것은 유학과 한자였다. 그들에게 평민은 이두 정도나 아는 무식쟁이였고, 천민은 그것조차도 모르는 짐승 같은 존재였다. 그들은 그런 사실에 자부심을 가졌고, 그 자부심의 밑천이 한자였다. 그들 양반은 문자와 학문을 권력의 기반으로 삼고 있었다. 그러니 평민이나 천민이 쉽게 익힐 수 있는 훈민정음의 등장은 결코 달가운 일이 아니었다. 만약 많은 서적을 평민이 쉽게 읽을 수 있게 된다면, 양반은 그때까지 누리던 학문적 권위를 잃게 될 것이고, 그 연장선에서 권력의 상당 부분을 잃게 될 것이었다.

최만리 등이 세종의 훈민정음을 거부한 근본적인 이유는 바로 이런 것이었다. 세종은 그런 현실을 간파하고 있었다. 만약 새로운 문자를 만드는 일을 공식적인 회의를 거쳐 진행한다면, 시작도 하기 전에 엄청난 반대에 부딪힐 게 불을 보듯 뻔했다. 만약 세종이 그 일을 강력하게 추진한다면 대신들은 중국 사신의 힘을 빌려 세종을 협박했을 게 분명했다.

세종이 쉬운 문자를 만들고자 했던 것은 훈민정음 창제 동기에서도 잘 드러나듯 "어리석은 백성이 이르고자 할 바 있어도 이르지 못하는 사람이 많아" 그런 "백성들을 편안하게 하기 위함"이었다. 그러나 당시 양반 사회는 그러한 결심을 받아들일 수 없는 분위기였다. 심지어 그들은 일반 백성들이 법의 내용을 아는 것이나, 또 학정을 일삼는 관리를 고발하는 것조차 법으로 금지해야 한다고 주장했으니 말이다.

세종이 직접 훈민정음을 창제했다는 근거는 또 있다. 세종대에 쓰인 모든 책에는 편찬에 참여한 사람들이 열거되어 있고, 또 당대에 만들어진 모든 과학적 산물에도 제작자와 참여 인사들의 이름이 거명되어 있다. 그러나 훈민정음만 유독 "임금이 친히 언문 스물여덟 글자를 만들었다."고 기록되어 있다(〈세종실록〉 25년 12월 30일).

훈민정음의 창제 취지와 원리를 설명하고 있는 《훈민정음》에도 '세종어제世宗御製'라고 표현하고 있어 세종이 직접 만들었음을 명확히 밝히고 있다. 이는 단순히 세종대에 만들어졌다는 표현이 아니다. 만약 이것이 세종대에 만들어졌다는 표현이라면 당대에 편찬된 모든 책과 과학 기기에도 같은 표현을 써야 옳다. 그러나 '친제'와 '어제'라는 표현을 사용한 예는 훈민정음밖에 없다. 이는 훈민정음을 세종이 혼자 만들었음을 분명하게 보여주는 대목이다.

하지만 의문은 여전히 남는다. 세종은 정말 문자를 창제할 만한 언어학적 소양이 있었는가 하는 점이다. 물론 세종의 언어학에 대한 깊이는 당대 최고라고 할 정도로 대단했다.

세종은 최만리의 훈민정음 반대 상소문을 읽고 그를 불러 "네가 운서韻書를 아느냐? 사성칠음에 자모가 몇이나 되느냐?"며 그의 운학에 대한 무식함을 꼬집었다. 또 최만리의 언어 가치관이 지닌 논리적 결함을 조목조목 반박하고 설총이 만든 이두의 한계를 정확하게 지적했다. 이는 세종이 이두를 깊이 연구했을 뿐 아니라 언어학 서적도 두루 섭렵했음을 의미한다. 또 "내가 운서를 바로잡지 않으면 누가 이를 바로잡을 것이냐?"는 반문에서도 언어학에 대한 자부심을 엿볼 수 있다.

《홍무정운 역훈》과 《동국정운》,《훈민정음》 등의 서문에는 세종의 언어학적 가치관이 고스란히 반영되어 있다. 정인지를 위시한 당대의 언어학자들이 모두 세종의 영향을 받았다는 뜻인데, 이런 사실은 세종이 당대 누구보다도 언어학 지식이 깊었음을 확인시켜준다고 할 것이다.

5장

문종·단종 편

멀쩡했던 문종의 급작스런 죽음

문종의 재위 기간은 2년 4개월이다. 세간에선 문종이 원래부터 병약하여 왕위에 오래 있지 못했다고 알고 있다. 하지만 이는 잘 못 알려진 것이다. 문종은 그다지 병약하지 않았고, 잔병치레도 별로 없었다. 문종을 괴롭힌 유일한 병마는 종기였다. 이미 살펴봤듯이 태종과 세종도 종기로 몹시 고생했는데, 문종 역시 마찬가지였다. 이 때문에 조선 왕실에 종기 인자가 있었다고 말하는 사람도 있는데, 종기는 근본적으로 세균에 의해 감염되는 만큼 유전에 의한 것은 아니었다. 조선 시대에 종기는 왕실은 물론이고 양반이나 평민, 천민을 막론하고 부지기수로 앓던 병이었다. 나라에서 치종청이라는 종기 전문 기관을 둘 정도였다.

문종의 몸에 처음 종기가 생긴 것은 세종 31년(1449년)으로 나이 서른여섯 살 때였다. 당시 문종의 몸에 난 종기는 자못 심각했던 모양이다. 크기가 무려 1척, 즉 30㎝ 정도 되었다. 그래서 세종은 그해 11월 1일에 이런 명령을 내렸다.

"세자의 질환이 여러 날이 되도록 낫지 못하여 내가 심히 염려하니, 오늘 11월 초1일 이전에 범한 간음과 도적질 이외의 도죄徒罪(조선 시대에 오형五刑 가운데 죄인을 중노동에 종사시키던 형벌) 이하의 형을 받은 자들은 이미 발각되었거나, 아직 발각되지 못하였거나, 또는 이미 결정되었거나 아직 결정되지 않은 것을 막론하고 모두 사면하게 하라."

당시 세자 향(문종)의 종기를 빨리 잡지 못한 것은 의관들의 판단에 문제가 있었기 때문이다. 이에 대해 세종은 이런 말을 했다.

"지금 동궁의 종기는 의원의 착오로 쑥뜸이 익지 못한 때문인데도 이를 물은즉, '해가 없습니다'라고 하여 동궁으로 하여금 표문을 받게 하고 조참(조정의 회의)까지 받게 했다. 그러니 몸이 피로하여 다시 성하게 된 것이었다."

이렇듯 문종은 치료가 제대로 되지 않은 상황에서 무리하게 서무를 보았기 때문에 종기가 악화된 상태였다. 다행히 이후에 치료가 제대로 되어 종기의 근을 완전히 뽑아냈다. 세종은 세자가 완치된 것을 기뻐하며 수고한 관리들에게 상을 내리고 벼슬도 올려 주었다.

그러나 이것으로 문종의 종기 문제가 말끔하게 해결된 것은 아니었다. 한 달쯤 지나자 다시 종기가 생긴 것이다. 지난번에는 등에 종기가 났는데, 이번에는 허리에서 발견되었다. 그나마 다행인 것은 등에 난 것의 절반 크기밖에 되지 않는다는 점이었다. 하지만 그래도 무려 15cm이니, 결코 가볍게 여길 수 없는 상황이었다.

종기가 재발하자, 내의원에 다시 비상이 걸렸다. 설상가상으로 그 무렵, 세종의 상태가 심각했다. 여러 질병에다 중풍까지 겹쳐 더는 가망이 없는 상황으로 치달았다. 이 때문에 세자 향은 치료에 전념할 수가 없었고, 급기야 두 달 뒤에 부왕 세종이 죽고 말았다.

이렇게 국장을 치러야 할 상황이 되자, 문종은 종기를 앓고 있는 몸으로 빈전을 지켜야 했다. 또한 상주의 몸이라 음식을 제대로 먹을 수도 없었다. 그러자 조정 대신들은 종기를 앓고 있는 상태에서 빈전을 지키고 음식을 줄이는 것은 병을 악화시킬 수 있다며 빈전에서 물러나 음식을 제대로 들 것을 주청했다.

그럼에도 문종은 군이 빈전에 나가야 한다고 우겼다. 하지만 조정 대신들도 물러서지 않았다. 덕분에 빈전에서 물러나 종기 치료에 전념했다. 그런데 이상하게도 문종의 종기는 좀체 낫지 않았다. 심지어 조금씩 나빠지고 있었다. 그렇게 무려 2년 동안 문종은 종기에 시달렸다. 그러다 재위 2년인 1452년 5월 14일에 당시 내의였던 전순의의 치료로 제법 효과를 보았다. 덕분에 문종은 통증도 줄어들고 식욕도 되살아난다며 좋아했다. 의관들도 곧 회복될 것이라며 이렇게 말했다.

"삼사일만 기다리면 곧 병환이 완전히 나을 것입니다."

그 말을 듣고 조정 대신들이 다시 확인하자, 역시 같은 뜻으로 이렇게 말했다.

"임금의 옥체가 오늘은 어제보다 나으니, 날마다 건강이 회복되는 상황입니다."

당시 문종의 몸에서 뽑아낸 고름은 약 두서너 홉쯤 된다고 했다. 그 정도면 아주 많은 양의 고름은 아니었다. 하지만 의관들은 고름을 충분히 빼냈다고 생각했다. 그런데 이게 웬일인가? 반짝 좋아졌던 문종은 갑자기 사경을 헤매기 시작했다. 당황한 의관들이 여러 방도를 써봤지만 소용이 없었다. 그렇게 문종은 서른아홉 살의 젊은 나이에 죽고 말았다. 문종의 급작스러운 죽음에 대해 당시 실록은 이렇게 기록하고 있다.

'여러 신하가 모두 통곡하여 목이 쉬니, 소리가 궁궐의 뜰에서 진동하여 스스로 그치지 못하였으며, 거리의 백성들도 슬퍼서 울부짖지 않는 사람이 없었다. 이때 후사가 될 임금이 나이가 어려서 사람들이 믿을 곳이 없었으니, 신하와 백성의 슬퍼함이 세종의 승하 때보다도 더했다.'

단종은 정말 자살했을까?

단종의 죽음과 관련하여 〈세조실록〉은 1457년 10월 21일에 이렇게 기록하고 있다.

'명하여 송현수는 교형에 처하고, 나머지는 아울러 논하지 말도록 하였다. 다시 영瓔(화의군) 등의 금방禁防을 청하니, 이를 윤허하였다. 노산군이 이를 듣고 또한 스스로 목매어서 졸하니, 예로써 장사지냈다.'

실록의 이 기록에 따르면 단종은 장인 송현수가 교수형을 당했다는 소식을 듣고 스스로 목을 매었다고 한다. 또《해동야언》에도 스스로 목을 매어 죽었다고 전하고 있다. 말하자면 단종은 자살했다는 것인데, 과연 이 기록들은 사실일까?

《병자록》도 단종이 스스로 목을 매어서 죽었다는 식으로 서술하고 있는데, 실록이나 《해동야언》보다 단종의 죽음에 대해 다음과 같이 좀 더 자세하게 적고 있다.

금부도사 왕방연이 사약을 받들고 영월에 이르러 감히 들어가지 못하고 머뭇거리고 있으니, 나장이 시각이 늦어진다고 발을 굴렀다. 도사가 하는 수 없이 들어가 뜰 가운데 엎드려 있으니, 단종이 익선관과 곤룡포를 갖추고 나와서 그가 온 까닭을 물었다. 그러나 도사가 대답을 하지 못했다.

그때 단종의 심부름을 하던 통인 하나가 항상 노산(단종)을 모시고 있었는데, 스스로 할 것을 자청하고 활줄에 긴 노끈을 이어서 노산이 앉은 뒤에 있던 창구멍으로 그 끈을 잡아당겼다. 그때 단종의 나이 17세였다.

이때, 통인은 미처 문밖으로 나오지 못하고 아홉 구멍에서 피가 흘러 즉사하였다. 시녀와 종인들이 다투어 고을 동강에 몸을 던져 죽어서 뜬 시체가 강에 가득하였고, 이날에 뇌우가 크게 내려 지척에서도 사람과 물건을 분별할 수 없고 강렬한 바람이 나무를 뽑고 검은 안개가 공중에 가득 차서 밤이 지나도록 걷히지 않았다.

《병자록》의 이 내용에 따르면 단종은 세조가 내린 사약으로 죽은 것이 아니라 자기가 부리던 통인으로 하여금 자신의 목을 조르게 하여 죽었다. 그리고 이 내용이 사실이라면 스스로 목을 매어 죽었다는 실록의 기록은 사실에 가깝다. 하지만 당시 상황을 고려한다면, 이미 사약을 받아 죽을 처지여서 차라리 자살을 택한 것이니, 이는 단순한 자살이 아니라 타살로 보는 것이 타당할 법도 하다.

그래서 다른 야사인 《아성잡설》은 단종의 죽음을 타살로 기록하며 이렇게 쓰고 있다.

'노산이 해를 당하자, 명하여 강물에 던졌다. 옥체가 둥둥 떠서 빙빙 돌아다니다가 다시 돌아오곤 하는데, 옥 같은 가는 열 손가락이 수면에 떠 있었다.'

《아성잡설》은 분명히 '노산이 해를 당했다'라고 쓰고 있다. 심지어 그의 시체는 강물에 던져졌다고 했다. 실록이나 여러 야사의 기록처럼 단종이 단순히 자살한 것이 아니라는 것을 강변한다.

이런 기록들을 종합할 때, 단종은 실록의 기록처럼 장인 송현수가 교수형을 당하자, 스스로 목숨을 끊은 것이 아니다. 더구나 《병자록》의 내용에 따르면 세조는 단종에게 사약까지 내린 상태였고, 단종은 그 사약을 확인하고 죽음을 택한 것으로 기록되어 있다. 정리하면, 단종이 스스로 목을 매어 죽었다는 실록의 기록은 사실을 왜곡한 것으로 보아야 한다.

어쨌든 단종은 열일곱 살 어린 나이에 숙부(세조)에 의해 죽임을 당했다. 그리고 실록은 예로써 장사 지냈다고 쓰고 있으나 이 또한 사실은 아니었다. 사실, 단종의 시신을 거둬 장례를 치른 사람은 따로 있었다. 이에 대해 《아성잡설》은 이렇게 기록하고 있다.

'아전의 이름은 잊었으나, 그 아전이 집에 노모를 위하여 만들어 뒀던 칠한 관이 있어서 가만히 육체를 거둬 염하여 장사지냈는데, 얼마 안 되어 소릉(현덕왕후의 능)의 변이 있어 또 파서 물에 던지라고 명령하였다. 아전이 차마 파지 못하고 거짓 파는 것같이 하고 도로 묻었다.'

이렇듯 《아성잡설》은 아전의 이름이 전하지 않는다고 하였으나, 《영남야언》은 그 아전의 이름을 밝히며 당시 상황을 이렇게 전하고 있다.

'호장 엄흥도가 옥거리에 왕래하며 통곡하면서 관을 갖춰 이튿날에 아전과 백성들을 거느리고 군 북쪽 5리 되는 동을지에 무덤을 만들어서 장사지냈다. 이때 흥도의 혈족들이 화가 있을까 두려워서 다투어 말리매 흥도가 말하기를, "옳은 일을 하고 해를 당하는 것은 내가 달게 생각하는 바다." 하였다.'

당시 야사들이 이와 같은 기록들을 남긴 것으로 봐서 당대의 백성들은 수양의 즉위를 불법적인 왕위 찬탈로 보았고, 수양이 김종서와 황보인을 죽인 행위를 반역으로 보았음을 알 수 있다. 숙종 때인 1698년에 단종을 복위하여 영월에 있던 그의 무덤을 장릉으로 추존한 것 역시 같은 맥락이다.

이렇게 볼 때, 〈세조실록〉이 단종을 자살한 것으로 기록하고, 예에 따라 장례를 치러줬다고 기록한 것은 세조와 그 일당들이 단종을 살해하고 시신을 강물에 던져 없앤 것을 숨기기 위한 역사 왜곡 행위였음을 짐작할 수 있다.

6장

세조 편

궁 밖에서 홀로 자란 소년

잘 알려지지 않은 이야기지만, 세조는 어린 시절 부모와 떨어져 궁궐 밖에서 홀로 양육되었다. 그 덕에 세조는 왕실의 엄격한 교육에서 벗어나 어린 시절을 자유롭게 보냈다. 이와 관련하여 실록은 다음과 같은 기록을 남기고 있다.

'세조는 어릴 때 민간民間에서 자랐으므로 모든 어려움과 사실과 거짓을 자세히 일찍부터 겪어 알고 있었으며 도량이 성숙하였다.'

〈세조실록〉 총서에 나오는 이 기록처럼 세조는 어린 시절을 궁궐이 아닌 민간에서, 그것도 세종과 소헌왕후가 아닌 다른 사람에 의해 양육되었다. 그래서인지 세조는 소년 시절에 여느 왕자들과 달리 기생집도 자주 드나들었다. 《오산설림》은 그 이야기를 이렇게 전하고 있다.

> 세조가 대군으로 있을 때인 열네 살 때 어느 기생집에서 자는데, 밤중에 기생과 관계하는 자가 와서 문을 두드렸다. 세조가 놀라서 발로 뒷벽을 차서 벽이 넘어지자 곧 밖으로 나와 몇 길이나 되는 담을 뛰어넘었다. 그러자 그 사람 역시 뒤를 따라 뛰어넘으므로 세조는 또 이중의 성을 뛰어넘었더니, 그 사람 역시 뛰어넘었다. 세조가 일 리쯤 가다가 길가에 속이 텅 빈 늙은 버드나무 한 그루가 있어 그 속에 숨었더니 그 사람이 따라오다가 찾지 못하고 투덜거리면서 가버렸다.

이렇듯 세조가 자유분방하게 소년 시절을 보낼 수 있었던 것은 궁궐 밖에서 양육된 덕분이다. 세조 외에 다른 형제는 모두 부모 슬하에서 궁궐 생활을 했는데, 왜 세조만 민간에서 홀로 양육되었을까?

그 내막을 살펴보면 이렇다.

세조의 이름은 유이며, 세종의 둘째 아들이다. 세종 부부가 둘째 아들 유를 낳은 것은 1417년 9월 29일이었다. 당시 세종의 나이 스물한 살, 소헌왕후는 스물세 살이었고, 세종이 왕위에 오르기 11개월 전이었다. 유가 태어난 곳은 당시 충녕대군의 사저였는데, 출생 직후부터 유는 어머니 심씨의 보살핌을 제대로 받지 못했다.

심씨는 유를 출산한 지 불과 석 달도 되지 않아서 다시 아이를 잉태하는 통에 유를 돌볼 상황이 아니었다. 설상가상으로 유는 세종 부부와 함께 궁궐로 들어가지도 못했다. 세종은 1418년 6월에 양녕대군이 쫓겨난 세자 자리에 올랐는데, 이때 세자빈이 된 심씨가 이미 임신 7개월이었고, 궁궐 분위기도 어수선하여 유를 대궐 밖에 두고 입궁했기 때문이다. 그리고 세종은 두 달 후인 8월 11일에 태종의 선위로 즉위했다.

왕위에 오르자, 세종은 태종의 묵인 아래 그해 9월 3일에 장인 심온을 영의정에 임명한다. 그리고 심온은 5일 뒤인 9월 8일에 명나라에 사신으로 가게 된다. 그런데 사신단 일행이 떠나는 날, 환송인파가 구름처럼 몰리자 태종은 자신이 죽은 뒤 심온이 큰 후환이 될 것으로 보았다. 그래서 심온을 제거할 음모를 꾸몄다. 자칫 심온의 위세가 왕을 능가하여 외척이 득세할까 두려웠던 것이다.

하지만 이때만 하더라도 아무도 태종의 속내를 알아채지 못했다. 특히 세종 부부는 곧 태어날 아이에게만 신경을 곤두세우고 있었다. 이미 소헌왕후는 만삭이었는데 심온을 전송한 지 11일 뒤인 9월 19일에 해산했다. 아이는 아들이었고, 그가 바로 3남 안평대군 이용이었다. 용이 태어나자, 세종 부부는 소헌왕후가 몸을 회복하는 대로 궁궐 밖에서 자라고 있던 둘째 유를 데려올 생각이었다. 하지만 이 계획은 무산되고 말았다.

소헌왕후가 셋째 아들 용을 낳고 두 달쯤 된 11월에 갑자기 태종은 심온을 강상인 사건과 엮어 역적으로 몰기 시작했다. 그리고 태종과 좌의정 박은 등의 주도 아래 심온은 역적이 되어버렸다. 그때 심온은 명나라에서 돌아오던 중이었기 때문에 자신이 역적이 된 줄도 모르고 있었다. 심온이 역적으로 몰리자, 이번에는 대신들이 소헌왕후를 폐출해야 한다고 간언했다. 이 때문에 소헌왕후는 미처 산욕도 다 떨치지 못한 몸으로 곡기를 끊고 단식에 돌입했다. 다행히 세종의 보호와 태종의 배려로 폐출되는 사태는 발생하지 않았다.

그런데 소헌왕후의 심신이 매우 지친 상태였기 때문에 궁궐 밖에서 자라고 있던 둘째 유를 데려오는 일은 이번에도 미뤄지고 말았다. 유는 여전히 궁궐 밖 남의 집에서 자라야 했다.

그때 유는 이제 갓 돌을 지나고 있었다. 세종 부부는 어린 유를 남의 집에 맡긴 것을 무척 안타까워했다. 이때 유가 누구 집에 맡겨졌는지는 기록이 전하지 않는다. 대개 이럴 경우 외가에 맡겨 양육하는 것이 일반적이지만, 외가는 풍비박산 나 있었다. 그래서 아마도 종친 중에 누군가가 유를 양육하고 있지 않았을까 싶다.

어쨌든 유는 여전히 부모 슬하에 있지 못했고, 세종 부부는 하루빨리 유를 데려오길 소원했다. 하지만 유를 데려오는 것은 다시 미뤄졌다. 이듬해인 1419년에 소헌왕후가 또 임신했다. 거기다 9월에는 정종이 죽는 바람에 국상까지 났다. 소헌왕후는 만삭의 몸으로 국상을 치르고 1420년 1월에 넷째아들을 낳으니 그가 곧 임영대군 구다. 그래서 유를 데려오는 것을 또 미뤘는데, 6개월 뒤인 1420년 7월에 또 국상이 났다. 이번에는 태종의 왕비 원경왕후 민씨가 죽었다. 그 때문에 유를 대궐로 데려오는 일은 민씨의 삼년상 이후로 미뤄졌다. 그런데 민씨의 삼년상이 끝나는 1422년에는 태종이 죽어 또 국상이 났다. 결국, 연달아 세 번 이어진 국상으로 유의 입궐은 태종의 삼년상이 끝나는 1424년 이후로 미뤄졌다.

그리고 어느덧 세월이 흘러 1424년이 되었는데, 이번에도 소헌왕후는 임신했다. 그리고 1425년 5월에 아이를 낳았는데, 또 아들이었다. 다섯째 아들 광평대군 여가 태어난 것이다.

이런 이유로 세종의 둘째 아들 유는 또다시 입궐하지 못했고, 그런 상황에서 열두 살의 어린 나이에 장가를 들어 분가하였다. 이로써 소년기까지도 부모 슬하에 있지 못하고 궁궐 밖에서 보내게 된 것이다.

형수의 무덤을 파헤치다

세조가 형수인 현덕왕후의 무덤인 소릉을 파헤쳐 없앤 일과 관련하여 야사에 많은 이야기가 전한다. 대표적인 것이 《축수편》의 다음 이야기다.

하룻밤에 세조가 꿈을 꾸었는데 현덕왕후가 매우 분노하여 말했다. "네가 죄 없는 내 자식을 죽였으니, 나도 네 자식을 죽이겠다. 너는 알아 두어라."

세조가 놀라 일어나니, 갑자기 동궁(의경세자, 덕종)이 죽었다는 기별이 들려왔다. 그 때문에 소릉을 파헤치는 변고가 있었다. 왕권을 빼앗긴 임금도 화가 땅속까지 미친 예를 보지 못하였는데, 우리나라에는 정릉·소릉 두 왕비의 능이 변을 당하였다.

 야사의 이 이야기는 세간에 널리 퍼져 있는데, 사실 앞뒤가 맞지 않는 내용이다. 세조의 장남 의경세자가 사망한 것은 1457년 9월 20일(음력 9월 2일), 단종이 사망한 것은 1457년 11월 7일(음력 10월 21일)이다. 오히려 덕종이 단종보다 두 달 먼저 사망했으므로 현덕왕후의 저주가 덕종을 죽게 했다는 것은 성립될 수 없는 것이다. 그렇지만 야사에서는 이와 비슷한 이야기들이 또 전하는데, 다음은 《음애일기》의 내용이다.

 '정축(1457)년 겨울에 세조가 궁궐에서 낮잠을 자다가 가위에 눌린 괴이한 일이 생기니, 곧 소릉을 파헤치라고 명하였다. 사신이 석실石室을 부수고 관을 끌어내려 하였으나, 무거워서 들어낼 도리가 없었다. 군민軍民이 놀라고 괴이쩍어하더니, 글을 지어 제를 지내고서야 관이 나왔다. 사나흘을 노천露天에 방치해두었다가 곧 명을 따라 평민의 예로 장사지내고서 물가에 옮겨 묻었다.'

 여러 야사에 이런 내용이 전하다 보니, 세간에서는 세조가 현덕왕후의 능을 파헤친 것이 그의 악몽 때문이라고 알고 있다. 하지만 세조가 현덕왕후의 능을 파헤친 이유는 따로 있다. 실상은 1456년에 김질의 고발로 벌어진 사육신 사건과 관련되어 있다. 사육신 사건은 성삼문, 박팽년, 이개 등이 단종의 복위를 꾀했다는 죄목으로 참형을 당한 사건인데, 현덕왕후의 동생 권자신과 어머니도 이 사건과 연루되어 역적으로 몰려 죽었다. 그리고 이에 연좌되어 이미 고인이 된 현덕왕후의 아버지 권전은 1456년 8월 7일(음력 7월 7일)에 서인으로 신분이 전락했고, 단종은 1457년 7월 12일(음력 6월 21일)에 노산군으로 강등되어 유배되었다. 그리고 현덕왕후 역시 1457년 7월 17일(음력 6월 26일)에 서인으로 강등되는 바람에 당시 문종과 합장되었던 소릉이 없어지고, 문종의 유골과 분리되어 따로 무덤을 만들게 된 것이다. 이에 대해《동각잡기》는 이렇게 전한다.

'처음 안산安山에 장사하여 능호陵號를 소릉이라 불렀으나, 성삼문의 사건에 왕후의 어머니 최씨와 왕후의 아우 권자신이 극형을 당하자, 왕후마저 폐위되었다.'

그리고 실록은 세조 3년 6월 26일 기록에 이렇게 전한다.

의정부에서 아뢰었다.

"현덕왕후 권씨의 어미 아지와 그 동생 권자신이 모반하다가 주살을 당하였는데, 그 아비 권전은 이미 추폐하여서 서인으로 만들었으며, 또 노산군이 종사에 죄를 지어 이미 군으로 강봉하였으나, 그 어미(현덕왕후)는 아직도 명위名位를 보존하고 있으므로 마땅하지 않으니, 청컨대 추폐하여서 서인으로 만들어 개장하소서."

이에 그대로 따랐다.

결국, 세조가 현덕왕후의 소릉을 없애게 된 것은 사육신 사건으로 단종이 왕자의 신분인 노산군으로 강봉된 것에 따른 후속 조치였던 셈이다. 야사에서는 그 후속 조치 이후에 대해서도 이야기를 남기고 있는데, 다음은《음애일기》의 내용이다.

능을 파헤치기 며칠 전 밤중에 부인의 울음소리가 능 안에서 나왔다.
"내 집을 부수려 하니 나는 장차 어디 가서 의탁할꼬."
그 소리가 마을 백성의 마음을 아프게 흔들었다.
얼마 후에 역마驛馬를 탄 사신이 갑자기 달려왔다.
언덕벌에 옮겨 묻기만 했는데 신령스럽고 기이한 현상을 일으켰다. 예전 능이 있었던 터의 나무와 돌을 범하며 마소를 풀어 그 무덤자리를 짓밟으면 맑은 하늘이 갑자기 캄캄해지고 비바람이 불어 닥쳤다. 그 때문에 누구나 서로 경계하고 감히 가까이 가지 못하였다. 이 일의 본말을 눈으로 직접 목격하고 얘기해 준 노인들이 있다.

야사의 이야기는 주로 백성들이 구담으로 전해준 것들을 기록한 것이다. 백성들이 이런 이야기들을 전한 것은 세조가 단종을 죽이고 소릉을 파헤친 것을 못마땅해 했기 때문일 것이다.

21

감옥에 갇힌 한명회와 신숙주

　1467년(세조 13년) 5월 19일, 세조는 겸사복과 내금위, 그리고 선전관에게 명하여 군사를 거느리고 가서 신숙주와 그의 아들 신찬, 신정, 신준, 신부 등을 잡아다가 의금부에 가두게 하였다. 또한 한명회의 집에 보병 30명을 파견하여 지키게 했고, 한명회의 아들 한보와 사위 윤반을 잡아와 가두었다. 또한 의금부 진무 김기를 보내 신숙주의 또 다른 아들인 함길도 관찰사 신면을 잡아 의금부로 압송해 오게 하였다. 이후 한명회 역시 끌려와 옥에 갇혔다.

　이른바 '세조의 장량'으로 불린 한명회와 '세조의 위징'으로 불린 신숙주가 역도로 몰려 갇히는 신세가 된 것이다. 세조는 자신이 가장 신뢰하던 두 심복을 왜 갑자기 감옥에 가둔 것일까?

영문도 모르고 졸지에 의금부에 하옥된 한명회와 신숙주의 목에는 큰 칼이 씌워졌다. 세조는 내시를 시켜 그들을 감시하게 하였는데, 내시가 와서 세조에게 이렇게 아뢰었다.

"두 사람에게 모두 큰칼을 씌웠으나 틀이 가볍고 또 목에 닿은 구멍이 넓었습니다."

그 말을 듣고 세조는 의금부 당상을 잡아 가두게 하고, 의금부 도사 남용신을 임금이 아닌 신하에게 아부한다는 죄목으로 저자에 끌어내 수레로 사지를 찢어 죽이게 하였다. 또한 한명회와 신숙주는 궐내의 옥에 가두고, 승지들에게 감시하게 했다.

세조 스스로 그토록 아끼던 두 신하를 감옥에 가둔 것은 그들이 반란을 도모했다는 고변이 있었기 때문이다. 반란 도모를 고변한 인물은 함경도 회령 절제사를 지낸 이시애였다. 이시애가 수하 이극지를 보내서 올린 장계의 내용을 간추리면, 함길도 절도사 강효문이 한명회·신숙주·김국광·노사신·한계희 등 조정 대신들과 반역을 꾀하여 군대를 일으키고 여진족 올량합족 군대와 연합하여 도성으로 쳐들어가려 하여 이시애 자신이 강효문과 그 수하들을 죽였으며, 반역을 알고 있는 현득리와 고읍동을 잡아두고 있다는 것이었다.

세조는 곧 장계를 가지고 온 이극지를 불러 이시애가 반역한 것이 아니냐고 물었으나 이극지는 그렇지 않다고 대답했다. 그래서 능성군 구치관, 좌찬성 조석문, 도승지 윤필상 등을 불러 이극지를 국문하게 하였으나 이극지는 여전히 이시애가 반역한 것이 아니라고 하였다. 사실, 이극지는 이시애의 말을 그대로 믿고 온 것이기에 그렇게 대답할 수밖에 없었다. 그래서 이극지를 의금부에 하옥시키고, 한편으론 한명회와 신숙주를 잡아와서 가둔 것이었다. 세조로서는 이시애의 장계를 거짓이라고 단정할 수도, 또한 사실로 단정할 수도 없었다. 하지만 이시애의 장계 내용이 사실일 수도 있다는 판단하에 한명회와 신숙주 및 그 가족을 모두 하옥시킨 것이었다.

사실, 이시애가 올린 장계의 내용은 모두 거짓이었다. 이시애는 애초에 반란을 계획하고, 세조와 조정에 혼선을 초래할 목적으로 거짓 장계를 올린 것이었다. 하지만 이시애의 장계를 가지고 궁궐로 달려온 이극지는 이시애의 말을 사실로 믿고 있었다. 이극지 뿐 아니라 이시애에게 동조한 6진의 군사와 함길도의 백성들도 그 장계 내용을 사실로 믿었다. 그만큼 이시애의 계략은 치밀했다.

함길도 사람들이 이시애의 말을 신뢰하였던 것은 이시애가 그곳의 유지였기 때문이다. 이시애는 검교문하부사를 지낸 이원경의 손자였다. 이원경은 원나라 시절 원나라 동녕부의 벼슬을 하였고, 이성계가 동녕부를 공격할 때 내부에서 이성계를 도운 인물이었다.

그 인연으로 이성계로부터 후한 대접을 받고 지냈고, 이원경의 아들 이인화는 이성계의 고향인 영흥의 대도호부 판부사를 지냈다. 그리고 이인화와 그 일가들은 대대로 길주에서 거주하며 주변에 많은 친인척을 두고 있었으며, 재력도 대단하여 길주에서 가장

큰 부자였다. 덕분에 이시애 역시 길주의 절제사를 지냈으며, 길주
는 물론이고 함길도 전체에서도 명망이 대단했다.

이시애가 역적을 죽인다는 명목으로 군대를 일으켰으니 믿지
않을 사람이 없었다. 이시애가 모반을 계획한 직접적인 이유는 호
패법 실시로 자신의 재산을 빼앗길까 염려해서였다고 한다. 하지
만 단순히 재산이 줄어드는 것을 염려하여 반역을 일으킨 것은 아
닐 것이다. 이시애는 수양대군이 왕을 내쫓고 스스로 왕이 되는
것을 보고 자신도 병력을 잘 움직이기만 하면 왕이 될 수 있다는
거창한 꿈을 품고 있었을 것이다.

이시애는 반란을 일으키기 전에 주변 사람들에게 이런 유언비
어를 퍼뜨리게 하였다.

'충청도, 평안도, 황해도 세 도의 군사가 바다와 육지로 함께 진
군하여 충청도의 군함은 (함길도) 경성 후라도에 상륙하였고, 평안
도와 황해도의 군대는 설한령에서 북도에 들어와 함길도 사람들
을 모두 죽인다고 하더라.'

이 말은 순식간에 함길도 전역으로 퍼져나갔고, 심지어 함길도
관찰사 오응도 이 말을 믿고 백성들에게 글을 내려 산으로 피하게
하였다. 이 때문에 함길도 민심이 매우 소란하게 되었다. 이시애는
이때를 놓치지 않고 아우 이시합과 함께 길주의 군인들을 선동하
였다.

"본도의 절도사가 그 모든 진의 장교들과 더불어 반역을 꾀한
다."

길주의 군인들은 이 말을 사실로 믿었는데, 그때 함길도 절도사 강효문은 길주에서 기생과 함께 지내고 있었다. 그런데 강효문과 함께 지내던 기생은 이시애의 첩 소생이었다. 군인들이 이시애의 말을 믿고 강효문을 죽여 공을 세우고자 했는데, 이시애는 그들을 이끌고 강효문이 머물던 길주 군영으로 갔다. 그리고 강효문이 잠든 틈을 이용하여 이시애의 서녀인 기생이 대문을 열어주자, 이시애가 군인들과 함께 강효문을 죽인 것이다. 이후 이시애와 군병들은 길주 목사 설정신도 강효문과 한패라고 하여 죽였다. 또한 함길도 관찰사로 나가 있던 신숙주의 아들 신면도 죽임을 당하였고, 각 고을에서는 수령들이 모두 죽음을 면치 못했다. 이 사건들은 순차적으로 일어난 것이 아니라 단 며칠 동안 일시에 벌어진 일이었다. 신면은 죽기 전에 이시애가 반역을 도모하여 수령들을 죽인 정황을 보고하였는데, 그 내용이 이러했다.

"단천의 향리 최치강이 와서 보고하기를 본군의 상호군 최자상이 이시애의 편지를 받고 밤중에 군사를 거느리고 가서 군수 윤경안을 잡아 죽이고, 또 김익수의 군관 강덕경이 점마 별감 심원을 최자상과 함께 죽였습니다."

이 보고서를 받은 것은 5월 17일이었다. 그런데, 하루 전인 5월 16일에 이극지가 가지고 온 이시애의 장계가 먼저 도착해 있었다.

세조와 조정의 대신들은 이시애의 말을 믿어야 할지, 신면의 말을 믿어야 할지 도통 감을 잡을 수가 없었다. 그래서 이시애의 장계가 사실일 수도 있다는 판단 아래 이틀 뒤인 19일에 신숙주와 그의 자식들, 그리고 한명회와 그의 아들, 사위 등을 잡아와 구금한 것이다. 또한 이시애가 반란을 일으켰다는 장계를 올린 신면도 잡아 오게 했다.

하지만 이후에 신면이 이시애의 수하들에게 죽었다는 사실을 알게 되었고, 모든 것이 이시애가 꾸민 계략이라는 것도 알게 되었다. 그것은 세조가 신숙주와 한명회를 가둔 지 열흘 쯤 지난 이후였다. 세조는 그동안 자신이 이시애의 농간에 놀아났다는 것을 비로소 깨닫고 두 사람을 풀어줬다. 그리고 그들이 풀려나자, 맨발로 섬돌 아래까지 내려가서 자신의 잘못을 자책하고 그들의 손을 잡고 전 위로 이끌어 올린 후 즉시 관직을 회복시켰다.

7장

예종 편

건강하던 예종의 사인은?

세조에 이어 왕위에 오른 예종은 즉위 1년 2개월 만에 죽었다. 그래서 원래부터 매우 병약했던 인물로 알려져 있다. 사망 당시 나이가 20세에 불과했으니, 원래부터 병약했던 몸이라고 평가되는 것은 당연하다. 그런데 정말 그는 어릴 때부터 병약해서 일찍 죽은 것일까? 만약 그렇다면 그는 무슨 병마에 시달렸던 것일까?

왕위에 오르기 전에 예종은 해양대군으로 불리었다. 실록은 해양대군이 처음 앓은 병을 창진이라고 쓰고 있다. 창진은 부스럼과 발진을 일으키는 질병을 총칭하는 것으로 당시 해양대군이 앓던 병은 홍역이었다. 이때가 1456년인데, 그가 일곱 살 때였다. 그런데 다행히 이때의 창진은 무사히 치료되었다.

그러나 이때 몸이 몹시 상했던 모양이다. 이듬해, 해양대군은 다시 병마에 시달린다. 실록은 구체적인 병증에 대해선 언급하지 않지만, 당시 세조가 무과 시험을 관람하다가 해양대군의 병세 때문에 급히 대궐로 돌아왔다는 것으로 봐서 자못 상태가 심각했던 모양이다. 하지만 다행히도 이때 역시 중병으로 치닫지는 않았다.

이후로 왕위에 오르기까지 10년 이상 그가 병에 시달렸다는 기록은 없다. 비교적 건강한 상태로 왕위에 올랐다고 할 수 있다.

그런데 왕자 시절부터 그를 몹시 괴롭히던 병이 있었다. 바로 족질足疾, 즉 발병이다. 하지만 그의 족질에 대해 구체적인 증상은 기록되지 않았다. 다만 다음 기록은 족질의 상태가 매우 좋지 않았다는 것을 전해준다.

임금이 족질이 있은 지 오래되어도 낫지 아니하여, 목멱산木覓山(서울 남산)과 백악산, 한강, 원각사, 복세암 등에서 기도하게 하였다. 도승지 권감은 또한 향香을 받아서 내불당으로 갔다. 신숙주와 한명회 등이 임금을 문안하고 말했다.

"지난번에 전지하시기를, '족질로 인하여 인견引見하지 못한다'고 하시었는데, 지금 기도를 드리니, 놀라고 두려워 어찌할 바를 모르겠습니다."

이에 임금이 말했다.

"내가 어릴 적부터 발에 조금 헌데[痒處]가 있었는데, 추위가 심해지면서부터 아프기 시작하였으나, 지금은 좀 나았다." [예종 1년

신하들을 만나는 것조차 중지했다는 것을 보면, 확실히 그의 족질은 매우 심각했음을 알 수 있다. 하지만 족질은 치명적인 병은 아니었다. 그를 스물의 젊은 나이에 생을 마감하게 한 병은 따로 있었다. 다소 어이없는 일이지만 그를 죽음으로 내몬 질병은 흔하디흔한 감기였다.

예종은 왕위에 오른 직후부터 감기를 앓았다. 그런데 좀체 감기가 떨어지지 않았다. 이에 대해 예종은 이런 말을 한다.

"나는 감기가 아직 낫지 않았다. 그러나 밖의 사람들이 이를 알지 못하고 정사에 태만하다고들 해서 오늘 정사를 보니, 긴박한 일만 아뢰어라."

예종이 이 말을 한 것은 왕위에 오른 지 7개월째 되던 1469년 4월이었다. 그런데 이 감기 증세는 10월까지 이어진다. 그렇다면 예종은 무려 1년 가까이 감기를 달고 있었다는 뜻이다. 그리고 그로부터 두 달도 지나지 않은 11월 28일에 갑작스럽게 죽었다.

그 두 달 동안 예종은 임금의 업무를 성실히 수행하고 있었다. 그러다 11월 26일에 몸이 좋지 않다며 잠시 정사를 멈췄다. 그리고 불과 이틀 뒤에 사망한 것이다.

예종의 죽음은 아무도 예측하지 못한 일이었다. 그래서 당시 대신이던 신숙주는 이렇게 말한다.

"신 등은 밖에서 다만 성상의 옥체가 미령未寧하다고 들었을 뿐이고, 이에 이를 줄은 생각도 못하였습니다."

신숙주뿐 아니라 한명회를 비롯한 조정의 중추들도 국상이 나리라고는 생각하지 못한 상태였다. 심지어 모후 정희왕후조차도 예종의 병이 심각하다는 것을 전혀 몰랐다. 의관들도 마찬가지였다. 말하자면 갑자기 병증이 나빠져 발병한 지 이틀 만에 사망에 이른 것이다. 감기 외에 별다른 사인이 없었다는 점에서 그의 죽음은 미스터리로 남아 있다.

남이를 왜 역적으로 몰았을까?

예종은 14개월 동안 왕위에 있었다. 그런데 이 짧은 기간 동안 엄청난 역모 사건 하나를 접한다. 바로 남이 장군 역모 사건이다. 남이는 태종의 외증손자로, 16세 어린 나이에 무과에 급제했고 26세에는 적개 1등 공신에 책봉되었으며 이듬해에 병조판서에 제수되었다. 이런 탁월한 무장이 역모를 도모한다는 고변이 접수된 것이다.

훗날 남이는 억울하게 누명을 쓰고 역적의 이름으로 처단되었음이 밝혀졌다. 그의 누명은 사망한 지 25년이나 지나서 밝혀졌는데, 사실 당시 예종이 조금만 영민하게 살펴보았다면 남이가 누명을 썼다는 것을 단번에 알 수 있었다. 예종은 애써 그러지 않았고

군이 역적으로 단정하여 죽였다. 왜 그랬을까?

우선 사건의 내막을 좀 들여다보자.

1468년 예종 즉위년 10월 24일, 예종이 열아홉 어린 나이로 왕이 된 지 두 달도 채 되지 않은 때였다. 이미 어둠이 내려앉은 뒤였는데, 병조참지 유자광이 승정원으로 달려와 입직 승지 이극중과 한계순에게 이렇게 말했다.

"제가 급히 임금께 아뢸 일이 있습니다."

그러자 이극중과 한계순이 합문 밖에 나가서 승전 환관 안중경에게 유자광이 급히 아뢸 것이 있어 찾아왔다고 아뢰어 달라 하였다. 예종이 유자광을 불러 무슨 일인지 물으니, 유자광이 장황한 말들을 늘어놓으며 남이가 역모를 꾀하고 있다고 고변했다.

예종은 유자광의 말만 듣고 바로 군사를 보내 남이를 잡아들였다. 남이가 수강궁에 붙잡혀 온 시간은 이미 삼경 무렵이었다. 예종이 여러 종친과 재상, 판서들과 함께 있다가 잡혀 온 남이를 추궁했다. 하지만 남이는 절대 역모를 꾀한 적이 없다고 강하게 부인했다.

예종이 남이의 말을 믿지 않고 국문을 하라 하였다. 그리고 이어 유자광과 남이를 대질시켰다. 유자광이 남이를 보고 예종에게 말한 대로 말하니, 남이는 머리로 땅을 치며 이렇게 대답했다.

"유자광이 본래 신에게 불평을 가졌기 때문에 신을 무고한 것입니다. 신은 충의한 선비로 평생에 악비岳飛(남송 시대 충의가 뛰어난 무장)로 자처하였는데, 어찌 이러한 일이 있겠습니까?"

남이가 억울해하며 자신의 무죄를 주장했지만, 예종은 남이와 일면식이 있는 자는 다 불러들여 문초했다. 자그마한 꼬투리라도 잡겠다는 뜻이었다. 하지만 남이 주변 인물들을 계속 문초했지만 남이의 반역 모의에 대해 명쾌한 내용을 알아낼 수 없었다.

그런 가운데 판관을 지낸 이수붕이 와서 겸사복(금위군) 문효량이 남이의 반역 모의를 알고 있었다고 고발하면서 남이의 모반 도모는 사실로 굳어져 갔다. 이수붕의 말은 대략 유자광이 한 말과 같았다. 이수붕이 유자광의 사주를 받은 것이 분명했다. 그런데도 예종은 이수붕의 말을 굳게 믿고 그를 칭찬하며 술과 음식을 내리기까지 했다.

한편, 잡혀 온 문효량은 갖은 매질 끝에 결국 남이가 역모를 도모했다고 자백하게 된다. 그쯤 되자, 남이는 주변 사람들이 끌려와 매질당하는 것을 더는 보고 있을 수 없어 체념한 상태로 반역 모의를 인정한다. 그리고 당시 영의정이었던 강순을 반역의 수괴로 지목한다.

이에 따라 강순도 형틀에 묶여 엄청난 고문을 당하고 반역을 인정하기에 이른다. 이후 예종은 반역에 가담한 자들에게 실토를 요구하며 다시 고문을 가했고, 그 결과 그들의 입에서 나온 이름은 모두 반역자 명단에 오르게 된다.

남이의 사건에 연루되어 환열형을 당한 자가 7명, 참형을 당한 자가 24명, 종이 된 자가 6명, 본향에 충군된 자가 1명이다. 또 연좌된 사람들이 수백 명이었으니, 그들도 모두 유배되었다.

그리고 예종은 남이의 어머니도 환열형에 처했다. 국상 중에 아들에게 고기를 먹인 죄에다 아들이 대역죄를 지은 것도 모자라 자식과 간음을 했다는 죄까지 추가했다. 당시 세간에는 남이가 자신의 어미와 간통했다는 소문이 돌았던 까닭이다. 결국, 남이의 어머니도 저자에서 사지가 찢겨나가고 머리는 3일 동안 효수되었다.

이렇게 피해자들이 있는 반면 이 사건 덕에 공신이 된 자도 36명이나 되었다. 그중 1등 공신에 오른 자는 유자광을 필두로 하여 신숙주, 한명회, 한계순 등의 중신들과 환관 신운이었다.

남이의 역모 사건은 숱한 사람의 목숨을 앗아갔지만, 조선의 선비들은 남이가 유자광의 모략에 걸려 억울하게 죽었다고 믿었다. 그래서 유자광은 임사홍과 함께 간신의 대명사로 불리었다. 남이의 그 억울함은 250년이 지난 순조 18년에 이르러서야 해소되었다. 1818년 3월 10일에 우의정 남공철이 순조에게 그들의 억울함을 호소하여 결국 남이와 강순 및 사건에 연루되어 처벌된 모든 사람의 관작과 명예가 회복되었다.

조금만 세심히 살폈다면 모든 것이 유자광의 농간임을 쉽게 알 수 있었는데도 예종이 굳이 남이를 역적으로 본 데는 이유가 따로 있었던 것으로 보인다.

예종은 오래도록 남이를 시기하고 질투했다. 남이가 태종의 딸 정선공주의 손자인데다 이시애의 난 때 공을 세워 스물다섯 살에 병조판서에 임명되고 세조의 사랑도 받았다. 이에 예종은 남이를 질투하였고, 왕위에 오르자 병조판서 겸 겸사복장으로 있던 남이의 병조판서 자리를 거두어버렸다. 유자광 역시 자신보다 두 살 어린 남이를 질투하였는데, 예종이 남이를 싫어하는 것을 알고 역모죄로 고발한 것이다. 결국, 남이의 역모 사건은 예종과 유자광의 질투가 빚어낸 희대의 조작극이었다.

8장

성종 편

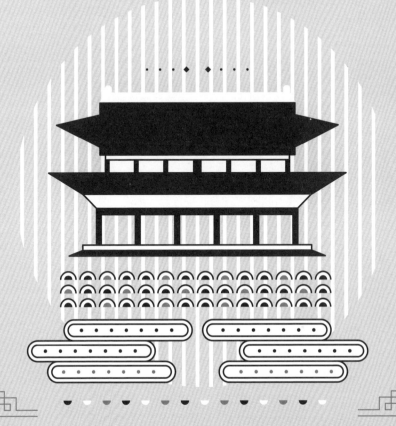

폐비 윤씨를 죽인 사람들

조선 왕 중에 왕비를 폐위시킨 왕은 몇 되지 않는다. 그만큼 왕비 폐위는 국가적인 사건이었기 때문이다. 그 엄청난 사건을 제일 먼저 저지른 왕이 바로 성종이다.

성종은 어린 나이에 왕위에 올라 여성 편력이 많았다. 왕비만 하더라도 세 명을 두었고, 후궁도 10여 명이나 되었다. 하지만 여복은 없었다. 어린 나이에 이미 첫 번째 왕비를 잃었고, 이후로 여성 편력이 심했는데, 그 여성들 사이에서 생긴 질투와 시기가 불행의 씨앗이 되었다.

첫 번째 왕비 공혜왕후 한씨는 한명회의 딸이었다. 한명회는 예종과 성종에게 모두 딸을 시집보내 왕비 자리에 앉혔는데, 두 딸 모두 스무 살이 못 되어 죽었다. 성종이 의경세자의 장자이자 자신의 형인 월산대군을 제치고 왕이 된 것도 한명회의 딸과 결혼한 덕이 컸다. 예종이 죽을 당시 한명회는 조선 조정에 막강한 영향력을 행사하는 인물이었고, 그 덕분에 자성대비(정희왕후)와 결탁하여 자신의 사위를 왕위에 앉혔다. 하지만 공혜왕후 한씨는 왕비가 된 지 6년 만에 죽고 말았다.

성종의 두 번째 왕비가 된 여인은 연산군의 생모 폐비 윤씨였다. 윤씨의 본관은 함양이며, 그녀의 어머니는 세조가 자신의 '위징'이라고 불렀던 신숙주의 누이였다. 성종은 한명회의 딸에 이어 또 한 명의 권신인 신숙주의 조카를 왕비로 맞아들였다. 폐비 윤씨는 공혜왕후가 죽던 해에 후궁의 신분으로 왕자 효신을 낳았다. 하지만 효신은 태어난 지 몇 개월 만에 죽고 말았다. 이후, 윤씨는 다시 임신하였고, 덕분에 1476년 8월 왕비에 책봉되었다. 그리고 왕비가 된 지 3개월 만에 아들 융(연산군)을 낳으니, 성종이 융을 원자로 책봉하였다.

그런데 그녀는 성종의 무절제한 애정 행각 때문에 마음고생을 심하게 했다. 그런 가운데 왕비 윤씨의 방에서 비상과 방술을 기록한 책이 발견되었다. 성종은 이것이 후궁들을 죽이기 위한 것으로 판단하고 윤씨의 폐비 문제를 공론화하였다. 이후 대신들과 의논한 끝에 윤씨를 빈으로 강등하여 별궁인 자수궁에 따로 거처하게 하였다. 하지만 성종은 거기서 그치지 않고 그녀를 폐출시킨 후 사약을 내려 죽였다. 그녀가 폐출된 것과 관련하여 《기묘록》에는 다음과 같은 이야기가 전한다.

처음에 윤비가 원자를 낳아 임금의 사랑이 두터워지자 교만하여 여러 후궁을 투기하고 임금에게도 공손하지 못하였다. 어느 날 임금의 얼굴에 손톱자국이 났으므로 인수대비가 크게 노하여 임금을 격동시켜 외정에 보이니 대신 윤필상 등은 임금의 뜻을 받들어 의견을 아뢰어 윤비를 폐하여 사제로 내치게 하였다.

또 윤비에게 사약을 내려 죽게 한 것과 관련해서는 《기묘록》은 이렇게 기록하고 있다.

윤씨는 폐위되자 밤낮으로 울어 끝내는 피눈물을 흘렸는데, 궁중에서는 훼방과 중상함이 날로 더하였다. 임금이 내시를 보내어 염탐하게 했더니 인수대비가 그 내시를 시켜 이렇게 말하게 했다. "윤씨가 머리 빗고 낯 씻어 예쁘게 단장하고서 자기의 잘못을 뉘우치는 뜻이 없다."
임금은 드디어 그 참소를 믿고 벌을 더 주었다.

《기묘록》은 이렇듯 윤씨의 폐출과 죽음의 배경에는 시어머니인 인수대비 한씨의 역할이 컸다고 쓰고 있다. 인수대비는 왜 그토록 윤비를 내치려고 했을까? 사실, 인수대비가 윤씨를 내쫓으려고 혈안이 된 것은 그녀의 시어머니인 자성대비와 밀접한 관련이 있다.

폐비 윤씨가 쫓겨나고 성종의 세 번째 왕비가 된 여인은 정현왕후 윤씨였다. 정현왕후는 본관이 파평인데, 당시 대왕대비였던 자성대비와 한집안이었다. 자성대비의 아버지는 윤번인데, 윤번은 정현왕후의 증조부인 윤곤의 사촌 동생이었다. 이 윤곤의 손자가 정현왕후의 아버지인 윤호인데, 그는 자성대비의 아버지인 윤번의 재종손이었다. 그러니 자성대비와 정현왕후는 매우 가까운 친족이었다. 따라서 자성대비는 정현왕후를 성종의 왕비로 삼고 싶었을 것이다.

그런데 정작 폐비 윤씨를 내쫓는 일에 앞장선 사람은 자성대비가 아니라 인수대비였다. 왜 그랬을까? 그녀는 시어머니인 자성대비와 모종의 결탁이라도 한 것일까? 인수대비가 폐비 윤씨를 내쫓고 정현왕후를 왕비로 삼으려 했던 데에는 두 가지 이유가 있었다.

인수대비는 자성대비의 호감을 사야 했다. 첫 번째 이유는 그녀가 자성대비에게 신세를 졌기 때문이다. 그녀는 세조의 맏며느리로 세자빈에 책봉되었지만, 의경세자가 일찍 죽는 바람에 왕비가 될 수 없었다. 그래서 성종은 예종의 양자로 입적하여 왕위를 이었는데, 그 때문에 인수대비는 대비의 칭호를 얻을 수 없었다. 또 그 때문에 아랫동서인 예종의 계비 안순왕후(인혜대비) 한씨보다 서열상 아래에 놓일 수밖에 없었다. 이 일로 성종이 왕위에 오른 후에 인혜대비와 인수대비 사이에 일종의 서열 다툼이 일어나기도 했다. 그래서 인수대비로서는 대비의 자리에 오르는 것이 최대의 숙원사업이었다.

그녀가 대비의 자리에 오르기 위해서는 성종이 예종의 양자가 아닌 의경세자의 아들로서 왕위를 이어야 했다. 그리고 의경세자를 왕으로 추존해야만 그녀는 왕비에 이어 대비의 자리에 오를 수 있었다. 또 그 권한은 궁중의 최고 어른인 자성대비에게 있었다. 자성대비는 기꺼이 의경세자를 덕종으로 추존하는 일에 동의했다. 덕분에 인수대비는 왕비의 칭호를 얻고 다시 대비의 자리에 오를 수 있었다. 말하자면 인수대비는 자성대비에게 일종의 빚을 졌고, 함안 윤씨를 내쫓고 파평 윤씨를 새 왕비로 세움으로써 그 빚을 갚은 셈이었다.

두 번째 이유는 인수대비도 파평 윤씨와 인척 관계였다는 점이다. 인수대비의 어머니는 남양 홍씨인데, 홍씨의 남동생, 즉 인수대비의 외삼촌인 홍원용의 부인은 파평 윤씨였다. 즉, 외숙모가 파평 윤씨였다. 따라서 인수대비와 파평 윤씨는 인척 관계의 집안이었다. 이는 인수대비와 시어머니 자성대비도 인척 관계로 얽혀 있음을 의미한다. 그 때문에 인수대비는 폐비 윤씨 집안인 함안 윤씨보다는 파평 윤씨에게 훨씬 호의적일 수밖에 없었다. 이렇듯 폐비 윤씨의 폐출과 죽음의 배경에는 왕비 자리를 놓고 벌인 파평 윤씨 가문과 함안 윤씨 가문의 처절한 투쟁이 도사리고 있었다.

또 윤씨의 폐출과 죽음 뒤에는 후궁들의 암투도 있었다. 성종은 무려 13명이나 되는 후궁을 뒀는데, 공혜왕후 한씨가 사망할 무렵에는 숙의 윤씨, 숙의 윤씨, 숙의 권씨, 숙의 엄씨, 소용 정씨 등이 왕비 자리를 놓고 치열한 암투를 벌였다. 그들의 암투는 폐비 윤씨가 임신 덕분에 왕비에 오른 뒤에도 계속되었다. 그리고 폐비 윤씨가 왕비로 있던 중에 숙의 권씨가 성종에게 투서 하나를 올렸다. 그 투서는 누군가가 숙의 권씨 집 마당에 던진 것이었는데, 투서 속에는 엄숙의와 정소용이 왕비와 원자를 해치려 한다는 내용이 들어 있었다. 이 일로 궁중은 발칵 뒤집혔고, 결국 범인은 정소용으로 결론이 났다.

하지만 당시 정소용은 임신하고 있어서 벌을 줄 수 없는 상황이었다. 그런 상황에서 이번에는 왕비의 방 안에서 비상과 방술서가 발견됐다. 이를 발견한 사람은 다름 아닌 성종이었다. 물론 누군가의 제보로 생긴 일이었다. 그 누군가는 중전을 미워하던 엄숙의와 정소용이었을 것이다. 그리고 그들의 배후에 인수대비와 자성대비도 있었다. 이렇듯 윤씨 폐출 사건은 자성대비와 인수대비 그리고 정현왕후와 숙의 엄씨, 소용 정씨, 숙의 권씨 등의 이해관계가 복잡하게 얽혀 있었다.

하지만 당시 성종은 그런 사실을 정확하게 간파하지 못하였다. 그런 까닭에 인수대비와 여러 후궁의 모략에 속아 윤씨를 폐위하고 다시 죽이기까지 한 것이다. 하지만 윤씨의 폐위와 죽음은 훗날 연산군을 희대의 폭군으로 만들어 엄청난 패륜과 학정을 낳게 된다.

25

법을 넘어 어우동을 죽이다

어우동 사건은 성종 시대 온 나라를 발칵 뒤집은 희대의 성 스캔들이었다. 하지만 당시 법적으로 어우동은 결코 사형 죄를 저지른 것은 아니었다. 어우동 이전에 조선에서 가장 유명한 성 스캔들은 세종 대의 유감동 사건이었다. 하지만 세종은 유감동을 사형 죄로 다스리지 않았다. 그런데 성종은 어우동을 사형시켰다. 성종은 왜 어우동에게 사형을 선고했을까? 그 내막을 알기 위해서는 우선 어우동 사건에 대해 알아볼 필요가 있다.

어우동은 한양 명문가에서 태어났다. 아버지는 외교문서를 담당하는 승문원 지사 박윤창이었고 남편은 왕족인 태강수 이동이었다.

어우동이 뭇 남성과 바람을 피우기 시작한 것은 남편인 태강수 이동과의 관계가 나빠지면서였다. 이동은 그녀와 결혼한 뒤에도 기생에게 마음을 빼앗겨 그녀를 등한시했는데, 이 때문에 어우동도 맞바람을 피웠다. 이와 관련하여 성종 7년(1476년) 9월 5일 기사에는 종친들의 규율을 담당하던 종부시에서 이런 요청을 하였다고 전한다.

"태강수 이동이 기생 연경비를 매우 사랑하여 그 아내 박씨를 버렸습니다. 대저 종친으로서 첩을 사랑하다가, 아내의 허물을 들추어 제멋대로 버려서 이별하는데, 한편 그 단서가 열리면 폐단의 근원을 막기 어렵습니다. 청컨대 박씨와 다시 결합하게 하고, 이동의 죄는 성상께서 재결하소서."

성종은 종부시의 이 건의를 받아들이고, 태강수 이동의 고신을 거두게 하였다. 하지만 성종은 두 달 뒤에 이동의 고신을 돌려주며 품계와 관직을 회복시켜 주었다. 그러나 이동은 여전히 어우동과 재결합하지 않았다. 오히려 어우동의 행실을 비난하며 재결합을 거부했다. 사실, 어우동 역시 맞바람을 피우고 있었다. 어우동의 맞바람 상대는 놀랍게도 왕족의 일원인 수산수 이기와 방산수 이난이었다. 이들은 모두 태강수의 친족들이었는데, 어우동은 대담하게도 왕실의 종친들과 간통하고 있었던 것이다.

어우동의 간통 행각에 대해 처음으로 문제를 제기한 인물은 좌승지 김계창이었다. 그는 성종 11년(1480년) 6월 15일에 성종에게 그 내용을 알렸고, 성종은 그의 말을 듣고 이렇게 말했다.

"들으니, 태강수가 버린 아내 박씨가 죄가 중한 것을 스스로 알고 도망하였다 하니 끝까지 추포하라."

성종의 그 말에 김계창이 이런 말을 보탰다.

"박씨가 처음에 은장이[銀匠]와 간통하여 남편의 버림을 받았고, 또 방산수와 간통하여 추한 소문이 일국에 들리었으며, 또 그 어미는 노복과 간통하여 남편에게 버림을 받았었습니다. 한 집안의 음풍淫風이 이와 같으니, 마땅히 끝까지 추포하여 법에 따라 처치하여야 합니다."

김계창의 말에 따르면 어우동이 먼저 은도금 장인과 간통했기 때문에 태강수가 그녀를 버렸다고 했는데, 이는 아마도 태강수의 말에 따른 것으로 보인다. 그리고 어우동의 어머니도 집안 종과 간통하여 내쫓겼다고 했는데, 이는 사실이었다. 그래서 어우동에 대한 체포령이 떨어졌을 때, 의금부 관원들이 그녀의 아버지 박윤창을 찾아간 일을 이렇게 보고했다.

"어우동의 어미도 추행이 있어서 그 아비 박윤창이 어우동에게 '내 딸이 아니다'라고 하였다 하니 그 음행은 어미로부터 그러한 것입니다."

말하자면 어우동의 아버지 박윤창은 쫓겨난 자신의 아내 정씨가 바람을 피워서 잉태한 아이가 어우동이라고 말하고 있는 것이다. 이것이 사실이든 아니든 어우동은 어린 시절부터 아버지 박윤창으로부터 제대로 딸로 취급받지 못하고 자랐음을 알 수 있다.

어쨌든 어우동의 간통 사건은 조정의 큰 논란거리가 되었다. 왕실의 며느리가 종친들과 바람을 피웠으니, 그 파장이 얼마나 컸을 지는 짐작하고 남을 일이다. 성종은 대로하여 우선 어우동과 간통 한 사실이 알려진 방산수 이난을 잡아들여 문초하라고 지시했다.

의금부에 끌려간 이난은 어우동과 간통한 사실을 인정하며, 자 기 외에도 그녀와 간통한 간부들이 수두룩하다며 이름을 나열했 다. 그 첫 번째 인물이 같은 종친인 수산수 이기였고, 이어서 어유 소·노공필·김세적 등 관료들의 이름이 열거되었다. 어유소는 장 수 출신으로 의정부 우찬성을 지낸 재상 중 한 사람이었고, 노공 필은 승정원의 승지를 지내고 병조참의 벼슬에 있었으며, 김세적 은 무장 출신으로 선전관을 지내고 절충장군에 올라 있었다. 그들 과 함께 또 거론된 관료들이 김칭, 김휘, 정숙지 등이었다. 이들 모 두 이름 있는 명문가 출신이었다.

이들의 이름이 거론되자, 조정이 발칵 뒤집혔다. 모두 성종이 총 애하는 무관들에다 장래가 촉망되는 젊은 문관들이었기 때문이 다. 성종은 방산수 이난이 자신의 죄를 가볍게 하려고 그들을 끌 어들인 것으로 판단하고 어유소와 노공필, 김세적에게는 죄를 묻 지 않으려 했다. 이난이 일종의 물타기를 하고 있다고 판단한 것 이다. 하지만 조정 언관들이 이를 그냥 지나치지 않았다. 언관들은 그들 세 사람을 신문하여 사실관계를 확인해야 한다고 했다.

이런 상황에서 방산수 이난의 입에서 몇 사람의 이름이 더 열거 되었다. 내금위 관원 구전, 학유 홍찬, 생원 이승언 등의 양반들과 서리 오종련과 감의형, 의학생도 박강창 같은 중인, 거기에 평민

이근지와 사노 지거비 등이었다. 말하자면 왕족과 고관대작, 양반과 중인, 평민과 천인을 가리지 않고 간통했다는 말이었다.

이쯤 되자, 성종은 이 사건을 가급적 가볍게 처리하고 마무리하려 했다. 왕족은 물론이고 중신들까지 관련된 데다 앞으로 또 어떤 이름이 거론될지 알 수 없었기 때문이다. 그런데 사헌부에서 강력하게 반발했다.

사헌부에 이어 사간원도 어유소와 노공필, 김세적의 죄를 신문해야 한다고 했으나 성종은 거부했다. 그리고 종친인 방산수와 수산수에 대해서는 태장은 벌금으로 대신하고 유배 조치하는 것으로 종결하려 했다. 사실, 이 사건을 오래 끌면 끌수록 성종의 입장이 곤란해지는 상황이었다. 왕실의 종친과 종친에게 시집온 며느리가 연관된 일이었기 때문이다.

그렇듯 조정이 시끄러울 때, 달아났던 어우동이 체포되어 의금부에 하옥되었다. 그러자 어우동에 대한 처벌을 놓고 조정 신료들 사이에 한바탕 논쟁이 벌어졌다. 쟁점은 법대로 할 것이냐 아니면 특별히 강하게 처벌할 것이냐 하는 것이었다. 이에 대해 우선 법이 무엇인지 성종이 묻자, 의금부에서 이렇게 대답했다.

"율律이 결장 100대에, 유流 2,000리里에 해당합니다."

태장 100대를 맞고, 2,000리 밖으로 유배된다는 것이다. 그러자 성종은 여러 대신들의 의견을 취합한 뒤, 결론을 내렸다.

어우동은 음탕하게 방종하기를 꺼림이 없게 하였는데, 이런데도 죽이지 않는다면 뒷사람을 어떻게 징계하겠느냐? 의금부에 명하여 사형의 형률을 적용하여 아뢰게 하라."

　이후에도 세 번에 걸쳐 재판을 진행한 끝에 결국, 교수형에 처했다. 그녀의 사형엔 성종의 의중이 가장 크게 반영됐다. 성종은 어떻게 해서든 어우동 사건을 빨리 종결지으려 했고, 더는 그녀의 입에서 간통한 종친들의 이름이 나오지 않길 바랐다. 왕실 체면이 바닥으로 곤두박질쳐지고 있었기 때문이다. 하지만 그녀가 살아 있는 한 또 어떤 종친의 이름이 거론될지 알 수 없는 노릇이었다. 그래서 성종은 그녀의 입을 완전히 닫게 할 요량으로 사형을 내리고 만 것이다.

폐비의 자식 연산군을 내쫓지 않은 까닭

대개 왕비가 폐위되면 그 자식을 후계자로 삼지 않는 것이 왕조 시대의 관례였다. 폐위된 왕비의 자식이 어미의 원수를 갚으려고 국정을 혼란스럽게 할 소지가 컸기 때문이다. 그런 의미에서 보자 면 연산군의 어미 윤씨를 폐위한 뒤에, 연산군도 세자에서 내치는 것이 순리였다. 하지만 성종은 끝내 연산군을 폐위하지 않았고, 그 것은 결국 조선 왕조에 엄청난 피바람을 몰고 왔다. 폐위된 왕비 의 아들은 반드시 원수를 갚기 위해 피바람을 불러일으킨다는 고 사가 현실이 된 것이다. 그렇다면 성종은 왜 끝까지 연산군을 폐 위하지 않았을까?

실록에는 연산군이 공부를 싫어했고 그 때문에 성종이 자주 불러 나무랐다고 나온다.

왕이 오랫동안 스승 곁에 있었고 나이 또한 장성했는데도 문리를 통하지 못했다. 하루는 성종이 시험 삼아 서무를 재결시켜 보았으나 혼암하여 분간하지 못하므로 성종이 꾸짖기를 "생각해 보라. 네가 어떤 몸인가. 어찌 다른 왕자들과 같이 노는 데만 힘쓰고 학문에는 뜻이 없어 이같이 어리석고 어두우냐" 하였는데, 왕이 이 때문에 부왕 뵙기를 꺼려 불러도 아프다는 핑계로 가지 않은 적이 많았다.

연산군은 공부만 싫어했던 것이 아니라 성격도 잔인했다. 《오산설림》의 이야기는 연산군의 잔인한 성격을 단적으로 보여준다.

일찍이 성종이 사향 사슴 한 마리를 길렀는데, 길이 잘 들어서 항상 곁을 떠나지 않았다. 어느 날 폐주가 곁에서 성종을 모시고 있었는데, 그 사슴이 와서 폐주를 핥았다. 폐주가 발로 사슴을 차니 성종이 불쾌하게 여겨서 말했다.
"짐승이 사람을 따르는데, 어찌 그리 잔인하게 구느냐?"
뒤에 성종이 세상을 떠나고 폐주가 왕위에 오르자, 그날 손수 그 사슴을 쏘아 죽였다.

성종은 연산군에게 이런 잔인한 면이 있다는 사실을 잘 몰랐다.

하지만 공부를 싫어하고 정사를 배우려 하지 않는다는 사실만으로 세자감이 아니라고 생각했다. 그런 성종의 의중을 파악한 어느 신하가 참다못해 연산군의 폐위를 언급한 적이 있었다. 《조야첨재》와 《오산설림》 등에 전한다.)

성종이 인정전에 술자리를 마련하고 술이 반쯤 취하였는데, 우찬성 손순효가 이렇게 말했다.

"친히 아뢸 말씀이 있습니다."

성종이 어탑으로 올라오게 하였더니, 순효는 세자이던 폐주가 능히 그 책임을 감당할 수 없을 것을 알고 임금이 앉은 용평상을 만지면서 말했다.

"이 자리가 아깝습니다."

그러자 성종이 이렇게 대답했다.

"나 역시 그것을 알지만, 차마 폐할 수 없다."

성종은 왜 연산군을 폐할 수 없다고 한 것일까? 사실, 성종도 언젠가 연산군을 폐하려는 마음을 품은 적이 있었다. 그 내용은 실록에 이렇게 전한다.

'하루는 성종이 소혜왕후에게 술을 올리면서 세자를 불렀으나 또 병을 칭탁하고 누차 재촉해도 끝내 오지 않으므로, 성종이 나인을 보내어 살피게 하였더니 병이 없으면서 이르기를 "만약 병이 없다고 아뢰면 뒷날 너를 마땅히 죽이겠다" 하매, 나인은 두려워서 돌아와 병이 있다고 아뢰었다. 성종은 속으로 알고 마음에 언짢게 여기며 그만두었다. 이로부터 세자를 폐하고 싶은 마음이 많았으나 금상이 아직 어리고, 다른 적자가 없으며, 또 왕이 어리고 약하여 의지할 곳이 없음을 불쌍히 여겨 차마 못 하였다.'

이 내용을 통해 알 수 있는 것은 성종도 연산군을 폐위하는 것이 옳다고 생각했다는 것이다. 하지만 당시 적자라곤 연산군과 진성대군(중종)뿐이었는데, 진성대군은 강보에 싸인 어린아이였다. 그러니 동궁 자리를 넘겨받을 상황이 아니었다. 이렇듯 연산군 이외에는 마땅한 후계자가 없었기 때문에 성종은 하는 수 없이 연산군을 세자 자리에 그대로 두었던 것이다.

9장

연산군 편

큰어머니 박씨를 탐한(?) 연산군

조선 왕 중에 폭군이라고 단언할 수 있는 왕은 단연 연산군이다. 연산군의 폭력적 성향은 그의 애정 관계에서도 유감없이 드러났는데, 심지어 자신의 첩이었던 여인들을 사지를 찢어 죽이고, 머리를 뽑아 전시했을 정도였다.

연산군에게는 폭력적 성향과 함께 호색한 기질도 있었다. 그의 폭력적 성향이 억울하게 죽은 어머니에 대한 원한 때문에 형성된 것이라면 그의 호색 기질은 다분히 성종의 유전자에서 받은 것일 듯싶다. 성종은 태평성대를 구가한 왕이었지만, 타고난 호색 기질로 궁궐에 평지풍파를 일으켰고, 그것은 아들 연산군에게 엄청난 정신적 고통을 안겼다. 그 고통은 결국, 광기 어린 폭력성으로 드러났다. 이러한 폭력성은 호색한 기질과 결합하여 그를 폭력적인 색광으로 만들었다. 하지만 그런 폭군 연산군에게도 여인을 향한 순정은 있었다.

연산군 이융은 1476년 11월 7일에 성종과 폐비 윤씨의 장남으로 태어났다. 하지만 그의 어머니 윤씨는 그가 네 살 되던 해인 1479년에 궁궐에서 폐출되었고, 3년 후에 사약을 받고 죽었다. 그래서 연산군은 성종의 세 번째 왕비인 정현왕후 윤씨에 의해 양육되었다. 정현왕후는 폐비 윤씨의 연적이었고, 윤씨가 폐출되는 데 결정적 역할을 한 장본인이었다. 아버지 성종과 할머니 인수대비가 모두 어머니 윤씨를 죽게 한 장본인이었으니, 융은 온통 어머니의 원수들에 둘러싸인 채 성장한 셈이다.

어린 시절, 그는 정현왕후가 자신의 생모라고 여기고 자랐다. 하지만 유년기를 벗어날 무렵에 그녀가 생모가 아니라는 사실을 알았다. 이후 융은 생모를 몹시 그리워하며 슬픔 속에서 소년 시절을 보냈다. 이와 관련하여 《아성잡기鵝城雜記》(조선 선조 때 이제신이 쓴 잡록雜錄)는 다음의 이야기를 전하고 있다.

윤씨가 폐위된 뒤에 폐주가 세자로 동궁에 있을 때였다. 어느 날 세자가 이렇게 말했다.

"제가 거리에 나가 놀다 오겠습니다."

성종이 이를 허락하였다. 저녁때 세자가 돌아오자, 성종이 물었다.

"네가 오늘 거리에 나가서 놀 때 무슨 기이한 일이라도 보았느냐?"

세자가 대답했다.

"구경할 만한 것은 없었습니다. 다만 송아지 한 마리가 어미 소를 따라가는데, 그 어미 소가 소리를 하면 그 송아지도 문득 소리를 내어 응하여 어미와 새끼가 함께 살아 있으니 이것이 가장 부러운 일이었습니다."

성종이 이 말을 듣고 슬피 여겼다.

융의 이런 슬픔은 훗날 어머니가 대신과 가족의 모략으로 억울하게 죽었다는 사실을 알게 되면서 폭력적인 광기로 돌변한다. 하지만 어머니의 죽음에 대한 진실을 알기 전까지 그는 그저 어머니를 그리워하는 불쌍한 소년에 불과했다. 그리고 얼굴도 모르는 그의 어머니는 어느새 소년의 이상형으로 자리 잡게 되었다.

소년에게 그런 이상형이 되어 준 첫 여인은 월산대군 부인인 큰어머니 박씨(승평부대부인)였다. 융은 어린 시절에 자주 아팠던 탓에 월산대군의 집에서 치료를 받곤 했다. 그때 융을 지극 정성으로 돌본 여인이 바로 박씨였다.

승평부대부인 박씨는 인물이 출중했지만, 자식을 낳지 못했다. 그래서 융을 자식처럼 돌봤던 것인데, 어린 융에게는 그녀가 친어머니처럼 여겨졌던 모양이다. 그는 때로 박씨의 처소에서 잠을 자기도 했다. 융은 왕위에 오른 뒤에도 그녀를 어머니처럼 섬겼고 자주 그녀의 집을 방문했다. 이 바람에 연산군과 박씨가 간통했다는 소문이 돌기도 했다. 심지어 그녀가 죽었을 땐 연산군의 아이를 잉태하여 자살한 것이라는 소문이 돌기까지 했다. 이런 소문은 박씨의 동생 박원종이 반정을 일으켜 연산군을 폐위하는 데 중요한 원인이 되기도 한다.

연산군과 박씨가 간통했다는 소문은 사실로 보기 어렵다. 그저 연산군이 친어머니처럼 따르고 좋아했던 것으로 보는 것이 타당할 듯하다.

연산군에게 장녹수란?

　연산군의 광기는 색욕과 살인으로 귀결되는데, 전국에 신하들을 파견하여 기생을 뽑아 궁궐에 들이고, 그들 중에 마음에 드는 여자는 모두 후궁으로 삼았다. 그러다 보니 후궁의 수가 스무 명을 훌쩍 넘었다. 그들 중에 연산군이 특히 총애한 세 여인이 있었는데, 장녹수와 전전비, 그리고 백견이었다.

　이들은 모두 천비 출신 기생들이었다. 이 세 여인 중에 연산군이 최고로 친 여인은 단연 장녹수였다. 그러니 후궁 중에 장녹수를 질투하는 여인들이 나오는 것은 당연했다. 하지만 연산군은 후궁들의 질투를 절대로 용납하지 않았다.

　재위 10년(1504년) 6월 19일에 연산군은 두 후궁을 끔찍한 방법으로 살해했다. 연산군에 의해 죽임을 당한 두 여인은 최전향과 수근비였다. 연산군은 이들을 죽인 뒤에도 분이 풀리지 않아 그들의 잘라낸 사지를 전시하고, 그것도 모자라 시신을 각각 다른 곳에 묻었으며, 묻은 자리에는 죄명을 적은 돌을 세우기까지 했다.

그렇다면 이 두 여인은 누구이며, 그들이 무슨 짓을 저질렀기에 연산군이 이토록 지독한 처벌을 했을까?

전향과 수근비는 원래 연산군이 총애하던 여자였다. 전향은 출신이 분명치 않은 후궁이었고, 수근비는 여종 출신 궁녀이자 애첩이었다. 전향이 언제 후궁이 됐는지는 알 수 없으나 수근비는 사건이 있던 해인 1504년 3월 7일에 궁녀가 되었다. 그녀는 원래 개인의 노비였으나 연산군이 장례원에 전교하여 관비 옥금을 그녀대신 내주면서 입궁시킨 여인이었다.

당시 연산군은 전국에 채홍사를 파견하여 대궐에 엄청난 수의 여인들을 끌어들여 음주와 가무를 즐겼는데, 그런 가운데 눈에 띄는 여인이 있으면 장소를 가리지 않고 취하여 첩으로 삼았다. 전향과 수근비도 역시 그런 과정을 거쳐 후궁이 된 여인들이었다.

하지만 이들 두 사람은 그로부터 한 달쯤 뒤에 궁궐에서 쫓겨났다. 그 이유에 대해서 연산군은 이렇게 밝히고 있다.

"부인의 행실은 투기하지 않는 것을 어질게 여긴다. 그러나 지금 전향과 수근비는 간사하고 흉악하며 교만한 마음으로 투기하여 내정의 교화를 막게 했으니, 그 죄를 용서할 수 없다."

연산군의 말로 봐서 그들은 질투심을 드러냈다가 쫓겨난 것이다. 궁궐에서 내쫓긴 그들은 서강에 살고 있었다. 하지만 연산군은 그들을 쫓아내는 것으로 사건을 종결짓지 않았다. 두 사람에게 모두 장 80대를 때리게 하고, 전향은 강계에, 수근비는 온성에 유배 보냈다.

연산군이 한때 총애하여 후궁으로 삼았던 그들을 유배 보낸 것은 모두 장녹수 때문이었다. 장녹수에 대한 다른 후궁들의 질투가 심해지자, 연산군은 질투를 금기로 삼고, 만약 질투하다 발각되면 큰 벌을 내리겠다고 공표했다. 전향과 수근비는 그 본보기로 걸린 격이었다.

연산군의 눈 밖에 난 전향과 수근비는 재산을 모두 뺏기고 유배지로 떠났다. 하지만 사건은 그것으로 끝나지 않았다. 그들이 유배지로 떠난 뒤인 그해 6월 8일, 연산군은 소격서의 종 도화를 비롯하여 전향과 수근비의 일족을 모두 잡아들이라고 명한다. 이유인즉, 간밤에 도성의 어느 담벼락에 익명서가 나붙었는데, 그 내용이 연산군을 비하하고 장녹수를 저주하는 것이었다. 연산군은 이것을 전향과 수근비 일족의 짓이라고 생각하고 그들을 잡아들인 것이다.

그들을 국문한 것은 추관으로 선임된 유순과 의금부 당상관들이었다. 하지만 심문 내용은 공개되지 않았다. 궁궐 내부의 비밀스러운 일이라 하여 사관조차 국문장에 가지 못했고, 그 때문에 익명서의 구체적인 내용은 기록되지 않았다.

두 여인의 일족 60여 명을 모두 국문했지만, 아무도 죄를 인정하지 않았다. 그러자 연산군은 그들의 이웃집 사람 40명을 더 잡아들이라고 명한다. 심한 고문을 가하며 두 여인의 족친과 이웃들을 다그쳤지만 역시 익명서를 붙였다고 자복하는 사람은 없었다. 그러자 연산군은 전향과 수근비의 부모와 형제에겐 장 100대를 치게 하고, 사촌들에게는 80대를 치게 했다. 이어 전향과 수근비의 사지를 찢고 머리를 뽑아 사람들이 볼 수 있도록 전시하게 했다. 이후 두 사람의 머리는 외딴 섬에 묻혔는데, 그곳에 그들의 죄명을 돌에 새겨 세우게 했다.

연산군이 그들에 대해 이토록 분노한 이유는 오직 하나였다. 자신의 애첩 장녹수를 비방했다는 것이었다. 그것도 그들이 장녹수를 비방했다는 뚜렷한 증거도 없는 상태였다. 오직 그들이 질투에 눈이 멀어 비방했을 것이라는 추측 하나로 이런 엄청난 살생을 저지른 것이다. 이는 역으로 생각하면 장녹수에 대한 그의 집착과 애정이 말로 다할 수 없을 정도였다는 뜻이기도 하다. 도대체 연산군은 장녹수의 어떤 점에 그토록 매료되었던 것일까?

장녹수는 원래 집안이 몹시 곤궁하여 몸을 팔아 생활하던 여자였다. 그런 탓에 여러 남자와 살았다. 그러던 중에 제안대군(예종의 아들)의 가노家奴와 결혼하였다. 이후 그녀는 아들을 하나 낳았고, 그런 상황에서 춤과 노래를 배워 창기娼妓가 되었다.

그녀의 노래와 춤 실력은 탁월했다. 특히 노래를 아주 잘하여 입술을 움직이지 않고도 맑고 고운 목소리를 냈다. 거기다 나이에 비해 매우 앳된 얼굴이었다. 나이가 서른 살이 됐는데도 얼굴은 열여섯 살 소녀 같았다. 인물은 그다지 출중하지 않았으나 노래와 춤에 능하고 얼굴이 매우 앳되어 보인다는 소문을 듣고 연산군이 그녀를 불렀다. 장녹수는 갑자사화 이전에 연산군이 후궁으로 들인 여인이었다.

연산군은 첫눈에 그녀에게 반했고, 즉시 궁으로 들여 애첩으로 삼았다. 이후 그녀는 연산군의 아이를 낳고, 숙원의 첩지를 받았으며, 계속 벼슬이 올라 숙용에 이르렀다.

그녀는 일반 후궁들처럼 연산군을 대하지 않았는데, 특이하게도 연산군은 그녀의 그런 면에 매료되었다. 실록에서는 연산군에 대한 그녀의 태도를 "왕을 조롱하기를 마치 어린아이 다루듯 하고, 왕에게 욕하기를 마치 노예에게 하듯 했다"고 쓰고 있다. 그런데 연산군은 "아무리 화가 나는 일이 있어도 녹수만 보면 기뻐하였다"고 했다. 실록은 또 장녹수에 대해선 "얼굴은 중인 정도를 넘지 못했으나, 남모르는 교사와 요사스러운 아양은 견줄 사람이 없었다"고 쓰고 있다.

어쨌든 연산군은 장녹수의 말이라면 어떤 것이든 들어줬고, 장녹수와 함께하는 일이라면 뭐든지 즐거워했다. 그녀의 인물이 어땠든지 간에 연산군에게 그녀는 그야말로 팜므파탈 그 이상이었던 셈이다.

삼년상을 금한 이유

연산군은 도성 밖에 있는 인가를 모두 헐고, 양주와 파주, 고양 등의 고을을 폐지하여 자신의 놀이터와 사냥터로 삼았다. 또 도성 동쪽과 북쪽 100리 안으로는 금표를 세우고 관사와 민가를 모두 헐어 통행을 금지했으며, 이를 어긴 자는 사형에 처했다.

이렇듯 학정이 심해지자, 곳곳에서 불만이 터져 나오기 시작했다. 이러한 불만은 주로 훈민정음으로 쓴 벽보로 나타났는데, 이 때문에 연산군은 훈민정음 사용을 금했다. 그리고 백성들이 억울함을 호소하기 위해 만든 신문고도 폐지했고, 임금에게 직언을 올리는 사간원도 없앴다. 또 임금의 교육장인 경연도 없애버렸으며, 성균관 유생들을 내쫓고 공자 사당도 헐어버렸다. 그 외에 여러 금지법을 만들었는데, 그중에 특이하게도 대화금지법이 있었다.

'우어금지법'으로 불린 이 법은 사람들이 모여서 자신을 비판하는 것을 두려워하여 만든 법이다. 우어偶語란 두 사람이 마주 보고 대화하는 것을 의미한다. 따라서 우어금지법이란 두 사람 이상이 모여서 대화하는 것을 금지하는 법을 말한다. 이에 대해 실록은 다음과 같은 기록을 남기고 있다.

> 비방하는 의논이나 우어를 금하는 법을 만들어 감찰이 날마다 방방곡곡을 사찰하였다가 초하루 보름으로 아뢰게 하였고, 온갖 관사와 여러 부 또한 초하루 보름으로 세태를 비방하는 자가 있나 없나를 적어 아뢰게 하여, 비록 부자간이라도 관에 보고한 뒤에라야 서로 만나도록 하므로, 모두 서로 손을 저어서 말을 막았고, 사람마다 스스로 위태롭게 여겨 길에서 눈짓만 했다.

이웃은 물론 부자간이나 형제간에도 서로 말을 섞지 못하게 했으니, 연산군이 얼마나 백성들을 철저히 감시했는지 알 만하다. 연산군이 백성과 관리들을 감시한 것은 두려움 때문이었다.

그런데 연산군이 실시한 여러 금지법 중에 쓸 만한 것도 하나 있었다. 바로 삼년상 금지법이다. 연산군은 재위 11년 6월 30일에 이런 지시를 내렸다.

"3년의 상기喪期는 성인聖人 (공자)이 제정한 바로, 상하가 통행한 지 오래다. 그러나 시의時宜를 참작하여 제도를 새로이 한 것도 시대 왕들의 제도이니, 이일역월제以日易月制(하루를 한 달로 계산하는 제도)를 이미 행하였거늘, 아랫사람이 홀로 삼년상을 행하는 것이 가한 것인가? 또 쓸 만한 사람을 상제喪制에 얽매어 일을 맡기는 데에 때를 잃으니 이는 옳지 못하다. 일을 맡기는 때를 당하여 비록 기복起復(부모의 상중에 벼슬에 나아감)을 한다고 하여도 그 마음에 친상親喪을 마치지 못하였다고 생각하는데 고기를 먹고 관직에 임하려 하겠는가. 정해진 제도가 있다면 자식 된 마음은 비록 그지없더라도 또한 왕이 정한 제도를 따를 수 있는 것이다. 이제부터 양부모의 상은 100일로 마치고 친부모의 상도 참작하여 줄이는 것이 어떠한가? 삼공三公·예관을 불러 의논하고 보고하라."

연산군의 이 지시 이후, 삼년상은 엄격하게 금지되었다. 연산군이 볼 때 삼년상은 지나친 제도라는 것이었다. 하지만 이에 대한 반발도 만만치 않았다. 인수대비가 죽었을 때, 3년을 24개월로 삼고, 한 달을 하루로 계산하여 복상 기간을 24일로 정하자, 대비였던 정현왕후가 강하게 반발하며 삼년상을 고집하였다. 그러자 연산군은 정현왕후에게 무섭게 화를 내며 이렇게 말했다.

"부인은 남편이 죽은 뒤에는 아들을 따라야 합니다."

이른바 삼종지도를 말한 것인데, 이에 대해 정현왕후는 이렇게 한탄한다.

"내가 소혜왕후(인수대비)에게 죄를 얻을 것이 분명하다."

하지만 연산군은 삼년상 금지법을 강력하게 추진하여 지키게 했다. 사실, 이 법을 환영하는 사람도 많았다. 실제 양반 중에 삼년상을 제대로 하는 사람도 드물었고, 특히 3년간 시묘를 하는 사람은 손에 꼽을 정도였다. 관리들은 대부분 부모상을 당하면 어떻게 해서든 기복 명령을 받아 상복을 벗고 관청에 출근하기를 원했다. 연산군은 그런 현실을 고려하여 삼년상 금지법을 만든 것인데, 요즘 세상에서 1년을 하루로 삼고 3일 상을 치르는 것을 보면 연산군의 견해가 옳지 않았나 싶다.

10장

중종 편

조강지처를 버리다

연산군의 폭정이 지속되자, 결국 이를 참지 못해 반정이 일어났다. 반정을 일으킨 인물은 연산군이 이상형으로 삼았던 승평부대부인 박씨의 동생 박원종이었다. 연산군을 쫓아낸 박원종은 진성대군을 조선 11대 왕으로 세웠다.

진성대군은 성종의 세 번째 왕비인 정현왕후 소생이었다. 연산군이 정현왕후를 원수처럼 생각했는데, 진성대군 이역이 그녀의 아들이었으니, 연산군이 재위하는 동안 이역은 죽음의 공포에 시달리며 지내야 했다. 그러나 다행히 죽지 않고 생명을 부지한 끝에 용상에 올랐다.

그가 왕이 된 데엔 첫 부인 신씨의 역할이 컸다. 박원종이 반정에 성공하고 용상에 앉히려고 그의 집을 찾았을 때, 그는 되레 대들보에 목을 매려 했다. 그 내막이 《국조기사國朝記事》(조선 시대 사대부들의 인적 사항을 항목별로 정리해놓은 책)에 이렇게 전한다.

반정하던 날 먼저 군사를 보내 진성대군의 사저를 에워쌌다. 이것은 해칠 자가 있을 것을 염려해서 호위하기 위해서였다. 그런 줄도 모르고 임금(진성대군)이 놀라서 자결하려고 했다. 그러자 부인 신씨가 말하였다.

"군사의 말 머리가 이 궁(진성대군의 사저)으로 향해 있으면 우리 부부가 죽는 것이 마땅합니다. 하지만 만일 말꼬리가 이 궁으로 향하고 머리가 밖으로 향해 섰다면 반드시 공자를 호위하려는 뜻이오니, 알고 난 뒤에 죽어도 늦지 아니하오리다."

그러면서 소매를 붙잡고 굳이 말리며 사람을 내보내 살피고 오게 하였다. 그랬더니 과연 말머리가 밖을 향해 있었다.

박원종 등이 반정을 일으키던 날, 중종을 보호하기 위해 부하들을 보내 그의 사저를 지키게 했는데, 중종은 연산군이 자신을 죽이려고 군사들을 보낸 줄 알고 자살하려 했던 것이다. 하지만 아내 신씨의 기지로 목숨을 끊지 않은 덕에 왕위에 올랐으니, 신씨가 아니었다면 용상을 얻지 못했을 것이다.

중종 이역은 이 슬기로운 아내를 사랑했다. 하지만 그녀를 버려야 했다. 왜 그는 사랑하는 아내를 버려야만 했을까? 그 속사정을 알려면 그들이 어떤 인연으로 얽혀 있는지 알아야 한다.

이역은 1488년 3월 5일에 태어났다. 성종이 왕비 윤씨를 내쫓은 때로부터 9년이 지난 때였다. 당시 그의 이복형 연산군은 열세 살 소년이었고, 이미 정현왕후가 자신의 생모가 아니라는 사실을 알고 있었다. 그리고 그해 1월에 신승선의 딸을 세자빈으로 맞이하여 막 결혼한 상태였다.

그로부터 11년 후인 1499년에 이역도 열두 살의 나이로 결혼했다. 신부는 신수근의 딸이었다. 신수근은 신승선의 아들이었고, 연산군의 왕비 신씨의 오빠였다. 진성대군 이역과 연산군 모두 신승선의 딸과 손녀에게 장가든 것이다.

신수근은 연산군의 처남으로 조정의 핵심 권력이었다. 박원종의 반정이 일어나던 그때 그는 핵심 실세로 좌의정 자리에 있었다. 그 때문에 박원종 세력은 거사를 감행하면서 그를 격살했다.

이후, 박원종 세력은 진성대군 이역을 새로운 왕으로 추대하였고, 자연스럽게 신수근의 딸 신씨도 왕비가 되었다. 하지만 박원종 세력은 자신들이 척결한 신수근의 딸을 왕비 자리에 그대로 둘 수 없었다. 그래서 그녀는 왕비가 된 지 일주일 만에 폐출되는 처지가 되었다.

중종은 신씨를 출궁시킨 후에도 그녀를 그리워했다. 그래서 모화관으로 명나라 사신을 맞으러 갈 때면 꼭 모화관에서 멀지 않은 신씨의 처소로 말을 보내 먹이게 하였고, 신씨는 흰죽을 직접 만들어 말에게 먹였다고 한다. 또 중종이 신씨를 잊지 못해 날마다 경회루에 올라 신씨가 머물던 인왕산 쪽을 바라본다고 하자, 신씨는 다홍치마를 인왕산 바위 위에 펼쳐놓았다는 치마바위 전설도 있다.

그런데 이런 애틋한 이야기들과 달리 중종은 정작 신씨(단경왕후)를 복위시킬 기회가 있었는데도 그녀를 다시 맞이하지 않았다.

단경왕후가 쫓겨난 이후, 중종의 비가 된 여인은 장경왕후 윤씨였다. 그런데 그녀는 1515년 원자 호(인종)를 낳고 산욕으로 사망하고 말았다. 이렇게 왕비 자리가 비자, 궁궐 내부에서는 후궁 중에서 중종의 총애를 받고 있던 경빈 박씨가 유력한 왕비 후보로 부상했다.

경빈 박씨는 복성군의 어머니였는데, 복성군은 원자 호보다 여섯 살 위였다. 따라서 경빈 박씨가 왕비가 되면 원자의 처지가 매우 위태로운 상황이 될 게 뻔했다.

이런 상황에서 중종은 새 왕비를 들이는 문제와 관련하여 신하들에게 조언을 구했다. 이에 사림에서 이름이 있던 순창군수 김정과 담양부사 박상이 중종에게 상소하여 폐비 신씨를 복위시킬 것을 주청했다. 그러자 이 일은 조정의 큰 논란거리가 되었다. 대사헌 권민수와 대사간 이행 등의 언관들이 그들 두 사람을 강력하게 비판하며 이런 주장을 하였다.

"박상과 김정의 상소가 감히 간사한 의논을 끄집어내니 이는 극히 해괴한 일입니다. 의금부에 잡아다가 문초하여 그 사유를 캐내야 할 것입니다."

이에 중종도 그들의 의견에 동조하여 이런 말을 하였다.

"나도 상소를 보고 국가 대사를 너무 경솔하게 논의했다고 생각했다. 내 뜻도 그 이유를 추궁하고 싶었으나 내가 조언을 구하여 상소한 것이기 때문에 덮어두었던 것이다."

이후, 중종은 당상관들을 모두 불러 신씨 복위를 건의하는 상소문을 보여줬다. 그러자 유순, 정광필, 김응기 등 삼정승은 임금이 조언한 것에 대한 상소이므로 잡아다 추궁하는 것은 옳지 않다는 의견을 냈다. 그리고 홍문관의 관원들도 그들의 상소 내용이 적절치 않다고 하더라도 왕이 조언을 구해서 올린 상소이기 때문에 죄 주는 것은 옳지 않다고 했다. 하지만 중종은 김정과 박상을 잡아다 의금부에서 심문하라고 명령하고, 이후 그들을 유배 보내버렸다.

이후, 단경왕후 신씨는 궁궐로 돌아오지 못했다. 조강지처로서 반정이 있던 날 자신의 목숨을 살려주고, 자신도 그토록 그리워한다고 했던 그녀를 중종은 냉정하게 외면했다. 중종은 왜 그랬을까? 여러 책을 뒤져 그의 의중을 간파하려 해 보았지만, 끝내 알아낼 수 없었다. 다만 중종이 이런 알 수 없는 이중적인 태도를 보인 적이 여러 번 있다는 사실은 알아냈다. 자신이 그토록 사랑했던 첫사랑, 그리고 아끼던 첫아들도 죽였으며, 믿고 의지하던 조광조와 김안로도 죽였다. 이를 두고 실록은 그를 '두 얼굴을 가진 사람 같다'는 평을 남겼다.

첫사랑과 첫아들마저 죽이다

중종의 첫째 부인은 한 살 연상이었던 단경왕후 신씨였지만, 중종의 첫사랑은 따로 있었다. 바로 경빈 박씨였다. 신씨는 열두 살에 멋모르고 맞아들인 부인이었지만 경빈 박씨는 청년 중종이 직접 보고 반하여 맞은 부인이었다. 경빈 박씨는 무척 미인이었던 모양이다. 연산군 시절에 흥청으로 뽑혀 들어와 궁에서 지냈는데, 중종이 보고 반하여 후궁으로 삼은 것이다.

경빈을 향한 중종의 총애는 대단했다. 그 바람에 그녀는 매우 거만하고 분수에 넘치는 행동을 일삼았다. 또한 뇌물을 즐겨 받아 청탁하는 사람이 줄을 이었다고 한다. 그녀 덕에 아버지 박수림과 오라비 박인형, 박인정이 모두 벼슬을 얻어 한껏 권세를 부렸다.

하지만 그녀는 자신을 그토록 총애했던 중종이 내린 사약을 받고 죽어야 했다. 그녀를 죽음으로 내몬 것은 이른바 '작서의 변'이라는 저주 사건이었다.

이 사건의 전말은 이렇다. 1527년 2월 26일에 동궁의 해방亥方(24방위의 하나로 북북서쪽)에 불태운 쥐, 즉 작서灼鼠 한 마리가 걸려 있고, 물통의 나무 조각으로 만든 방서榜書(방술을 적은 글)가 함께 발견되어 조정이 발칵 뒤집혔다. 당시 동궁엔 세자 호(인종)가 기거했다. 인종은 돼지띠로 해亥년 생이며, 그 사건 3일 뒤인 2월 29일이 생일이었다. 세자의 생일에 앞서 세자를 저주하는 일이 발생한 것이다. 쥐는 돼지와 비슷한 데가 있어 쥐를 태워 걸어놓은 것은 곧 세자를 저주한 것이기 때문에 중종과 조정 대신들이 매우 민감한 반응을 보일 수밖에 없었다.

중종은 이 일을 철저히 조사하라고 엄명을 내렸고, 수사가 시작되어 범인으로 지목된 사람은 바로 경빈 박씨였다.

이 일로 경빈의 시녀 여러 명이 매를 맞아 죽고, 그녀의 사위 홍려도 매를 맞아 죽었다. 또 좌의정 심정이 경빈과 결탁했다고 하여 사사되었으며, 그 외에도 많은 사람이 연루되어 죽었다. 또한 경빈 박씨와 그녀의 아들 복성군도 서인으로 전락하여 유배되었다가 사약을 받고 죽었으며, 박씨의 두 딸도 서인으로 전락하여 유배되었다.

이로써 중종은 첫 부인을 버린 데 이어 첫사랑을 죽이고 첫아들까지 죽이는 결과를 낳았다. 그것도 모두 중종의 사려 깊지 못한 판단 때문에 벌어진 일이었다.

그런데 그들이 죽은 뒤인 1533년에 같은 서체의 방서가 발견되었다. 그 글씨를 쓴 자를 조사하는 과정에서 김안로는 지난번 발견된 방서의 글씨와 다르다 하였고, 대사간 상진은 지난번 글씨와 같다고 하였다. 경빈과 심정을 죽일 때 김안로는 방서의 글씨가 경빈의 사위 홍려의 것이라고 주장했고, 홍려는 매질을 이기지 못해 자기 글씨가 맞다고 자백한 뒤 죽었다. 그 때문에 김안로는 글씨가 다르다고 주장할 수밖에 없었다. 하지만 상진은 당시 사건의 방서와 새로 발견된 방서의 글씨가 같다고 함으로써 홍려는 범인이 아니며, 경빈과 복성군이 억울하게 죽었다는 점을 밝히려 했다.

이 일은 중종이 방서가 적힌 나무를 태우게 함으로써 종결되었는데, 훗날 방서의 글씨는 김안로의 아들 김희의 글씨로 판명되었다. 김안로가 심정에게 원한을 품고 그를 죽이기 위해 작서의 변을 획책하였다는 결론이다. 그 사실이 밝혀지면서 이미 죽고 없던 김안로는 천하에 둘도 없는 사악한 모사꾼이 되었다. 하지만 방서의 글씨가 정말 김희의 글씨라고 단정할 명확한 증거도 없었다.

중종의 두 얼굴

실록의 평가에 따르면 중종은 우유부단하고 결단력이 부족하며 신하와 아내, 그리고 자녀들에 대한 의리와 정이 부족하여 그들을 죽음으로 내몬 왕이었다. 이런 평가의 근거는 그의 치세 동안 벌어졌던 여러 사건에서 확인된다. 그는 38년이나 왕위에 있었는데, 그동안 조정은 몹시 혼란스러웠고, 숱한 선비들이 목숨을 잃었으며, 간신이 판을 쳤다. 이 모든 것이 그의 우유부단한 성격과 부족한 결단력 탓이라는 지적이다.

중종에게는 우유부단한 면뿐 아니라 이중적인 성격도 발견된다. 중종이 이중적인 행동을 할 때면 신하들이 모두 '저 분이 정말 우리 주상이 맞나?'라고 하면서 자기의 눈을 의심할 정도였다고 한다. 중종의 이런 행동은 그가 한때 가장 신뢰한 조광조와 김안로를 죽일 때 확실히 드러났다. 조광조의 죽음에 대해 당시 사관이 남긴 기록이다.

대간이 조광조의 무리를 논하되 마치 물이 더욱 깊어가듯이 아직 드러나지 않았던 일을 날마다 드러내어 사사하기에 이르렀다. 임금이 즉위한 뒤로는 대간이 사람의 죄를 논하여 혹 가혹하게 벌주려 하여도 임금은 반드시 무난하고 평이하게 처리하여 임금의 뜻으로 죽인 자가 없었다. 그런데 이번에는 대간도 조광조를 더 죄주자는 청을 하지 않았는데 문득 이런 분부(죽이라는 명령)를 하였다. 전일에 좌우에서 가까이 모시고 하루에 세 번씩 뵈었으니 정이 부자처럼 아주 가까울 터인데, 하루아침에 변이 일어나자 용서 없이 엄하게 다스렸고 이제 죽인 것도 임금의 결단에서 나왔다. 조금도 가엾고 불쌍히 여기는 마음이 없으니, 전일 도타이 사랑하던 일에 비하면 마치 두 임금에게서 나온 일 같다. (중종 14년 12월 16일 기사)

그리고 권신이자 외척인 김안로를 과감하게 내치고 죽일 때의 일에 대해 사관은 또 이런 글을 남겼다.

양사兩司에게 김안로의 사독함과 권세를 독차지한 죄가 극악하다는 것과, 김근사가 악의 무리라는 형상을 자세히 아뢰자, 상이 즉시 윤허하였다. 이때 양연이 대사헌으로 이 의논을 먼저 주장한 것은 왕의 밀지를 받았기 때문이라 한다. 이보다 며칠 전에 상이 경연에서 '위태한데도 붙들지 않으니 그런 재상을 장차 어디에 쓸 것인가.'라는 말을 하였고 또 우의정 윤은보에게 비망기를 내려 조정에 사람이 없음을 걱정한다는 뜻을 극론하였는데, 이는 대개 상이 김안로의 죄악을 알았기 때문에 이런 교시를 내려 조정에 은미하게 보인 것이다.

김안로가 윤원로 등이 장차 자기를 해칠 것을 알고는 공론을 칭탁하여 사림에 전파하여 윤원로 등을 정죄하였다. 윤원로 등이 김안로의 흉사하고 부도한 죄상을 몰래 상께 아뢰니, 상께서 매우 두려워하여 무사를 시켜서 김안로의 무리를 박살하려 했는데, 초친 椒親(왕비의 친척) 윤안인 등과 의논하여, 그렇게 하지 않고 윤임과 윤안인을 시켜 은밀히 양연에게 교시하였다. 양연이 즉시 양사를 거느리고 아뢰었는데 김안로의 일은 쾌하게 여기지 않는 사람이 없었다. 다만 그 일이 조정에서 나오지 않고 외척에게서 나왔으므로 정대正大하지 못하다 해서 식자들이 한스럽게 여겼다.

김안로는 섬으로 유배된 뒤, 며칠 되지 않아 조광조와 마찬가지로 사약을 받고 죽었다. 이렇듯 당대 최고의 권력자였던 조광조와 김안로는 중종의 기습적인 공격으로 권좌에서 쫓겨나 목숨을 잃었는데, 이는 평소에 중종이 보이던 우유부단한 행동과는 완전히 다른 것이었다. 그 때문에 사관은 이 일들이 '마치 두 임금에게서 나온 것 같다.'고 표현하고 있다.

　그렇다면 중종은 어떤 상황에서 이런 두 얼굴의 사나이가 되는 것일까? 그에 대한 단초는 조광조와 김안로를 내쫓아 죽이는 행동에서 발견된다. 이 두 사건의 공통점이 있는데, 첫째는 조광조와 김안로가 모두 임금의 최측근이자 당대 최고의 권신이라는 점이고, 두 번째는 그들이 모두 왕권을 위협한다는 고발이 있었다는 것, 그리고 세 번째는 그 고발자들이 모두 외척이라는 점이다. 즉, 외척에 의해 임금이 믿고 의지하는 자가 왕권을 노리고 있다는 내용의 고발이 있으면 인정사정 보지 않고 가차 없이 상대를 죽였다. 그것도 단 한번도 재고하지 않고 냉정하고 단호하게 결단을 내렸다. 친분 여하를 따지지 않고 왕위를 위협한다고 생각되면 갑자기 냉혹하고 단호한 성격으로 돌변했던 것이다.

　이런 그의 이중성은 이복형제인 진성군을 죽일 때도, 자신의 큰아들 복성군과 총애하던 경빈 박씨를 죽일 때도 여지없이 드러난다. 비록 그 대상이 아내나 아들, 형제라고 해도 상관없었다.

　그런데 문제는 그런 결단이 너무나 급작스럽게 이뤄진다는 것이고, 또 결심이 서면 신하들이 아무리 말려도 소용이 없다는 점이었다. 그는 왜 이런 극단적인 이중성을 가지게 된 것일까? 그 원인은 어린 시절부터 줄곧 시달렸던 죽음에 대한 공포 때문이 아니었을까 싶다. 이복형 연산군으로부터 언제 죽을지 모른다는 공포감이 방어 기재가 되어 잠복해 있다가 누군가가 자기를 죽이고 왕위를 뺏을지 모른다는 불안감이 들면 그 공포심이 상대를 가차 없이 죽이는 냉혹함으로 돌변하는 것이다. 그리고 이런 그의 행동 이면에는 그가 앓고 있던 지병이 근거한 것으로 보인다.

오직 대장금에게만 치료받다

　중종은 성종의 차남으로 성종의 제3비 정현왕후 윤씨 소생이다. 정현왕후는 연산군의 생모를 폐위시키는 데 동조한 인물이다. 이에 연산군은 정현왕후에게 적개심을 품고 있었고, 정현왕후 소생인 중종에게도 강한 적개심이 있었다. 그래서 중종은 대군으로 있던 어린 시절부터 언제 연산군의 칼날에 죽을지 모른다는 불안감에 짓눌려 살았다. 심지어 박원종이 반정을 일으켜 그를 왕으로 옹립하려고 군대를 이끌고 찾아왔을 때도 자신을 죽이려고 보낸 연산군의 군대로 착각하고 자살하려 하였다. 다행히 당시 부인이었던 단경왕후 신씨가 여러 말로 설득하고 만류한 덕분에 자살을 감행하지 않았다.

이후 박원종 세력이 그를 옹립하여 왕위에 올렸다. 그러다 보니 반정 공신 세력의 힘이 막강했다. 이는 상대적으로 왕권이 약할 수밖에 없다는 뜻이고, 중종은 공신 세력의 눈치를 보며 왕위에 있어야 했다. 또한 중종은 왕위에 오르는 과정에서 본처이자 자신의 목숨을 구한 은인인 단경왕후 신씨를 버려야 했다. 단경왕후 신씨는 신수근의 딸이었는데, 신수근은 연산군의 처남이었다. 연산군의 왕비 신씨가 단경왕후의 고모였던 것이다. 이에 반정 공신들은 신수근을 원수처럼 여겼고 단경왕후의 폐위를 주청했다.

그런데 중종이 아내를 버린 것은 단경왕후 하나로 끝나지 않았다. 왕이 된 후 중종은 첫사랑인 경빈 박씨와 서장자인 복성군을 죽였다. 또한 자신이 발탁했고 최고의 파트너였던 조광조도 죽였으며, 자신이 가장 신뢰하던 인물 중 하나였던 김안로도 죽였다. 그래서 당시 세간에서는 중종을 두 얼굴의 왕이라고 불렀다.

중종이 이런 행동을 벌이는 배경에는 심열증心熱證이라는 병증이 있었다. 심열증은 화병과 불안증이 복합된 병증이라고 볼 수 있는데, 늘 불안감에 시달리면서 쉽게 화를 내거나 감정이 돌변하는 경향이 있다. 어릴 때부터 늘 죽음의 공포에 시달린 데다 왕위에 오른 뒤에는 공신 세력에게 휘둘리면서 생긴 일종의 심병心病이었다.

이 심열증은 중종을 평생토록 괴롭혔는데, 죽음을 얼마 앞두지 않은 1544년(재위 39년) 10월 28일에는 정승들을 불러놓고 이런 말을 하였다.

"어제 저녁에는 겨울철 천둥이 마치 여름철 같아 매우 황공했다. 비상한 재변이 있으면 반드시 비상한 응험이 있는 것인데, 군신 상하가 각각 그 직임을 삼가서 게으름이 없이 하여야만 재앙을 그치게 할 수 있다. 내가 말하고 싶은 것은 한 가지가 아니나 요즈음 하기下氣가 오래도록 통하지 않아 피곤하고, 평소에 심열증이 있는데 이것까지 겸해서 발작하기 때문에 마음먹은 대로 말을 할 수가 없다. 만약 조금 차도가 있으면 다시 말하겠다. 우선은 나의 두려움이 망극한 뜻만을 말한다."

이 말속에서 알 수 있듯이 중종은 평소에 늘 심열증을 안고 살았다. 그래서 자주 불안감에 시달렸다. 흔하지 않은 겨울철 천둥이 혹 비상사태가 일어날 조짐이라며 몹시 두려워하는 것만 봐도 그의 상태가 절대 가볍지 않음을 알 수 있다.

중종은 스스로 자신의 모든 병은 심열증에서 비롯되었다고 생각했다. 그래서 의관들이 진찰하려고 해도 자신은 심열증 외에 다른 병이 없다며 진찰을 거부하곤 했다. 그런데 중종이 의관의 진찰을 거부한 진짜 이유는 따로 있었다. 그들을 의심했기 때문이다. 그들이 자신을 속이고 죽이려 한다는 공포심을 가지고 있었다. 이 역시 심열증 증세의 하나였다.

중종은 주변의 신하들은 물론이고 의관들도 전혀 신뢰하지 않았다. 그런데 중종이 믿고 의지하는 단 한 사람이 있었다. 바로 의녀 대장금이었다. 사실, 중종은 자신이 심열증 외에 다른 병은 없다고 했지만, 그를 괴롭히던 또 다른 질병이 있었다. 바로 종기였다. 그의 몸에 종기가 처음 생긴 것은 스물한 살 때였다. 이후로 20년 동안 종기에 시달렸다. 그런데 그의 종기를 말끔하게 치료해준 인물이 바로 대장금이었다. 이후로 그는 대장금의 말은 무조건 믿었다. 다른 어떤 의관도 그에게 가까이 갈 수 없었지만 대장금은 항상 그의 곁에 두었다.

그토록 의심이 많던 그가 어떻게 해서 대장금에게는 완전히 마음의 문을 열었는지는 알 수 없다. 다만 분명한 것은 대장금이 종기를 치료해준 이후로 그녀에 대한 믿음이 절대적이었다는 사실이다. 그런 까닭에 대장금은 평생 그의 주치의로 지내면서 그가 임종할 때까지 그의 곁을 지킨 유일한 의사라 할 수 있다.

11장

인종·명종 편

34

굶어 죽은 왕

조선 시대 역사를 살펴보면 세자로 오래 있다가 재위한 왕은 수명이 길지 못했다. 대표적으로 문종, 인종, 경종이 그랬다. 특히 인종은 조선 왕 중에 재위 기간이 가장 짧은 왕이었다. 단 9개월이었다. 그에 비해 세자로 있었던 기간은 25년이나 되었다.

오랫동안 세자로 지낸 왕들이 수명이 짧은 이유는 무엇일까? 너무 오랫동안 심한 스트레스에 시달렸기 때문은 아닐까?

세자의 스트레스는 크게 두 가지 때문에 발생한다. 첫째는 제왕수업이고, 둘째는 부왕의 질책이다. 세자는 왕이 되기까지 줄기차게 제왕수업을 받아야 하는데, 이것은 부왕이 죽기 전에는 끝나지 않는다. 그런데 제왕수업의 내용을 살펴보면 끝없는 테스트다. 그

것도 주기적으로 반복된다. 일반인이라면 일생에 몇 번만 보면 끝날 테스트가 거의 매달 있다. 매달 수능 시험을 치러야 하는 삶이나 마찬가지다. 거기다 늘 부왕을 만족시켜야 하는 처지이니 항상 부왕의 눈치를 보며 산다. 그런 세월을 25년이나 견뎠다면 병에 걸리지 않는 것이 이상한 것이 아니겠는가.

인종에겐 또 다른 스트레스 요인이 하나 있었다. 생모가 일찍 죽는 바람에 계모 슬하에서 컸는데, 그 계모가 아들을 얻자 세자를 노골적으로 미워한 것이다. 계모는 조선 왕비 중에 가장 지독한 것으로 이름난 문정왕후였다.

한의학에서는 스트레스로 생기는 마음병을 통칭하여 '심열증'이라고 했다. 인종 역시 아버지 중종처럼 심열증이 있었다. 하지만 심열증은 다른 병의 원인은 되지만 사망 원인이 되지는 않는다.

인종의 재위 기간은 단 9개월이다. 짧은 재위 기간 때문에 용상에 오를 당시 인종이 이미 치명적인 질병에 걸려 있었을 것으로 추측하는 사람들도 있을 것이다. 하지만 인종은 즉위 당시만 해도 매우 건강했다. 잔병도 없었다. 그런데 왜 즉위 후에 갑자기 죽었을까? 야사에는 건강하던 인종이 문정왕후가 내놓은 독이 든 떡을 먹고 시름시름 앓다가 갑자기 죽었다고도 한다. 이것은 사실일까?

문정왕후가 준 떡을 먹고 죽었다는 것은 낭설이다. 건강하던 인종이 병을 얻은 것은 누구 탓도 아닌 바로 인종 자신 때문이었다. 즉위 후 3개월이 채 안 된 1545년 윤1월 9일에 인종의 건강과 관련하여 이런 기록이 남아 있다.

의원이 들어가 진찰하니, 심폐心肺와 비위脾胃의 맥이 미약하고 입술이 마르고 낯빛이 수척하며 때때로 가는 기침을 하였다.

정부 및 육조·한성부가 아뢰었다.

"상의 옥체가 매우 피곤하고 비위가 미약하십니다. 세종의 유교에 '병이 깊어지기 전에 미리 막아야 한다. 병이 깊어진 뒤에는 권제를 따르려 하여도 할 수가 없게 된다.' 하셨습니다. 세종대왕께서 종사의 대계를 위하여 범연하게 생각하여서 권제를 만드는 것이 아니니 억지로나마 따르셔야 합니다."

이때 인종은 국상을 치르는 중이었다. 빈전을 지키며 제대로 식사를 하지 못하고 있었다. 이에 몸이 몹시 쇠약해졌다. 건강을 염려한 신하들이 몸을 돌볼 것을 요청했으나 인종은 듣지 않았다. 도리에, 상에 얽매여 건강을 돌보지 않았다. 인종도 문종처럼 장례를 치르다 병을 얻었을 것이다. 심폐와 비위가 모두 상한 상태에서 잔기침을 한 것으로 보아 감기까지 겹친 것으로 보인다.

그런 상황에서 부왕 중종의 장례를 위해 산릉 행차를 앞두고 있었다. 이 무렵, 인종의 몸 상태는 매우 좋지 않았다. 의정부 대신들이 산릉 행차를 연기하자고 했지만 인종은 말을 듣지 않았다. 심지어 삼우제까지 다녀왔다.

하지만 우제 이후에도 여전히 고기를 먹지 않았다. 고기뿐 아니라 음식은 거의 입에 대지 않았다. 그런 상태에서 칠우제와 졸곡제도 강행했다. 신하들의 반대가 심했지만, 인종은 전혀 듣지 않왔다. 그리고 기어코 중종의 능을 배알하고 직접 곡을 하며 상식을 여러 차례 올린 뒤에야 환궁했다. 환궁 이후에도 모든 경연에 다 참석했다. 임금으로서 도리를 모두 지키겠다는 뜻이었다. 하지만 그 도리 때문에 결국 인종의 몸은 엉망이 되고 말았다. 오랫동안 굶은 탓에 영양실조로 이곳저곳이 부어올랐다. 의관들의 염려대로 염증이 곳곳에 생긴 것이다. 그 모습을 보고 간원들이 나서서 몸을 조리할 것을 주청했지만 인종은 이런 말을 하였다.

"다른 증세가 있는 것이 아니라 다만 기침이 가끔 나서 눈꺼풀이 잠시 부었을 뿐이다."

그리고 그로부터 두 달 뒤, 인종의 상태는 돌이킬 수 없는 지경에 이르렀다. 의관들이 급히 약을 지어 올렸지만, 먹겠다고 말만 하고 먹지 않았다. 거기다 음식도 잘 먹지 않았다. 그리고 며칠 뒤인 7월 1일, 인종은 숨을 거두고 말았다.

사인은 영양실조로 추측된다. 부왕 중종이 사망한 1544년 11월 15일부터 숨을 거둔 1545년 7월 1일까지 9개월 동안 인종이 행한 행동을 보면 마치 굶어 죽으려는 사람 같다. 뚜렷한 질병이 있었던 것도 아니고, 주변에서 음식을 먹지 못하게 한 것도 아닌데, 거기다 약까지 거부했으니, 자살 아닌 자살이 아닐까 싶다.

후대의 사가들은 인종이 죽음을 택한 배경에 문정왕후가 있다고 말한다. 문정왕후가 경원대군(명종)을 용상에 앉히려고 인종에게 온갖 패악한 말을 다했는데, 이를 이기지 못한 인종이 스스로 죽음을 택했다고 보는 것이다.

35

마마보이 인생의 슬픔

조선 왕조 13대 왕 명종은 22년 동안 왕위에 있었다. 하지만 그 세월 중에서 20년은 허수아비 왕으로 산 세월이었다. 모후 문정왕후가 왕권을 장악하고 있었기 때문이다. 당시 백성들은 문정왕후를 '여왕'이라고 비꼬기도 했다. 심지어 1547년에는 양재역에 '위로는 여주女主, 아래로는 간신 이기가 권력을 휘두르니 나라가 곧 망할 것'이라는 내용의 벽서가 나붙어 나라를 발칵 뒤집어놓기도 했다. 벽서에 등장하는 '여주'란 여왕을 의미하며 이는 문정왕후를 지칭하는 것이었다. 또 간신 이기는 문정왕후의 동생 윤원형 일파로서 당시 권력을 농단하던 인물이다.

명종 시대에 문정왕후와 윤원형 일파가 왕권을 좌우한 것은 그들의 힘이 컸기 때문이기도 하지만, 한편으로 보면 명종의 나약한 기질 때문이기도 했다. 명종은 모후 문정왕후의 말이라면 꼼짝도 하지 못하는 마마보이였다. 명종이 마마보이로 살 수밖에 없었던 데는 그의 태생적인 기질 탓도 있지만, 성장 환경과 즉위 과정에서 발생한 사건들의 영향이 더 컸다.

명종은 1534년 5월 22일에 중종과 그의 세 번째 왕비 문정왕후 윤씨 사이에서 태어났으며, 이름은 환이다. 왕자 환은 어머니 윤씨가 딸 다섯을 낳은 후에 어렵게 얻은 아들이었다. 그래서 어머니 윤씨는 환에 대한 애착이 남달랐다.

사실, 그녀는 환을 낳을 때까지 왕자를 생산하지 못해 설움을 많이 겪었다. 남편 중종에게는 적장자 호를 비롯하여 경빈 박씨의 아들 복성군, 희빈 홍씨의 아들 금원군과 봉성군, 창빈 안씨의 아들 영양군과 덕흥군 등 여러 아들이 있었다. 후궁들은 모두 권신을 끼고 자기 아들을 세자에 앉히기 위해 갖은 계략을 꾸몄는데, 문정왕후는 아들이 없었기 때문에 세자 호를 보호하려 했다. 그 과정에서 가장 강력한 정적이었던 경빈 박씨와 복성군을 제거하기도 했는데, 그들이 제거된 후 천운으로 잉태한 아들이 바로 왕자 환이었다.

왕자 환을 낳은 후, 문정왕후의 태도는 돌변했다. 그때까지 세자 호를 보호하던 자세를 버리고 제 아들 환을 세자로 앉히기 위해 안간힘을 썼다. 그러다 보니 세자 호의 외삼촌인 윤임과 대립할 수밖에 없었다. 윤임은 중종의 큰딸 효혜공주의 시아버지인 김안로와 손을 잡고 문정왕후를 내쫓기 위해 혈안이 되었고, 문정왕후는 자신과 왕자 환을 지키기 위해 그들과 목숨을 건 투쟁을 해야 했다. 그러던 중 문정왕후는 자신을 궁궐에서 쫓아내려고 계략을 꾸미던 김안로를 숙청하는 데 성공한다.

하지만 문정왕후 앞에는 여전히 윤임이라는 강력한 정적이 버티고 있었다. 그녀는 다시 윤임과 목숨을 건 건곤일척의 싸움을 벌였다. 윤임을 죽이지 않으면 자신이 죽어야만 한다는 절박한 심정으로 그녀는 동생 윤원로와 윤원형을 앞세워 윤임을 상대했다. 당시 세간에서는 윤임을 대윤이라고 하고, 윤원형 형제를 소윤이라고 불렀다. 대윤의 힘은 모두 세자로부터 비롯되는 것이었고, 소윤의 힘은 모두 왕비인 그녀로부터 비롯되는 것이었다. 그 때문에 그녀는 세자를 제거해야만 윤임을 제거할 수 있다고 판단하였다.

문정왕후와 윤임의 대립이 극에 달해 있을 때, 설상가상으로 그녀의 방패막이가 되어 주던 중종이 승하했다. 그리고 인종이 즉위하자 윤임의 힘은 더욱 강해졌다. 윤임은 어떻게 해서든 그녀와 경원대군 환(명종)을 제거하려 했다. 그때마다 그녀는 인종에게 달려가 "언제 우리 모자를 죽일 것이냐?"고 악다구니를 쓰곤 했다. 다행히 인종은 매우 어질고 효심이 지극한 인물이었다. 거기다 건강이 매우 좋지 않았다. 중종의 간병과 삼년상에 지나치게 몰두한 탓이었다. 심지어 중종이 서거하자, 6일 동안 물 한 모금 입에 대지 않았다. 그리고 5일 내내 울음을 멈추지 않아 주변을 걱정스럽게 하였다. 또한 초상 때부터 졸곡 때까지 3개월 동안 죽만 먹었고, 소금과 간장도 입에 대지 않다가 그만 죽고 말았다. 그 덕에 명종이 열두 살이라는 어린 나이에 왕위에 올랐고, 문정왕후는 어린 왕을 대신하여 수렴을 내리고 섭정을 하였다.

명종은 어렸지만, 어머니 윤씨와 달리 성정이 착하고 순해서 어머니 문정왕후의 의견에 어떤 토도 달지 못했다. 심지어 궁궐 내부에 자그마한 시설 하나도 모두 모후의 허락을 받고 만들 정도였다.

문정왕후가 섭정하자 조정에는 한바탕 피바람이 몰아쳤다. 당시 윤임은 사림 세력과 가까웠는데, 문정왕후는 윤임을 제거하면서 사림 세력도 대거 숙청했다.

조정 내에서 견제 세력이 모두 사라지자, 윤원형은 권력을 독식하며 애첩 정난정과 함께 뇌물을 받아 챙기며 부를 축적하는 데 혈안이 되었다. 하지만 어린 명종은 어떤 조치도 취할 수 없었다. 명종이 그나마 윤원형을 견제하기 시작한 것은 1553년에 문정왕후의 섭정이 끝난 뒤였다. 명종이 스무 살이 되자 문정왕후의 수렴청정은 종결되었고, 명종은 비로소 친정을 시작했다. 이후 명종은 윤원형을 견제하기 위해 왕비인 인순왕후 심씨의 외삼촌 이량을 이조판서로 기용했다. 하지만 이량 역시 윤원형과 다를 바 없는 인물이었다. 그 바람에 여전히 국정은 혼란하였고 조정은 권신들의 손아귀에서 놀아났다. 그런데도 명종은 어떤 대응책도 내놓지 못하고 있었다.

명종은 친정을 시작한 이후에도 문정왕후의 그늘에서 벗어나지 못했다. 명종이 나름대로 자신의 의지로 정치를 이끌고자 하면 문정왕후는 여지없이 그를 불러 무섭게 다그쳤다.

"너를 왕으로 만든 사람이 바로 나다. 그런데 네가 내 말을 듣지 않으니, 그것이 자식의 도리라 할 수 있느냐?"

명종은 이 말 한마디에 꼼짝없이 무너졌다. 1565년에 문정왕후가 죽을 때까지 명종은 그녀의 손아귀에서 벗어나지 못했다. 이에 대해 《축수편》은 이런 기록을 남기고 있다.

임금이 이미 장성하였으므로 대비가 비로소 정권을 돌렸다. 따라서 마음대로 권력을 부리지 못하게 되었으므로 만일 하고 싶은 일이 있으면, 곧 국문으로 조목을 나열하여 중관을 시켜 내전에 내보냈다. 임금이 보고 나서 일이 행할 만한 것은 행하고, 행하지 못할 것이면 곧 얼굴에 수심을 드러내며 그 쪽지를 말아서 소매 속에 넣었다. 이로써 매양 문정왕후에게 거슬렸으므로 왕후는 불시에 임금을 불러들여 이렇게 말했다.

"무엇 무엇은 어째서 해주지 않느냐?"

이렇게 따지면 임금은 온순한 태도로 그 합당성 여부를 진술하였다. 그러면 문정왕후는 버럭 화를 내며 말했다.

"네가 임금이 된 것은 모두 우리 오라비와 나의 힘이다. 지금 네가 편히 앉아서 복을 누리면서 도리어 나의 명을 거역한단 말이냐?"

어떤 때에는 때리기까지 하여 임금의 얼굴에 기운이 없어지고 눈물 자국까지 보일 적이 있었다.

문정왕후가 살아 있는 동안에는 명종은 자신의 소신대로 정사를 펼친 적이 단 한 순간도 없었다. 무서운 어머니 밑에서 자란 마마보이는 눈물만 보일 뿐 한 번도 제대로 자신의 소신을 펼친 적이 없었다. 그 때문에 심한 스트레스에 시달린 나머지 병을 얻었다. 이에 대해 실록은 이렇게 적고 있다.

'문정왕후는 스스로 명종을 세운 공이 있다 하여 때로 주상에게 "너는 내가 아니면 어떻게 이 자리를 소유할 수 있었으랴." 하고, 조금만 여의치 않으면 곧 꾸짖고 호통을 쳐서 마치 민가의 어머니가 어린 아들을 대하듯 함이 있었다. 상의 천성이 지극히 효성스러워서 어김없이 받들었으나 때로 후원의 외진 곳에서 눈물을 흘리었고 더욱 목 놓아 울기까지 하였으니, 상이 심열증을 얻은 것이 또한 이 때문이다.'

심열증이란, 곧 화병을 의미하는 것이니 명종은 악독한 어머니 때문에 마음의 병을 얻었고, 이것이 심해져서 죽음에 이르게 된다. 명종이 그나마 자신의 소신을 펼치기 시작한 것은 문정왕후가 죽은 뒤부터였다. 권력을 독식하던 외삼촌 윤원형과 그의 첩이자 악녀였던 정난정을 내쫓고 유배지에서 선비들을 불러들여 조정을 겨우 정상으로 돌려놓았다. 하지만 문정왕후가 죽고 불과 2년 뒤에 명종도 죽었다. 명종이 죽은 원인은 어머니 때문에 생긴 심병 탓도 있었지만, 삼년상을 지나치게 치른 탓도 컸다. 이에 대해 실록은 이런 기록을 남기고 있다.

'상은 천성이 순하고 고와 매사에 예법을 준수하였다. 문정왕후의 삼년상에는 그 효성스러운 마음을 다하였고, 제사의 의례를 모두 지성으로 하지 않음이 없었다. 이때는 상이 바야흐로 편치 않은 때였는데 묘당을 모시는 의례가 임박하자 몸소 제사를 올리려 하므로 대신들이 그만두기를 청했으나 상이 따르지 않고 무더위를 무릅쓰고 질병을 참으며 행례를 하다 그길로 크게 병세가 악화하여 마침내는 구하지 못하게 되었으니, 온 나라가 울부짖는 슬픔이 어찌 끝이 있겠는가.'

명종은 문정왕후가 죽자, 인종처럼 지극 정성으로 상을 치렀는데, 이것이 화근이 되어 건강이 극히 악화하였고 급기야 삼년상을 마치자마자 죽음에 이르렀으니, 그 어미가 아들에게는 죽음에 이르는 병이었던 셈이다.

선조를 양자로 선택한 사연

선조는 왕의 적통이 아닌 방계 혈족 출신으로 왕위에 오른 첫 번째 인물이다. 명종이 그에게 왕위를 물려준 것은 대를 이을 아들이 없었기 때문이다. 명종은 한 명의 왕비와 후궁 일곱을 뒀지만, 자식은 인순왕후 심씨에게서 얻은 순회세자 부가 유일했다.

순회세자는 명종이 열여덟 살 때인 1551년 5월 28일에 얻은 귀한 아들이었다. 부가 일곱 살 되던 해에 세자에 책봉하여 제왕 교육을 했고, 열한 살 때인 1561년에 윤옥의 딸인 공회빈과 혼례를 치렀다. 이때 공회빈 윤씨의 나이는 열 살이었다. 세자빈까지 맞이했지만, 세자 부는 2년 뒤인 1563년 9월 20일에 죽고 말았다.

이 일로 명종은 엄청난 절망감과 슬픔에 사로잡혔다. 거기다 이후로 자식을 한 명도 얻지 못했다. 이에 방계인 선조를 양자로 삼아 왕위를 잇게 되었다. 그렇다면 명종은 왜 선조를 양자로 선택했을까? 우선 선조의 출신부터 알아보자.

선조는 1552년에 덕흥대원군 이초와 하동부대부인 정씨의 셋째 아들로 태어났으며, 이름은 균, 군호는 하성군이었다. 덕흥군 이초는 중종의 후궁 창빈 안씨 소생으로 명종보다 네 살 많은 이복형이다. 그리고 하동부대부인 정씨는 세조 대에 영의정을 지낸 정인지의 손자 세호의 딸이다. 이초와 정씨는 3남 1녀를 뒀는데, 균이 막내였다. 1552년에 균이 태어났을 때, 큰형 하원군 이정은 여덟 살이었고, 둘째 형 하릉군 이인은 일곱 살이었다. 그리고 누나 이명순은 다섯 살이었다.

균은 두 형과 누나 사이에서 비교적 다복하게 자랐다. 하지만 균이 여덟 살 되던 1559년에 덕흥군이 병으로 죽는 바람에 아버지 없이 소년 시절을 보냈다. 그리고 불행하게도 어머니 정씨마저도 균이 열여섯 살이던 1567년에 생을 마감했다. 균이 부모를 모두 잃고 슬픔에 빠져 있던 상황에 명종이 타계했다. 명종은 순회세자를 잃고 왕위 계승을 위해 조카 중에 양자를 선택하고자 했는데, 이 일을 매듭짓지 못하고 죽었다. 하지만 죽기 전에 미리 인순왕후 심씨에게 양자의 이름을 쓴 봉함 편지를 맡겨뒀는데, 그 편지 속에 하성군 이균의 이름이 적혀 있었다. 《부계기문》은 당시 상황을 이렇게 전하고 있다.

'을축년(1565년) 9월에 명종이 편찮으셨다. 그때는 순회세자가 이미 죽고 국본이 정하여 있지 아니하여 인심이 염려하고 두려워하므로 영의정 이준경 등이 미리 국본 정할 것을 주청하였으나 허락을 얻지 못하였다. 명종의 환후가 위독하자, 중전이 봉함편지 한 통을 대신 처소에 내리시고 대신에게만 보게 하셨는데, 그중에 하성군의 이름이 쓰여 있었다.'

또 실록은 이균에게 왕위를 계승하게 된 경위를 다음과 같이 기록하고 있다.

정묘년(1567년) 6월 28일 신해일에 명종대왕의 병이 매우 위중하였다. 이날 밤중에 대신을 불러들였는데, 영의정 이준경이 도당에서 관복을 갖추고 대기하고 있다가 부름을 받고 들어왔다.

어상御床(임금의 침상)으로 올라가 상의 손을 잡았으나 상께서는 이미 말을 하지 못하였다. 준경이 울면서 중전께 대계를 정할 것을 청하니, 중전이 하교하였다.

"을축년에 결정한 대로 하려고 합니다."

이보다 앞서 을축년에 명종대왕이 병을 앓았는데, 당시 세자였던 이부는 이미 죽었고, 아직 후계자가 정해지지 않은 상태였다. 그래서 대신들이 조카 중에서 미리 선정해두기를 청하였다. 상이 마침내 하성군에게 들어와 병시중에 참여하게 하였고, 유사儒士 중 특별히 가려서 사부師傅로 삼아 가르치게 하였다. 상의 총애가 특별하였으므로 국내의 민심이 모두 하성군에게 집중되어 왔다. 그 때문에 이 하교가 있었다.

준경이 아뢰었다.

"나라의 대계가 결정되었으니 더 아뢸 말씀이 없습니다. 양사의 장관들도 같이 들어와 듣게 하는 것이 어떻겠습니까?"

준경이 또 큰소리로 상께 아뢰었다.

"신들은 물러가겠습니다."

그러자 상은 무슨 말을 하고 싶어 하였으나 하지 못하였다. 곁에 있던 사람들은 자기도 모르게 울음을 터뜨렸다. 이윽고 상이 홍서하였다. 대신이 왕비가 받은 유명에 의해서 시위할 관원들에게 세자 행차에 필요한 의장을 갖추어 사제私第에 가서 하성군을 모시고 오게 하였다. 하성군은 당시 모친상을 입고 있었는데, 울면서 군이 사양하였다. 신하들이 옹립하여 재촉한 뒤에야 비로소 길을 나섰다. 침전 곁방으로 들어와 상주로서 거상을 하였다. 나이는 열여섯이었다.

이렇게 선조는 모친상 중에 왕위에 오르게 되었다. 그런데 명종은 왜 균을 양자로 삼으려 했을까? 균의 어떤 면을 보고 제왕감이라고 생각했을까? 이에 대해《부계기문》은 이렇게 전한다.

처음에 명종이 여러 왕손을 궁중에서 가르칠 때 하루는 익선관을 왕손들에게 써보라 하면서 말했다.

"너희들이 머리가 큰지 작은지 알려고 한다."

그러면서 여러 왕손에게 차례로 써보라고 하였다. 선조는 그중에서 나이가 제일 적었는데도 두 손으로 관을 받들어 어전에 도로 갖다 놓으며 머리를 숙여 사양하며 말했다.

"이것이 어찌 보통 사람이 쓰는 것이오리까."

명종이 그 말을 듣고 심히 기특하게 여겨 왕위를 전해줄 뜻을 정하였다.

이 내용으로 보면 균은 왕손 중에서 가장 어렸지만, 가장 속 깊고 어른스러웠다. 또《석담일기》에는 이런 이야기가 나온다.

하루는 왕손들에게 글을 써서 올리라고 명령하였더니 짧은 시를 쓰거나 구절을 이어 쓰기도 했는데, 선조는 홀로 '충과 효가 본래 둘이 아니다忠孝本無二致'라는 여섯 자를 썼다. 이에 명종이 기특하게 여겼다.

이후로 선조를 총애하심이 특히 후하여서 자주 불러 학업을 시험해보고 연이어 은혜를 내리니, 세자라는 이름을 아직 붙이지 않았을 따름이었다. 별도로 선생을 택하여 가르치니, 한윤명과 정지연이 그 선택에 들었다. 선조는 글 읽는 것이 매우 정밀하여 때로는 질문하는 바가 사람들이 미처 생각 못한 것이어서 선생들도 대답을 못하였다.

이렇듯 왕손 균은 명민하고 사려 깊은 소년이었다. 실록은 선조의 면모에 대해 "타고난 자질이 뛰어나고 기백과 도량이 영특하여 모두 특이하게 여겼다."고 쓰고 있다. 또《석담일기》는 "선조는 어려서부터 아름다운 바탕이 있어 용모가 맑고 뛰어났다."고 전한다. 즉, 명종이 선조를 후계자로 택한 가장 중요한 이유는 명민하고 사려 깊은 아이였기 때문이라는 것이다.

12장

선조 편

37

붕당을 정치 도구로 삼다

조선 후기의 정치적 특징은 한 마디로 파벌 중심의 붕당정치였다. 붕당정치가 형성된 것은 선조 때부터였다. 선조 이전에는 붕당을 형성하기만 해도 역도로 몰리는 것이 조선의 정치였다. 조광조가 죽임을 당한 죄목이 붕당을 형성하여 요직을 독점하려 했기 때문이라는 사실만으로도 이는 확인된다. 그런데 어떻게 선조는 붕당정치를 합법화하고 이를 오히려 국정 운영의 동력으로 삼기까지 했을까?

조선의 붕당이란 사림이 당파를 형성한 것을 말하며, 사림파라 함은 일반적으로 15세기 말부터 16세기에 걸쳐 재야 선비들을 중심으로 형성된 정치 세력을 일컫는다.

사림 세력의 정계 진출은 성종 시대에 와서 본격화되는데, 이는 성종의 훈척 세력(공신과 외척)에 대한 견제 정책의 일환이었다. 당시 성종이 등용한 대표적인 사림 세력은 김종직 문하의 김굉필, 정여창, 김일손 등 영남사림파였다. 이들 사림 세력은 사헌부, 사간원, 홍문관 등 주로 언론을 담당하던 삼사에서 활동하였는데, 이 부서들의 역할을 살펴보면 사림의 활동 범위를 알 수 있다. 사헌부는 백관에 대한 감찰, 탄핵 및 정치에 대한 언론을, 사간원은 국왕에 대한 간쟁과 정치 일반에 대한 언론을 담당하는 곳이었다. 그래서 이전에는 이 두 기관의 관원을 대간, 또는 언론 양사라고 불렀다. 한편 홍문관은 궁중의 서적과 문헌을 관장하였으며, 정치 대화를 벌이는 경연관으로서 왕을 학문적, 정치적으로 돕는 학술 직무를 담당했다.

사림 세력은 주자학의 정통적 계승자임을 자부하는 동시에 요순정치를 이상적 정치로 설정하고 도학적(정주성리학적) 실천을 표방했다. 그래서 훈신, 척신 세력을 불의와 타협하여 권세를 잡은 모리배로 몰아붙이며 자신들이 속한 삼사의 기능을 십분 활용하여 그들을 탄핵하곤 했다.

사림 세력이 언론과 경연을 점유하여 자신들을 비난하자 훈척 계열은 사림을 '홀로 잘난 무리'라고 비방하며 반격을 가하였다. 그래서 이들 두 세력은 정치적, 사상적으로 서로 타협할 수 없는 상태가 되었으며, 마침내 목숨을 걸고 싸워야 하는 적대 관계를 형성했다.

사실, 성종의 의도적인 지원을 받은 사림파의 공략에 훈척 세력은 상당한 위기감을 느꼈다. 사림이 언론을 점유하고 또한 왕의 고문역을 수행하고 있는 이상 훈척 세력으로서는 힘으로만 그들을 밀어붙일 수 없는 난처한 상황에 놓인 것이다.

하지만 성종이 죽자, 상황은 급변했다. 성종에 이어 등극한 연산군은 학문을 싫어하고 언론을 귀찮게 여기는 것은 물론이고 성정이 포악하고 독단적이었다. 연산군은 학문을 권하는 사림 세력을 몹시 싫어했고, 유자광을 중심으로 한 이극돈 등의 훈척 세력은 연산군의 그런 심리를 이용하여 사림을 조정에서 몰아낼 음모를 꾸몄다. 무오사화와 갑자사화를 일으켜 사림들을 대거 축출한 것이다.

사화土禍는 사림이 화를 당한 것을 의미하는데, 연산군 시대의 무오사화와 갑자사화, 중종 시대의 기묘사화, 명종 시대의 을사사화를 합쳐 4대 사화라고 부른다. 하지만 명종 말기에 윤원형 세력이 무너지면서 조정은 사림이 장악하였고, 이후 요직을 차지하기 위한 사림들의 자리다툼이 심해지면서 선조 시대에는 붕당이 등장하게 된다.

사림들의 붕당 형성에 단초를 제공한 것은 1575년에 일어난 김효원과 심의겸의 대립이었다. 이들이 대립한 이유는 이조의 인사권을 가진 전랑(정랑과 좌랑을 합쳐서 부르는 말) 자리 때문이었다. 자기 쪽 사람을 전랑 직에 앉히기 위한 언쟁이 벌어졌는데, 이것이 동문 중심의 파벌 싸움으로 확대되면서 붕당이 형성되었다. 이후

사림은 영남학파와 기호학파로 분열되어 동인과 서인을 형성했다. 이황과 조식의 문인들로 이뤄진 영남학파는 동인이 되고, 이이와 성혼, 정철 등과 친분이 있던 세력은 서인이 되었다.

사실, 사림이 분열될 때 이이는 분열을 막기 위해 애를 썼는데, 이러한 이이의 행동을 두고 동인 측에서 서인 편을 든다고 공격하는 바람에 이이는 결과적으로 서인의 중심이 돼버린 상태였다.

어쨌든 사림이 동인과 서인으로 갈라져 붕당을 형성했는데, 이에 대한 선조의 반응은 다소 뜻밖이었다. 처음 붕당이 형성될 즈음에는 붕당에 대해 강하게 비판했지만, 붕당이 현실화되자 은근히 붕당을 합법화하고 되레 붕당을 통해 조정을 운영하려는 뜻을 내비쳤다.

선조의 이런 의도는 1583년의 '계미삼찬癸未三竄'을 통해 명백하게 드러난다. 계미삼찬이란 계미년인 1583년에 도승지 박근원, 창원 부사 허봉, 장흥부사 송응개 등 세 명에게 유배형을 내려 관직에서 내친 사건을 의미한다. 이들이 유배당한 이유는 이이, 성혼 등의 서인들에 대한 비난 상소를 올렸기 때문이다.

이때 선조는 세 사람을 유배 보내면서 이런 말을 하였다.

"이이는 진실로 군자다. 이이와 같다면 당이 있는 것이 근심이 아니라 오직 당이 적을까 근심이다. 나도 주희의 말대로 이이나 성혼의 당에 들어가고 싶다."

선조의 이 말은 붕당을 공식적으로 인정하는 꼴이 되었다. 붕당에는 이른바 진붕과 위붕이 있고, 왕도 진붕의 일원이 되어야만

나라가 제대로 돌아갈 수 있다는 주희의 말을 선조가 인정한 셈이었다.

이후 선조는 이이를 이조판서로 삼고 노골적으로 서인 중심으로 조정을 운영했다. 하지만 1584년에 이이가 죽자, 갑자기 태도가 돌변하여 이이를 비판하던 노수신을 영의정으로 삼았다. 그리고 노수신의 의견에 따라 계미삼찬으로 유배되었던 세 사람을 사면하고 동인 편을 들기 시작했다. 심지어 선조는 노수신에게 이렇게 묻기까지 했다.

"송응개 등이 이이를 간사하다고 말했는데, 이이는 과연 간사한 사람인가?"

그러자 노수신이 선조의 마음이 이이에게서 완전히 돌아선 것을 알고 이렇게 대답했다.

"이이는 자신에게 아첨하는 것을 기뻐했던 사람입니다."

이후로 동인들은 자신들이 장악하고 있던 사헌부와 사간원, 홍문관 삼사를 통해 이이, 성혼, 박순, 정철, 신응시, 박응남, 김계휘, 윤두수, 윤근수, 박점, 이해수, 홍성민, 구봉령 등이 모두 심의겸의 당이라고 하면서 탄핵했고, 선조는 이를 받아들였다.

선조는 이렇듯 이이의 죽음 이후 갑자기 동인의 편을 들고, 조정의 요직을 동인들로 채웠다. 하지만 1589년에 정여립 사건이 일어나면서 선조는 또 한 번 돌변하여 동인들을 대거 내쫓고 서인들을 중용했다. 그리고 1591년에 서인의 영수 정철이 광해군을 세자로 세우려다 선조의 분노를 산 건저 사건(왕세자 책봉 사건)이 일어나자, 다시 동인을 중용했다. 이후로도 선조는 상황에 따라 동인과 서인을 번갈아 중용하며 붕당을 통해 조정을 장악하는 일을 반복했다. 그 와중에 동인은 남인과 북인으로 갈라져 붕당은 한층 복잡해졌고, 선조는 그런 상황까지 영악하게 이용하며 붕당을 조정을 장악하는 도구로 삼았다. 이것이 선조가 붕당정치를 합법화한 실질적인 이유인 셈이다.

선조가 도성을 버리고 달아나지 않았다면?

"선조는 정말 비겁한 왕이야. 어떻게 백성을 버려두고 자기만 살겠다고 도망갈 수가 있어?"

임진왜란 이야기만 나오면 꼭 이런 말을 하는 사람들이 있다. 사실, 이들 뿐 아니라 국민의 대다수는 선조가 나약하고 비겁한 왕이었다는 생각을 한다. 한때 TV에서 유명 강사로 이름을 날렸던 어떤 이도 똑같은 말을 하는 것을 들은 적이 있다. 물론 그 역시 선조가 임진왜란 당시에 도성인 한성을 버리고 의주로 달아난 것을 두고 하는 말이었다.

정말 선조는 나약하고 비겁한 사람이어서 한성을 버리고 도주한 것일까? 그때 선조가 달아나지 않았다면 어떤 결과가 빚어졌을까? 좀 더 냉정하고 현실적인 시각으로 당시 상황을 살펴볼 필요가 있다.

일본군이 조선을 침략한 것은 1592년 4월 13일이었다. 그리고 바로 그날 부산포를 지키고 있어야 할 경상좌수사 박홍은 일본군의 위세에 눌려 싸워보지도 않고 달아났다. 박홍은 달아나면서 휘하에 거느린 전함 40척에 구멍을 내서 침몰시키고, 식량 창고에 불을 질렀다. 덕분에 왜군 선봉장 고니시는 다음날인 4월 14일에 부산진성을 공략하여 함락했고 이어 동래성도 접수했다. 이때 경상좌도 병사 이각은 달아났고, 동래부사 송상현은 끝까지 싸우다 전사했다.

이렇게 되자, 4월 16일에 양산이 함락되었고, 17일에는 밀양이 함락되었으며, 18일에는 김해가 함락되었다. 이어 4월 25일까지 창녕, 현풍, 문경까지 함락됨으로써 경상좌도는 불과 전쟁 발발 12일 만에 적의 수중에 떨어졌다. 그리고 그로부터 3일 뒤, 조선 장수 중에 가장 명성이 높았던 신립의 군대 8,000군사가 충주 탄금대 전투에서 제대로 싸워보지도 못하고 맥없이 전멸했다. 또한 신립과 함께 전쟁 경험이 풍부한 장수였던 이일도 상주 전투에서 패배하여 달아났다.

신립의 패배로 경상도에 이어 충청도마저 왜군의 수중에 떨어졌고, 선조는 그런 상황에서 영의정 이산해와 의논한 뒤, 한성을 버리고 피란길에 오를 것을 결정했다.

그러자 영중추부사 김귀영이 종묘와 능과 원이 모두 이곳에 있는데 어떻게 떠나느냐며 도성을 고수하여 지방의 원군을 기다려야 한다고 극력 주장했다. 또 우승지 신잡도 이렇게 말했다.

"전하께서 만일 신의 말을 따르지 않으시고 끝내 파천하신다면 신의 집에는 팔순 노모가 계시니 신은 종묘의 대문 밖에서 스스로 자결할지언정 감히 전하의 뒤를 따르지 못하겠습니다."

수찬 박동현도 파천을 반대하며 아뢰었다.

"전하께서 일단 도성을 나가시면 인심은 보장할 수 없습니다. 전하의 연輦(가마)을 멘 인부도 길모퉁이에 연을 버려둔 채 달아날 것입니다."

하지만 선조는 피란을 떠나는 것이 옳다고 판단하고 그들의 말을 듣지 않았다. 당시 상황을 실록은 이렇게 기록하고 있다.

이때 대신 이하 모두가 입시할 적마다 파천의 부당함을 아뢰었으나 오직 영의정 이산해만은 그저 울기만 하다가 나와서 승지 신잡에게 옛날에도 피난한 사례가 있다고 말했으므로 모두가 웅성거리면서 그 죄를 산해에게 돌렸다. 양사가 합계하여 파면을 청했으나 상이 윤허하지 않았다. 이때 도성의 백성들은 모두 뿔뿔이 흩어졌으므로 도성을 고수하고 싶어도 그럴 형편이 못되었다.

선조의 피난은 불가피한 선택이었다. 만약 선조가 몽진을 택하지 않고 도성을 지키려 했다면 어떻게 되었을까? 당시 조선 군대로는 일본의 16만 정예군을 당해낼 재간이 없었다. 신립 같은 용장이 이미 탄금대 전투에서 패배한 상황이었고, 전장에서 잔뼈가 굵은 이일 같은 이름난 장수도 패전을 거듭하며 목숨을 부지하기에 바빴다. 조선의 내로라하는 장수들도 힘 한번 제대로 쓰지 못하고 패전하고 도주하는 마당에 전쟁이라고는 구경조차 한 적 없는 왕이 도성을 수성하기로 하고, 일본군과 맞섰다면 어떤 결과가 초래되었을까?

단적으로 말하면, 선조가 한성을 고수하고 결사적으로 싸우겠다고 덤볐다면 결과는 병자호란 때의 인조처럼 되었을 가능성이 크다. 전력이 현격히 떨어지는 장수가 전장에서 물러날 때 흔히 쓰는 말이 '작전상 일시 후퇴'이다. 당시 선조의 몽진은 '작전상 도주'라는 말에 적합할 것 같다. 생각 같아서야 왕이 직접 나서서 전장을 호령하며 맹렬하게 저항하는 결기를 보이는 것이 좋을지 모르지만, 만약 그러다 패전하여 선조가 포로로 잡히면 순식간에 항복할 수밖에 없는 것이다.

고려 시대의 공민왕도 홍건적 20만이 개성을 들이치자 몽진하여 안동으로 몸을 피한 적이 있었다. 이후, 개성이 회복되자 다시 궁궐로 돌아와 도성을 복구한 뒤 홍건적을 몰아내고 영토를 확장하였다. 만약 이때 공민왕이 개성을 지키기 위해 남아서 홍건적과 싸웠더라면 어떻게 되었을까?

또 백제의 개로왕은 고구려의 장수왕이 대군을 이끌고 공격해 왔을 때, 도성을 사수하며 전쟁을 직접 챙겼다. 하지만 백제의 처참한 패배와 개로왕의 죽음, 그리고 한성 주변 영토를 고구려에 빼앗기는 결과를 낳았다.

임진왜란 당시 일본군은 공민왕 시절의 홍건적보다 훨씬 전쟁 경험이 많고 명령 체계가 확실한 매우 강력한 부대였다. 이에 비해 조선 군대는 오랫동안 전쟁 경험이 없었다. 기껏해야 여진족과 국지전을 벌인 경험이 전부였다. 게다가 그런 전투라도 참여한 경험이 있는 군인은 얼마 되지 않았고, 여진족과의 전투를 승리로 이끌었던 이일이나 신립 같은 장수들이 손 한 번 제대로 쓰지 못하고 패전하는 상황이었다. 그런 상황에서 선조가 도성을 지키겠다고 깃발을 들고 나선들 일본군의 상대가 될 리 없었다.

당시 조선이 의존할 군대는 수군과 명나라의 원군밖에 없었다. 일본은 상대적으로 수군이 약했고, 조선은 왜구의 빈번한 출몰에 대응하다 보니 수군이 상대적으로 강했다. 하지만 보병은 형편없는 수준이었다. 병력을 지휘하던 군관 일부 빼고는 칼 한 번 제대로 휘둘러보지 못한 병사들이 대부분이었는데, 이들은 농부와 크게 차이가 없는 수준이었다. 거기다 병력도 조선은 모두 합해 봐야 5만도 되지 않았고, 그것도 전국에 흩어져 있었다. 신립이 일본군과 싸울 때 안간힘을 써서 모은 병력이 불과 8,000이었다.

이에 비해 일본군은 100년 동안 지속된 전국시대를 막 끝낸 상태라 전쟁 경험이 풍부했고, 당시로서는 가장 발달한 무기인 조총 부대까지 운영하고 있었다. 이렇게 잘 훈련된 16만의 병력으로 쳐들어왔는데, 조선의 오합지졸이 무슨 수로 당해낼 수 있겠는가? 더구나 전쟁이라고는 제대로 구경조차 해 본 적 없는 선조가 무슨 수로 도성을 사수할 수 있었겠는가? 만약 선조가 도성을 사수하겠다고 나섰다면 기껏 보름도 견디지 못하고 포로로 잡혔을 것이다.

왕이 포로로 잡히면 전쟁은 종결될 수밖에 없다. 당시 선조가 달아나지 않고 수성전을 펼쳤다면 조선은 일본의 속국이 되었을 것이 뻔했다. 따라서 선조가 궁궐을 버리고 몽진을 선택한 것은 당시로서는 최선의 판단이 아니었을까 싶다. 그런 까닭에 단순히 선조가 한성을 버리고 평양성으로, 다시 의주성으로 달아난 사실만으로 그를 비겁하고 나약한 인물로 평가할 수는 없을 것이다.

선조는 광해군에게 독살되었는가?

1623년, 인조반정으로 광해군이 내쫓긴 뒤, 유폐 상태에서 풀려난 선조의 계비 인목왕후 김씨는 선조가 광해군에 의해 독살되었다고 주장했다. 당시 독살의 주범으로 지목된 이는 광해군과 이이첨, 그리고 개시 김 상궁이었다. 인목왕후는 광해군이 올린 약밥을 먹고 선조가 죽었다고 주장했는데, 그녀뿐 아니라 많은 백성이 광해군이 선조를 독살했다고 믿었다.

《남계집》에는 선조의 임종 때 입시했던 의원 성협이 이런 말을 남겼다고 쓰고 있다.

"임금의 몸이 이상하게도 검푸르렀으니, 바깥소문이 헛말이 아니다."

시신이 검푸르게 되었다는 것은 독살을 의미하는 것이다. 《청야만집》에는 선조 독살설과 관련하여 이런 기록도 전한다.

광해가 시역에 직접 간여하였는지는 알 수 없으나 이이첨이 시역의 음모를 실행한 것은 불을 보듯이 뻔한 일이었다. 그런데 반정한 여러 신하가 역적 토벌할 의리를 알지 못하여 반정하던 날, 곧 이첨을 베어버렸기 때문에 끝내 그 시역의 죄를 밝히지 못하였으니 가히 통분하지 않을 수 없다.

이렇듯 세간에서는 광해군이 이이첨과 김 상궁과 짜고 선조를 독살했다는 설이 파다하게 퍼졌다. 심지어 어떤 이는 선조의 복수를 청하는 상소문을 작성했다가 차마 인조에게 올리지 못하고 자신의 문집에 실은 사람도 있었다. 하지만 인조의 말처럼 광해군 세력이 선조를 독살했다는 증거는 없다. 또 당시 정황으로 볼 때 선조는 매우 위독한 상황이었으므로 독살설은 현실성이 떨어진다. 그리고 정작 광해군을 몰아낸 장본인인 인조조차도 독살설을 받아들이지 않았다.

인조는 이에 대해 이런 말로 독살설을 일축했다.

"당시 선조께서 위독하실 때 내가 처음부터 끝까지 모셨기 때문에 이 일을 상세히 알고 있다. 대개 선왕께서 와병하신 후에 맛있는 음식을 생각할 즈음에 동궁에서 마침 약밥이 왔는데 과하게 잡수시고 기가 약해져 돌아가셨다. 중간에 어떤 농간이 있었다는 말은 실로 밝히기 어렵다."

이렇듯 선조의 죽음을 지켜본 인조조차도 독살설을 받아들이지 않았지만, 많은 사람이 선조가 독살되었다고 믿은 것은 너무 급작스레 죽었기 때문이다. 그렇다면 선조는 왜 급사했을까? 이 물음에 답하기 위해서는 우선 선조의 건강 상태를 좀 알아볼 필요가 있다.

선조는 조선 왕 중에 비교적 장수한 축에 드는 왕이다. 열여섯 살에 왕위에 올라 붕당정치, 임진왜란 등 격변기를 겪었음에도 40년 7개월 동안 왕위에 있다가 57세에 사망했다. 그는 사실, 치명적인 병을 앓지도 않았다. 그가 병을 얻은 것은 50세가 넘어서였는데, 병명은 인후증과 실음증이었다.

인후증이란 목구멍이 자주 붓고 염증이 생기는 병인데, 때론 가래와 기침까지 동반하여 목소리가 잘 나오지 않을 수 있었다. 선조는 인후증이 원인이 되어 실음증까지 유발하고 있었다. 실음증이란 목소리가 잘 나오지 않아 말을 못하는 병이다.

선조의 인후증과 실음증의 원인에 대해 당시 의관들은 '심열'을 지목하고 있다. 선조가 원래 심열증이 있는데, 그로 인해 화가 솟구쳐 올라 인후증이 되었고, 인후증이 원인이 되어 다시 실음증이 되었다는 것이다.

하지만 선조가 인후증과 실음증을 앓았던 직접적인 원인은 감기였다. 선조는 52세인 1603년(재위 36년) 겨울에 심한 감기에 걸렸는데, 이것이 만성이 되어 인후증을 앓기 시작했다. 그리고 겨울을 지나 봄이 되고, 다시 여름이 되었는데도 낫지 않았다. 심지어 인후증은 실음증으로 확대되어 말도 제대로 하지 못하는 지경이 되었다. 이에 선조는 내의원을 닦달하여 처방을 가져오라고 성화를 부렸다.

선조는 애가 탄 나머지 자신이 직접 의서를 살피기까지 했지만, 마땅한 처방을 찾지 못했다. 그래서 허준을 비롯한 여러 의관들에게 빨리 처방을 알아오라고 주문하고 있었다.

그런데 이 기록 이후로 더는 선조의 인후증과 실음증에 대한 언급은 없다. 증세가 더욱 심해졌다면 필시 기록이 남아 있을 것인데, 기록이 없는 것을 보면 더 나빠지지 않은 모양이다. 하지만 고쳤다는 기록도 없는 것으로 봐서 그저 만성 지병으로 달고 산 게 아닐까 싶다.

선조는 정말 예상치 못한 뜻밖의 일로 죽음을 맞이한다. 그는 죽던 날에 정릉동 행궁에 머물렀는데, 밥을 먹다 갑자기 죽었다. 이에 대해《광해군 일기》즉위년(1608년) 2월 1일에 다음과 같이 기록하고 있다.

'미시에 찹쌀밥을 진어했는데 상이 갑자기 기氣가 막히는 병이 발생하여 위급한 상태가 되었다.'

말인즉, 찰밥을 먹다가 식도에 걸려 숨을 쉬지 못해 죽었다는 것이다. 정말 황당한 일이 아닐 수 없다. 선조는 식도에 찰밥이 걸린 상태로 얼마간 살아 있었다. 신하들과 의관들이 백방으로 조치를 취했지만 끝내 허사였다.

이렇듯 선조는 정말 허무하게 죽었다. 치명적인 병이 있었던 것도 아니고, 독을 먹은 것도 아니었다. 또한 찰떡을 먹다가 죽은 것도 아니다. 밥을 먹다가 죽은 것이다. 물론 찰밥이라고는 하지만 찰밥이 식도를 막아 죽는 경우는 찾아보기 힘든 일이다.

　그래서 추측하건대, 선조는 그때까지도 인후증에 시달리고 있지 않았나 싶다. 인후에 이상이 있었기 때문에 음식을 삼키는 데 어려움이 있었고, 그래서 찰밥을 제대로 씹지 않고 삼키다가 걸려 사망에 이르지 않았을까 하는 것이다. 어쨌든 선조는 매우 어이없는 상황에서 죽었고, 그 바람에 그가 독살되었다는 설이 파다하게 퍼졌다.

13장

광해군 편

40

후궁인 어머니를 왕후로

　세간에 많이 알려지지 않은 일이지만, 광해군은 왕위에 오른 뒤에 생모를 왕비로 추존했다. 광해군은 생모의 얼굴도 모르고 자랐다. 그래서인지 어릴 때부터 생모 공빈 김씨에 대한 그리움과 애틋함이 남달랐다. 그 애틋함이 남달라서였을까? 광해군은 기어코 이해하기 힘든 일을 벌였다. 후궁으로 지내다 죽은 자신의 생모를 왕후로 추존하고, 공빈 김씨의 묘를 능으로 조성했다. 조선 왕조 창업 이래 죽은 후궁을 왕후로 추존한 예는 없었고, 후궁의 묘를 능으로 격상하는 일도 없었다. 그런데도 광해군은 이런 전례를 무시하고 독단적으로 이 일을 추진하였다.

　광해군이 이런 무리한 일을 감행한 것은 생모에 대한 그리움과 죄책감 때문이었다. 광해군은 자기 때문에 어머니가 죽었다고 생각하고 있었다. 그 내막은 이렇다.

공빈 김씨는 선조의 첫사랑이었다. 선조는 궁녀였던 김씨에게 첫눈에 반해 사랑에 빠졌다. 그리고 곧 김씨에게 숙의 첩지를 내려 후궁으로 삼았다. 그녀와 사랑에 빠져 있는 동안 다른 여자는 거들떠보지도 않았다. 그리고 그 사랑의 결실로 두 아들을 얻었다. 임해군과 광해군이었다. 두 아들은 연년생으로 태어났고, 덕분에 김씨는 정1품 빈의 첩지를 받고 공빈으로 불리게 되었다. 그런데 공빈은 오래지 않아 죽고 말았다.

그녀는 숨을 거두기 전에 연인에게 자신을 시기하고 질투하는 여인들 때문에 자신이 병들게 되었노라고 하소연했다. 그녀가 죽자, 선조는 그녀의 말을 사실로 믿고 다른 후궁을 가까이 하지 않았다. 심지어 궁녀와 후궁들에게 매우 차갑고 난폭하게 굴기까지 했다.

공빈의 병은 산후병에서 비롯되었다. 광해군을 낳고 몸을 추스르지 못하더니, 기어코 발병 2년 만에 숨을 거두고 말았다. 이런 일을 두고 당시 세간에서는 자식이 부모를 잡아먹었다고 표현하기도 했다. 광해군이 바로 그런 아이였던 셈이다. 왕자의 신분이었지만, 광해군은 어릴 때부터 어미 잡아먹고 태어난 놈이라는 죄책감을 안고 살았다. 그래서 무리를 해서라도 생모를 왕후로 추존함으로써 자신을 짓눌러왔던 죄책감에서 조금이나마 벗어나고 싶었던 것이다.

광해군이 생모 김씨를 왕후로 추존하는 작업을 시작한 것은 즉위 직후인 1608년부터였다. 이때 이항복이 죽은 후궁을 왕후로 추존하는 것은 예법에서 벗어나니 하지 말 것을 요청했지만, 광해군은 요지부동이었다. 예조에서는 타협책으로 이런 글을 올렸다.

　"의인왕비께서 아들이 없어 선왕께 의논하여 여러 왕자 중에서 전하를 후사로 삼은즉, 의인왕비가 이미 전하의 어머님이십니다. 그래서 신 등의 논의로는 다만 공빈이라는 본래 지위 그대로 하면 추존하는 실상이 없을 것 같고 높여서 모후와 같이하면 높은 이가 둘이 되는 혐의를 만들게 될 것입니다. 우리나라에서는 생시에는 왕비라고 하고 돌아가신 뒤에는 왕후라고 하는데, 후와 비 사이에 약간의 등급 차별이 있습니다. 이제 공빈을 추존하여 비로 삼아서 황후보다는 조금 낮추는 뜻을 보이며 휘호를 올리고 별묘에 모셔 제향하는 예의를 극히 융성하게 하는 것이 어떻겠습니까?"

　나름 신하들이 의논하여 이런 타협책을 만든 것인데, 이 역시 광해군은 거절하였다. 그리고 그런 논란으로 계속 세월이 흐르자, 광해군은 삼사의 관원들에게 이런 말을 하였다.

　"생모를 추숭하는 데 벌써 3년이 지났으니 늦기도 하여라."

　광해군이 이 말을 한 것은 재위 2년이었으니, 즉위 3년째 되는 때였다. 어쨌든 이렇게 광해군이 공빈을 추존하여 왕후로 높이는 것에 집착하자, 당시 조정 대신들은 광해군의 최측근이자 실세였던 이이첨에게 왕을 좀 만류해보라고 권했다. 그러자 이이첨은 왕의 의지가 너무 강해서 자기도 어쩔 수 없다며 고개를 내저었다.

이렇게 해서 결국 광해 2년 3월 29일에 생모 공빈 김씨를 자숙
단인공성왕후慈淑端仁恭聖王后 로 추존하고 묘를 능으로 격상하여
성릉이라고 하였다. 하지만 광해군이 내쫓긴 후, 성릉은 다시 후궁
의 묘로 축소되었다. 이와 관련한 이야기가《계곡집》에 다음과 같
이 전한다.

선조 10년에 공빈 김씨가 죽어서 풍양현 적성동에 있는 조씨의 시
조인 조맹의 무덤 뒤 30보쯤 되는 곳에 장지를 정했다. 그랬더니
조씨의 후손이 자기의 선조 무덤과 너무 가깝다는 이유로 상소를
올려서 호소하였다. 이에 선조는 이렇게 대답했다.
"공빈의 선대가 조씨의 외손이니 그대로 장사하라."
광해 2년에 공빈을 추존하여 후로 삼고 그 무덤을 성릉이라 하였으
며, 능 근처에 있는 무덤은 모두 파내게 했다. 그러자 대신이 말했다.
"조공의 묘는 이미 오래되어 팔 수 없습니다."
그러자 봉분을 깎아 평평하게 만들어버렸다.
인조 경오년에 조씨의 후손이 상소를 올려서 말했다.
"성릉이라는 휘호를 이미 폐하였으니, 신의 조상 묘는 봉축을 복
구하는 것이 마땅합니다."
인조는 이에 윤허하였다.

공빈의 묘는 광해군의 입지에 따라 부침이 심하였다. 광해군이
능으로 조성하여 확대했지만, 그가 쫓겨나자 다시 축소되어 후궁

의 묘가 되었으니, 광해군의 모든 노력이 허사가 되었다. 광해군은 쫓겨난 뒤에 자신의 무덤을 어머니 공빈 옆에 마련해줄 것을 소원했는데, 이에 대해 《연려실기술》에 이런 기록이 남아 있다.

'천계 계해년에 폐위되니 왕위에 있은 지 15년이었다. 강화에 방치되었다가 갑자년에 이괄의 난으로 인하여 태안으로 옮겼고, 반적이 평정된 다음 해에 강화에 돌아왔다. 병자년 겨울에 교동도로 옮겼다가 정축년 2월에 제주로 옮겼다. 신사년에 죽었는데, 예순일곱 살이었다. 양주 적성동 해좌에 장사지냈는데, 공빈의 무덤과는 소 울음소리가 들릴 만한 거리였다.'

41

개시 김 상궁이 사랑받은 이유

광해군을 흔히 중립 외교 노선을 펼친 명민한 혁신 군주로 이해하는 경우가 많다. 하지만 광해군의 폐위 과정을 보면 반드시 명민했다고 평가할 수 없는 점이 있다. 특히 권력이 여인들의 손안에서 놀아났던 점은 더욱 이해하지 못할 처사였다.

광해군의 여성 편력에 대해서는 자세히 알려진 것이 없다. 여성 편력이 없어서라기보다는 폐위되었기에 관련 내용이 자세히 전하지 않았을 것이다.

광해군에게는 우리가 알고 있는 것보다 훨씬 많은 여인이 있었다. 후궁의 숫자만 해도 십여 명이나 되었다. 후궁 중에서 그가 특별히 총애한 여인들이 있었다. 광해군 하면 떠오르는 대표적인 여인인 김개시는 그중 으뜸이다.

　김개시를 흔히 개똥 김씨라고 하는데, 그 연유는 이렇다. 개시介
屎라는 이름을 한자 그대로 풀이하면 '된똥'이다. 그런데 흔히 우
리는 그 이름을 '개똥'이라고 해석하여 그녀의 이름이 '개똥이'였
다고 알고 있다. 하지만 이는 잘못된 해석 같다.

　광해군이 사랑한 여인 김 상궁의 이름을 '개시'라고 적시하고
있는 것은 실록이다. 하지만 '개시'라는 이 이름은 그녀를 낮춰 부
르기 위한 것이었거나 일종의 별호였을 것으로 보인다. 영창대군
의 죽음에 대한 비화를 그린《계축일기癸丑日記》에는 그녀의 이름
을 개시가 아닌 '가히'로 쓰고 있다.《계축일기》를 쓴 저자가 당시
궁녀였던 것을 고려할 때, '가히'라는 이 이름이 김 상궁의 본명일
것이다. 훈민정음으로 '가히'라고 표기되어 있지만, 실제로는 '가
희'였을 것이다.

　　김 상궁은 이름이 개시로 나이가 차서도 용모가 피지 않았는데,
　　흉악하고 약았으며 계교가 많았다. 춘궁(광해군)의 옛 시녀로서 왕
　　비를 통하여 나아가 잠자리를 모실 수 있었는데, 비방祕方으로 갑
　　자기 사랑을 얻었으므로 후궁들도 더불어 무리가 되는 이가 없었
　　으며, 드디어 왕비와 틈이 생겼다.

　이 기록을 통해 알 수 있는 것은 김가희가 원래 동궁의 시녀, 즉
궁녀였다는 것이다. 그리고 그녀가 광해군의 사랑을 받게 된 데에는

왕비의 도움이 있었음을 알 수 있다. 왕비라고 하면 광해군의 부인 폐비 유씨를 뜻한다. 즉, 정실부인의 도움을 받아 측실이 된 셈이다.

그녀의 용모에 대해서는 '나이가 차서도 용모가 피지 않았다'고 표현하고 있는데, 이는 그녀가 나이에 비해 매우 동안이었다는 뜻이다. 이를 뒤집어 말하면 그녀는 나이가 들어서 광해군의 사랑을 얻었다는 뜻이 된다.

광해군이 왕위에 오른 것은 1608년이었고, 이때 광해군의 나이 서른네 살이었다. 김가희가 광해군의 사랑을 얻게 된 것은 광해군이 왕위에 오른 이후였다. 이때 김가희는 나이가 제법 많았다.

그렇다면 당시 김가희의 나이는 얼마나 되었을까? 김가희는 광해군과 동침했지만, 후궁의 첩지를 받지 못하고 계속 김 상궁으로 불리었다. 이는 당시 그녀의 신분이 상궁이었음을 말해준다. 상궁은 승은을 입어도 후궁이 되지 못하고 그저 특별상궁이라고 하여 상궁의 업무만 면제받았다. 그렇지만 사실상 후궁 신분이었다.

당시 김가희가 상궁 신분이었다면 그녀의 나이는 어느 정도 가늠할 수 있다. 대개 상궁이 되기 위해서는 입궁하고 30년이 지나야 한다. 궁녀는 어릴 때 입궁하여 아기나인이 되고, 그로부터 15년이 지나면 정식 나인이 된다. 그리고 다시 15년이 지나야 상궁이 될 수 있었다. 김가희가 당시 지밀상궁의 위치에 있었던 것을 고려할 때, 그녀는 너덧 살에 입궁했을 것이다. 그렇게 본다면 광해군이 왕위에 오를 당시 그녀의 나이는 적어도 서른네 살이었을 것이다. 조선 시대 당시 서른네 살이면 손자를 얻을 나이다. 즉, 할머니가 될 나이에 그녀는 후궁이 된 것이다.

광해군은 이 나이 많은 여인의 어떤 면에 끌렸을까? 그녀가 나이보다 훨씬 어려 보이는 동안이었기 때문일까? 하지만 김가희에 대해 인물이 뛰어났다는 기록이 없는 것으로 봐서 외모 때문에 그녀를 좋아한 것은 아닐 듯싶다. 그렇다면 광해군을 사로잡은 그녀의 매력은 무엇이었을까? 이에 대해 실록은 "김 상궁은 기교로서 사랑을 받았다"라고 쓰고 있다.

그러면 실록이 말한 '기교'란 무엇일까? 기교라는 단어의 사전적 의미는 '재간 있게 부리는 기술이나 솜씨'이다. 도대체 그녀가 부리는 기술이나 솜씨는 무엇이었을까? 여인이 남자에게 부릴 수 있는 기교라면 방중술이 아닐까 싶다.

광해군은 그녀의 방중술에만 취했던 것이 아니었다. 그녀는 정치 기교에도 능했다. 그녀는 요즘 말로 정치 9단의 경지에 있었다. 당대 조정을 쥐고 흔들었던 권력자치고 그녀의 손아귀에 놀아나지 않은 인물이 없었다. 정인홍, 이이첨 같은 권신들은 물론, 박홍도와 같은 간신들이나 유희분 같은 외척까지 그녀와 결탁했을 정도였다. 물론 이는 모두 광해군의 총애와 신뢰 덕분이었다. 광해군은 대신들의 말보다 그녀의 말을 더 신뢰했다. 심지어 인조반정에 대한 정보를 일찍 접하고도 그녀의 만류 때문에 적시에 조처하지 못하여 폐위되었을 정도다. 여인에 대한 지나친 사랑과 신뢰가 독이 되었다. 물론 김가희도 광해군이 내쫓긴 뒤, 가장 먼저 처형되었으니 지나친 기교가 부른 죽음이었다.

끝내 허균의 죽음을 막지 못하다

《홍길동전》의 저자 허균은 흔히 뛰어난 문인으로 알려졌지만, 실제로는 대담한 정치꾼이었고, 음흉한 정략가였다. 그는 서경덕 문하에서 성장하여 문장가로 이름을 날린 허엽의 아들로, 중국에까지 알려진 여류 시인 허난설헌의 동생이며, 임진왜란 직전에 일본에 서장관으로 다녀온 허성의 이복동생이기도 했다.

그는 머리가 좋고 문재가 뛰어났다. 꽤 자유분방하여 유학을 공부하였지만 불교에도 밝았다. 실제로 불상을 모셔놓고 염불과 참선을 하기도 했다. 천추사가 되어 명나라에 갔을 때는 천주교 기도문과 서양 지도를 가져오기도 했다. 하지만 그는 불교를 신봉한다는 이유로 수안 군수 시절과 삼척 부사 시절에 탄핵을 당해 두 번이나 관직에서 쫓겨났다.

그의 자유로운 삶의 방식은 쉽게 변하지 않았다. 시를 좋아하여 산천을 유람하며 시를 짓기도 했고, 그 과정에서 시 짓는 기생으로 유명했던 계생(매창)을 만나기도 했다. 또 천민 출신 시인 유희경과도 친밀했으며, 서자들과도 절친하게 지냈다. 다양한 계층의 사람들과 사귀기를 좋아했는데, 이것이 결국 그의 인생에 화근이 되었다.

황해도 도사로 부임했을 때는 한양의 기생을 데리고 갔다 하여 탄핵되었고, 서양갑, 심우영 등과 관계된 '칠서의 난'이 일어났을 때는 그들과 친분이 두터웠다는 이유로 불안에 떨어야 했다. 결국, 그는 신변의 안전을 위해 이이첨에게 접근하여 대북파의 일원이 되었다.

대북파에 들어가서는 형조판서, 의정부 좌참찬 등을 지내며 권력의 핵심으로 성장했다. 대북파와 함께 인목대비 폐모론을 주장하며 광해군의 최측근이 되기도 했다. 이 과정에서 폐모론을 반대하던 북인의 거두 기자헌과 대립하는 사태가 벌어졌고, 결국 기자헌은 유배되는 처지가 되었다.

그 무렵, 도성 안에는 괴이한 격문이 나돌았다. 격문에는 광해군이 서자로서 왕위에 오른 것을 비방하는 것을 비롯하여 대북파를 주도하던 이이첨과 허균을 역적으로 규정하는 내용들로 가득했다. 그런 상황에서 기자헌의 아들 기준격이 이 격문은 모두 허균이 만든 것이라는 고발 상소를 올렸고, 이 문제로 허균은 기씨 집안과 목숨을 건 싸움을 벌여야 했다.

그런 가운데 인목대비 폐모론은 한층 더 대두되었고, 그 과정에서 허균은 이이첨과 뜻을 달리하여 둘 사이에 앙금이 생기게 되었다. 허균은 이이첨에 의해 대북당이 되었는데, 어느덧 광해군이 이이첨보다 더 총애하는 신하로 성장해 있었다. 이를 시기한 이이첨은 도성 안에 떠돌던 흉서를 근거로 허균을 역적의 수괴로 몰아 죽이게 된다. 하지만 허균을 역적으로 몰고 간 과정에는 미심쩍은 부분이 많았다. 역적의 수괴로 지목되었지만 제대로 된 국문 과정도 없었고, 대질심문도 없었다.

광해군은 왜 허균을 제대로 심문하지 못했을까? 만약 제대로 심문하기만 했다면 허균은 억울하게 역모죄를 뒤집어쓰고 죽지는 않았을 것이다.

문제는 대북당의 실세 이이첨과의 대립이었다. 당시 대북 세력이 허균을 죽이기에 혈안이 된 이유에 대해 한 사관은 이런 기록을 남기고 있다.

이때 이이첨과 한찬남 무리는 허균과 김개 두 적이 다시 국문하는 것으로 인하여 사실대로 공초하면 그들의 전후 흉모가 여지없이 드러나 다 같이 주륙당하게 될까 두려워하였다. 그래서 자기들의 심복을 몰래 시켜 허균과 김개에게 말하게 하기를 "잠깐만 참고 지내면 나중에는 반드시 벗어날 수 있을 것이다."라고 하고, 또 균의 딸이 바야흐로 뽑혀서 후궁으로 들어갈 참이므로 다른 근심이 없으리라는 것을 보장한다면서 온갖 수단으로 사주하고 회유하였다. 그러나 그 계책은 실로 두 적을 급히 사형에 처하여 입을 없애려는 것이었다. 친국에 입시해서는 왕이 정상을 캐물으려고 하자 이첨의 무리는 황황히 어쩔 줄을 몰라 하면서 그 당류들과 더불어 탑전에서 정상을 막고 은폐하며 같은 말로 협박하고 쟁론해서 왕으로 하여금 다시 캐묻지 못하게 하였다. 왕이 마음대로 할 수 없어서 그들의 청을 따라주자 이첨의 무리가 서둘러 허균을 끌고 나가게 하였다. 적 허균은 나오라는 재촉을 받고서 비로소 깨닫고 크게 소리치기를 '하고 싶은 말이 있다.' 하였으나, 국청의 상하가 못 들은 척하니, 왕도 어찌할 수가 없어서 그들이 하는 대로 맡겨 둘 따름이었다.

결국, 친국이 열린 1618년 8월 24일, 허균은 서쪽 저잣거리에서 사지를 찢기고 죽었다. 제대로 국문도 받지 못했고, 그에 대한 공초도 제대로 작성되지 않은 채 허균은 비참하게 처형되었다.

인목왕후를 유폐시키고 서인 잔당을 완전히 제거하려는 계략을 꾸민 장본인은 허균이고, 그 배후는 이이첨과 대북당이었을 것이다. 대북 세력이 이런 일을 꾸민 것은 서궁에 유폐된 인목대비를 폐출하고 남아 있던 서인을 완전히 제거하기 위함이었다. 그런데 같은 북인인 기준격에 의해 허균이 흉서를 작성한 장본인으로 지목되자, 대북 세력은 그 화가 대북당 전체에 미칠 것을 염려하기에 이르렀다. 그런데 폐모론을 주장하는 과정에서 뜻하지 않게 이이첨과 허균이 대립하게 되자, 이이첨이 대북 당인들과 합세하여 허균을 역적으로 몰아 죽임으로써 대북당에 미칠 화근을 잘라 낸 것이다. 결국, 허균은 스스로 만든 술책 때문에 역적으로 몰려 죽었고, 이이첨과 대북당은 허균을 희생양으로 삼아 흉서 사건의 배후라는 의심에서 벗어날 수 있었다. 이이첨으로서는 라이벌도 없애고 대북당도 구했으니 일석이조였다.

광해군 역시 대북당을 지지하고 있었으므로 이 상황을 그저 지켜볼 수밖에 없었을 것이다. 광해군은 한때 허균을 총애했지만, 그렇다고 허균을 구하기 위해 자신의 지지 기반인 대북당 전체와 척을 질 수는 없는 노릇이었다. 그래서 허균의 억울함을 알면서도 적극적으로 그를 구원하지 못한 것이다.

강흥립을 후금에 투항시킨 의도

역사에 가정이란 없다지만, 어떤 이는 병자호란 이야기가 나오면 이런 말을 한다.

"만약 광해군이 쫓겨나지 않았다면 병자호란은 일어나지 않았을 것이고, 그랬다면 조선의 왕이 청나라 황제에게 머리를 조아리고 사죄한 삼전도의 치욕도 없었을 것이다."

이런 말을 하는 근거로 내세우는 것이 바로 광해군의 실리외교이고, 실리외교의 근거로 강흥립을 후금에 투항하게 한 것을 내세운다.

그렇다면 광해군은 어떤 상황에서 강흥립을 후금에 투항하게 했을까? 그리고 강흥립을 후금에 투항하게 한 것을 왜 실리외교라고 평가하는 것일까? 우선 당시 국제 관계를 한 번 살펴보자.

1598년에 임진왜란이 끝났을 때, 명나라는 혼란 속에서 몰락을 향해 치닫고 있었고, 반대로 여진족은 새로운 지도자 누르하치가 등장하여 위세를 떨치고 있었다. 이후 누르하치는 1616년에 국호를 '대금大金'이라고 하고 연호를 '천명'이라고 하여 스스로 황제의 자리에 올랐다. (누르하치가 세운 금나라를 흔히 후금이라고 일컫는다.)

그러자 명나라 황제 신종은 요동 경략 양호에게 군대를 일으켜 여진을 토벌하라는 명령을 내렸다. 이에 양호는 1618년에 조선에 지원군을 요청했다. 하지만 광해군은 여진과 왜가 조선의 앞뒤로 버티고 있어 서울이고 지방이고 여유가 없는 상황이며, 국력이 넉넉하지 못할 뿐 아니라 군사 훈련도 되지 않았다며 에둘러 양호의 요청을 거절했다. 그러자 이 글을 본 양호는 조선이 명나라의 여진 정벌에 대해 관망하는 태도를 보인다고 질타하고, 지원군을 보낼 것을 다시 강력하게 요청했다.

양호는 광해군을 몰아붙이기도 하고, 한편으로 달래기도 하면서 어떻게 해서든 지원군을 보내야 한다고 강하게 피력했다. 조선의 태도가 계속 관망세를 유지하고 있다면 정식으로 황제에게 보고하여 명나라 조정 차원에서 조선 왕을 징계하도록 하겠다는 협박까지 하였다.

그러면서 양호는 임진왜란 때 명나라가 조선에 지원군을 보낸 사실을 언급하며 그 은혜를 갚아야 하지 않느냐고 설득했다. 정유재란 때는 양호도 직접 군무 경리를 맡아 참전하였다. 양호는 그 사실까지 들먹이며 조선에서 지원군을 보내줄 것을 강력하게 압박했다.

상황이 이쯤 되자, 광해군도 지원군을 보내지 않을 수 없었다. 하지만 조선에서 지원군을 보낸 사실을 후금에서 알게 되면, 후금도 가만히 있지 않을 것이기에 조선은 진퇴양난이었다.

광해군은 고민 끝에 이중전략을 구사하기로 했다. 일단 명나라의 요구대로 병력을 동원하되, 상황에 따라 후금과 강화 협상을 하여 평화 관계를 유지하려는 것이었다. 또한 강화 과정에서 후금에 서찰을 보내 조선은 명나라의 요구를 거절할 수 없어 억지로 군대를 동원했을 뿐, 후금을 공격할 의도가 전혀 없다는 말을 전한다는 계획이었다. 일종의 등거리외교이자 중립노선이었다. 광해군은 자신의 이중전략을 조정에는 알리지 않았다. 만약 조정에 알려지면 갑론을박이 있을 것이 뻔했고, 명나라 조정에도 알려져 조선의 처지가 난처해질 것이었기 때문이다.

광해군은 요동에 보낼 1만 3,000명의 지원군을 꾸리게 하고, 형조참판 강홍립을 도원수로, 김경서를 부원수로 삼아 출동하게 하였다. 강홍립은 군대를 이끌고 압록강을 건너가 1619년 2월에 명나라 장수 유정의 군대와 만났다.

당시 유정과 강홍립 부대를 합친 병력은 총 2만 정도였다. 강홍립은 2만밖에 되지 않는 병력으로 급히 후금을 공격하다간 패전할 가능성이 매우 크다고 판단하여 진격을 보류할 것을 요청했다. 하지만 명나라 군대를 이끌고 있던 유정은 강홍립의 말을 받아들이지 않았다.

강홍립의 그런 우려는 결국, 현실이 되고 말았다. 무턱대고 전진만 하던 명나라군과 조선군은 후금군의 기습을 받고 일시에 궤멸되었다. 당시 유정은 명나라 군대를 이끌고 먼저 진격하고, 조선군은 강홍립의 지휘 아래 그 뒤를 받치고 있었다. 그런데 후금군의기습으로 명나라 군대가 궤멸되자, 유정과 휘하 장수들은 화약포위에 앉은 채 불을 질러 자살했다.

이렇듯 명나라 군대가 졸지에 궤멸되자, 조선군의 좌군과 우군도 함께 궤멸되었다. 이에 강홍립은 중군을 이끌고 뒤로 물러났다가 누르하치에게 항복하였다. 이후, 포로가 된 조선군은 무장 해제된 채 후금군 진영으로 끌려갔다.

강홍립이 누르하치에게 항복한 일에 대해 《광해군 일기》는 이런 글을 남기고 있다.

이에 앞서 왕(광해군)이 비밀리에 회령부의 시장 장사꾼 호족胡族에게 이 일을 통보하게 하였는데, 그 장사꾼 호족이 미처 돌아가기도 전에 하서국(역관)이 먼저 오랑캐의 소굴로 들어갔으므로 노추(누르하치)가 의심하여 감금하였다. 얼마 후 회령의 통보가 이르자 마침내 하서국을 석방하고 강홍립을 불러들이게 하였다. 강홍립의 투항은 대체로 예정된 계획이었다.

이 기록에 나오는 하서국은 광해군이 파견한 여진어 역관이었다. 광해군은 강홍립이 출병할 당시 이미 자신의 이중전략을 비밀리에 알리고 상황에 따라서는 전투를 멈추고 강화를 맺어 후금이 조선을 침공하는 일이 없게 할 것을 명령했다. 강홍립은 광해군의 이런 밀명에 따라 누르하치에게 항복한 것이다.

이런 상황들을 종합할 때, 강홍립이 후금에 투항한 것은 광해군의 명령에 따른 것이 분명하다. 따라서 당시 광해군은 후금과 전쟁을 치를 생각이 없었음을 알 수 있다.

광해군의 이런 중립적인 태도를 감안해 보면, 광해군이 폐위되지 않았다면 병자호란은 일어나지 않았을 것이라는 말은 충분히 성립 가능하다. 왜냐하면 병자호란은 후금이 조선의 영토를 빼앗기 위해 벌인 전쟁 아니라, 조선과 관계를 안정시켜 명나라 공격의 안전판을 확보하기 위한 차원에서 벌인 전쟁이기 때문이다.

이런 후금의 상황을 정확하게 읽고 있었던 광해군은 적어도 조선이 군사력을 키울 때까지는 후금에 대해 저자세를 취해야 한다고 판단했다.

하지만 당시 조정 대신들은 광해군의 이런 실리적 견해를 수용하지 않았다. 심지어 왕비 유씨까지도 언문 상소를 올려 명나라를 섬길 것을 간청했다. 그래도 광해군은 자신의 의지를 꺾지 않았다. 광해군은 명나라를 섬기는 척하면서 후금에 대해서도 우호 관계를 유지해 나갔다. 광해군은 조선이 힘을 키울 때까지는 이러한 이중전략이 살길이라고 보았다.

광해군은 후금에 대해서도 적대 관계를 형성하지 않았을 뿐 아니라 명나라와도 화친 관계를 유지하고 있었다. 명나라와 후금 사이에서 전쟁의 소용돌이에 휘말리지 않는 것이 최선이라고 판단한 것이다.

하지만 그때, 인조반정이 일어났다. 반정에 성공한 인조는 곧 서궁에 유폐되어 있던 선조의 계비 인목대비의 교지를 받아내 왕위에 올랐다. 인조는 광해군이 두 마음을 품어 오랑캐에게 투항했다는 것을 반정 명분 중 하나로 삼았다. 광해군이 명과 후금 사이에서 중립외교를 펼친 것을 오랑캐에게 투항했다는 식으로 표현한 것이다. 이는 인조가 후금을 적대시하고 명에 대한 사대 외교를 지속하겠다는 선언인 동시에 중립노선의 폐기를 의미했다.

하지만 인조의 이런 친명정책은 당시의 국제 정세를 읽지 못한 오판의 산물이었고, 그 오판은 임진왜란에 이어 또다시 조선 백성들을 전란의 소용돌이 속으로 몰아넣었다. 그때 만약 광해군이 쫓겨나지 않았더라면 친명정책을 썼을 리가 없고, 그렇다면 병자호란은 겪지 않았을 수도 있었을 것이다.

14장

인조 편

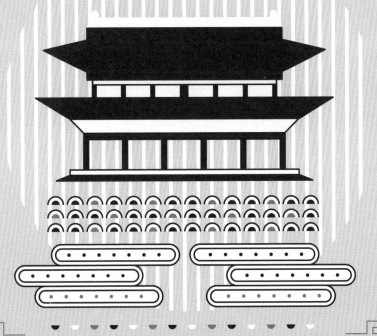

목숨 걸고 광해군을 내쫓은 배경

　자고로 반역이란 목숨을 내걸지 않고는 불가능한 일이다. 인조 역시 목숨을 내걸고 반란을 도모하였고, 결국 성공하여 광해군을 내쫓고 왕위에 오를 수 있었다. 그런데 만약 반란이 실패했다면 그의 목이 달아나는 것은 물론이고 가족들까지 몰살당했을 것이다. 그야말로 죽기 아니면 살기로 광해군에게 반기를 든 셈이다. 그렇다면 인조는 왜 광해군에게 반기를 들고 목숨을 건 도박을 감행했을까? 거기에는 광해군과 인조 집안 사이에 있었던 해묵은 사연이 숨어있었다. 그 내막을 살펴보려면 그의 출생 이야기와 가족사를 언급하지 않을 수 없다.

　인조(능양군)는 선조의 5남인 정원군(원종) 이부와 구사맹의 딸

구씨의 장남으로 1595년 11월 7일에 태어났으며, 이름은 종이다. 정원군은 열한 살이던 1590년에 두 살 많은 구씨와 결혼하여 열여섯 살 때 장남 종을 얻었다. 당시 조선은 임진왜란을 겪고 있었다. 선조는 피란을 갔다가 1593년에 돌아왔는데, 당시 한성의 궁궐은 모두 불타고 민가도 변변한 곳이 없었다. 그래서 당시 왕자들은 한성으로 돌아오지 못하고 해주에 머물렀는데, 종은 그곳에 임시로 마련된 왕자 궁에서 태어났다. 종은 태어날 때 오른쪽 넓적다리에 사마귀 점이 많았는데, 할아버지 선조가 이를 보고 "이것은 한 고조(유방)와 같은 상相이니 누설하지 말라"고 했다 한다.

종은 선조에게 첫 손자였다. 선조는 손자 종을 몹시 귀여워했고, 의인왕후 박씨도 좋아해서 두 살 때부터 궁궐에서 생활했다. 선조는 종을 안고 직접 글을 가르치기도 했는데, 어린 종이 명민하여 일찍 문자를 깨우치자 종에게 사부를 붙여주기도 하였다. 어린 종은 그렇게 궁궐에서 지내다가 선조가 죽은 뒤에야 경희궁으로 나와 살았다.

소년이 되기까지 종은 할아버지의 사랑을 받으며 행복한 생활을 했지만, 할아버지가 죽고 광해군이 즉위하면서 상황은 급변했다. 정원군은 선조의 후궁 인빈 소생이었고, 인빈은 광해군의 세자 책봉을 막으려고 혈안이 되었다. 인빈 김씨가 광해군의 세자 책봉을 결사적으로 막은 이유는 두 가지였다. 첫째는 광해군의 어머니가 그녀의 연적이었던 공빈 김씨였고, 둘째는 자신의 소생 신성군을 세자로 만들 계획이었기 때문이다.

광해군의 어머니 공빈과 인빈의 관계는 당시 궁궐에선 누구나 다 아는 지독한 연적 관계였다. 선조의 첫사랑은 공빈이었고, 선조는 공빈을 너무 사랑한 나머지 다른 여인에겐 눈길조차 주지 않았다. 이에 인빈은 공빈을 몹시 시기하고 질투했다. 그런 가운데 공빈이 산욕으로 사망하였고, 선조는 연인을 잃은 슬픔으로 고통스러워했다. 인빈은 그 기회를 놓치지 않고 선조의 마음을 사로잡기 위해 저돌적으로 다가갔다. 인빈은 선조가 박절하게 굴어도 개의치 않고 그의 마음을 위로하며 따뜻하게 품어주었다. 사랑의 상처는 사랑으로 치유한다고 했던가. 선조는 지극정성으로 다가서는 그녀에게 마음을 열었다.

선조의 마음을 차지한 그녀는 어떻게 해서든 선조가 공빈을 잊게 해야 한다고 생각했다. 그래서 공빈의 잘못들을 들춰내며 비난했는데, 이것이 먹혔다. 급기야 선조는 공빈을 원망하는 마음마저 품게 되었다. 덕분에 인빈을 향한 선조의 사랑은 공빈을 능가하게 되었다. 이에 대해 실록은 이런 기록을 남기고 있다.

소용 김씨(인빈)가 곡진히 보호하면서 공빈의 묵은 잘못을 들춰내자, 상이 다시는 슬픈 생각을 하지 않으면서 "제가 나를 저버린 것이 많다."고 하였다. 이로부터 김소용이 특별한 은총을 입어 방을 독차지하니 이는 전에 비할 바가 아니었다.

선조의 사랑으로 인빈은 4남 5녀를 낳았고, 왕비에 버금가는 권세를 누렸다. 심지어 임진왜란 당시 선조는 몽진蒙塵하면서 의인왕후는 제쳐두고 인빈만 대동하고 한양을 떠나기도 했다.

선조의 총애를 한 몸에 받은 인빈은 마침내 자신의 아들을 세자로 만들기 위해 혈안이 되었다. 선조 역시 그녀 소생인 신성군을 총애하고 있었다. 하지만 신성군이 일찍 죽는 바람에 세자로 세우지 못했다. 이후, 임진왜란이 발생하는 바람에 비상 상황에 대처하기 위해 어쩔 수 없이 광해군을 세자로 책봉했다.

이런 사연이 있었기에 광해군은 왕위에 오른 뒤에도 인빈 소생들을 극도로 경계하고 싫어했는데, 그러다 보니 인빈 소생으로 신성군의 동생인 정원군(인조의 아버지)은 광해군 즉위 이후에 살얼음판을 걷듯 조심하며 살아야 했다. 그런데 1615년 정원군의 셋째 아들 능창군이 신경희 사건(신경희가 능창군을 추대해 정변을 모의한 사건)에 연루되는 일이 발생한다. 당시 세간에는 "인빈의 무덤 자리가 좋다"라느니 "정원군의 집에 왕기가 매우 성하다"라느니 "능창군은 기상이 비범하다"라느니 하는 소문이 돌았는데, 이것이 결국 능창군을 열일곱 살 어린 나이에 죽음의 길로 이끌었다.

3남 능창군이 죽은 후 정원군은 정신 나간 사람처럼 술에 취해 살았고, 심한 절망감과 슬픔으로 병을 얻었다. 《월사집》에 따르면 당시 정원군은 이런 말을 했다고 한다.

"나는 해가 뜨면 그제야 지난밤에 아무 일이 없었던 줄 알게 되고, 해가 지면 비로소 오늘이 편안하게 간 것을 다행스럽게 여긴다. 지금은 다만 일찍 죽어서 선왕을 저승에서 모시기를 원할 뿐이다."

두려움 속에 살던 정원군은 결국 병을 이기지 못하고 1619년에 마흔의 나이로 생을 마감했다. 정원군이 사망할 무렵 인목대비가 서궁에 유폐된 상태였고, 대북파가 권력을 독점하고 있었다. 당시 대북파는 왕족 중에 조금만 이상한 낌새가 있거나 세간의 칭송을 받는 자가 있으면 여지없이 역모로 몰았다. 특히, 인빈의 자손들에 대한 경계가 심했는데, 정원군의 장자 능양군 종(인조)도 예외는 아니었다.

동생 능창군이 역모죄로 죽을 때, 능양군은 스물한 살의 청년이 었다. 이때 그는 이미 한준겸의 딸 한씨(인열왕후)와 결혼하여 장남 왕(소현세자)을 얻은 상태였다. 광해군이 즉위한 후로 그는 함부로 웃지도 찡그리지도 않았으며, 감정을 드러내는 법도 없었다.

하지만 속으론 동생과 아버지에 대한 복수심으로 가득 차 있 었다. 그래서 은밀히 광해군과 대북파에게 피해를 입은 서인들과 손을 잡고 반역을 도모했다. 그의 반역 작업에 불을 댕긴 사건은 1618년에 일어난 인목왕후(소성대비)의 유폐였다. 그는 이를 명분 삼아 구체적인 작업에 착수하였고, 마침내 5년 뒤인 1623년 3월 13일 새벽에 전격적으로 군대를 일으켜 광해군을 내쫓고 왕위에 올랐다. 마침내 숨죽이며 갈고 갈았던 복수의 칼날을 높이 든 것 이었다.

45

아들을 질투하여 죽이다

　인조는 장남 소현세자를 몹시 미워하여 의원 이형익을 시켜 독
살했다는 이야기가 있다. 인조가 소현세자를 독살했다는 설은 여
러 면에서 검증이 필요한 이야기지만, 그가 소현세자를 몹시 미워
한 것은 사실이다. 그렇다면 인조는 왜 소현세자를 그토록 미워했
을까? 거기에는 세간에 잘 알려지지 않은 인조의 독특한 성격 요
인이 숨어 있다.

　인조(능양군)는 어릴 때부터 감시받는 삶을 살아서 조심성이 매
우 많고 다른 사람을 잘 믿지 않았다. 주변 사람들에게 편지를 보
내는 일도 없었고, 아예 자신의 글씨 자체를 밖으로 내보내지 않
았다. 그 때문에 인조의 글씨를 아는 사람이 없었다. 아버지 정원

군이 사망하고 장례를 치를 땐 남몰래 장사를 치르듯 했다. 아버지의 무덤은 할머니 인빈의 무덤 근처에 마련할 엄두도 내지 못했고, 가까스로 양주 군장리에 묏자리를 마련하여 임시로 장례를 치렀다. 그런데도 능양군은 그 어떤 말도 하지 않고 그야말로 말 못하는 사람처럼 입을 닫고 살았다.

인조의 조심성 많은 성격은 반정을 통해 왕이 된 이후에도 여전했다. 특히, 누군가 자신의 글씨를 흉내 내어 모략이라도 꾸밀까 봐 노심초사했다. 그래서 신하에게 비답을 내릴 때도 자신이 쓴 글을 내시에게 베끼게 해서 주었고, 손수 쓴 초고도 찢은 후 물에 씻어서 없애버렸다. 심지어 자식들에게 친필로 편지를 보내는 법도 없었고, 종친에게도 필적을 담은 글을 내린 적은 거의 없었다. 그 때문에 인조의 친필은 남아 있는 게 거의 없다.

설상가상으로 인조는 즉위 이후 여러 일로 고초를 겪었다. 특히 잇따라 닥친 전란으로 몇 번이나 도성을 비우고 도망치는 신세가 되었다. 왕위에 오른 지 채 1년도 되지 않은 1624년에 일어난 '이괄의 난' 때에는 한양을 버리고 공주로 달아났고, 3년 뒤에 다시 정묘호란이 발발하자 역시 한양을 버리고 강화도로 몸을 피했다. 그리고 1636년 병자호란 때에도 한양을 버리고 강화도로 달아나다 상황이 여의치 않아 남한산성에서 농성籠城을 펼쳤다. 하지만 결국 청나라 군대의 압박에 굴복하여 청 태종 홍타이지에게 세 번 절하고 아홉 번 땅에 머리를 찧는(삼배구고두례三拜九叩頭禮) 굴욕을 당해야 했다.

인조의 항복 이후 청은 소현세자와 세자빈 강씨, 봉림대군 등을 인질로 잡아갔다. 아비를 대신하여 아들들이 잡혀간 것이다. 그런데 청에 끌려간 소현세자는 8년여 동안 심양관에 머무르면서 단순한 인질 차원을 넘어 외교관의 역할을 톡톡히 수행하였다. 또 조선과 청의 원만한 관계 유지를 위해 그 나라 고관대작들과도 친분을 맺었으며, 청이 조선에 무리한 요구를 하면 그를 막아내고자 노력도 하고, 이 과정에서 그들에게 쓸 뇌물을 마련하기 위해 이윤을 목적으로 한 상거래를 하기도 하였다.

이 때문에 청은 조선과의 일을 세자의 재량으로 처리하라고 강요하기도 했다. 심양에서 세자는 양국 간에 제기된 문제를 해결하는 조정자로 역할함으로써 청에서는 실질적인 조선 임금 노릇을 하게 되었다. 그러자 심양관이 청을 부추겨 세자가 조선 왕이 되고 대신 인조가 인질이 되어 청에 머물게 할 것이라는 풍문이 인조의 귀에 전해졌다. 이에 인조는 소현세자를 의심하기 시작했고, 그때부터 소현세자에 대한 청의 후대나 세자의 영리추구를 위한 상행위가 모두 역모를 위한 자금 마련책이라고 보았다. 그래서 인조는 사람을 보내 세자의 동태를 비밀리에 감시하기에 이른다.

인조의 그런 속내를 전혀 모른 채 소현세자는 1645년 2월에 8년간의 인질 생활을 청산하고 고국으로 돌아왔다. 그러나 그를 맞은 건 환대와 위로가 아니라 철저한 박대였다. 인조는 세자가 친청주의자가 되어 돌아왔다고 생각하고 그가 가지고 온 서양 서적과 물자까지 내쳤다.

뜻밖의 박대와 부왕과의 갈등으로 몸져눕게 된 소현세자는 와병한 지 사흘 만에 의문의 죽음을 맞는다. 처음 그의 주치의였던 박군은 학질이라고 진맥하였으나 인조의 애첩 조씨의 소개로 들어온 의원 이형익이 연달아 침을 놓은 후 급서하고 말았다. 이는 귀국한 지 두 달 만인 4월 26일의 일이었다.

실록에는 시신이 새까맣게 변하였고 아홉 구멍에서 피가 흘러 얼굴을 알아볼 수가 없을 정도였다고 기록하고 있는데, 이는 독살되었음을 시사하는 것이었다. 실록은 소현세자를 죽인 하수인으로 이형익을 지목하고 있다. 하지만 인조는 사인에 관해 관심조차 보이지 않았으며 서둘러 입관을 지시하고 이형익을 처벌하지도 않았다. 게다가 박대에 가까운 장례를 치르자 삼사에서 그 부당함에 대해 간하기도 했으나 인조는 전혀 개의치 않았다.

인조가 소현세자를 미워한 씨앗이 된 것은 소현세자가 자신의 왕위를 노리고 있다는 의심이었다. 의심이 미움이 되고, 미움이 독살로 이어졌을 가능성이 큰 것으로 보인다. 그러나 인조는 아들의 죽음에 만족하지 않았다. 그의 미움은 아들을 넘어 며느리와 손자에까지 미치게 된다.

며느리와 손자는 왜 미워했을까?

장자 소현세자가 죽은 뒤 인조는 세손이 어리다는 이유로 차남 봉림대군을 세자로 삼았다. 그러나 인조는 여전히 꺼림칙했다. 세자빈 강씨와 세손이 살아있었기 때문이다. 결국, 인조는 후궁 조씨와 함께 그해 1645년 9월에 강빈을 제거하기 위해 한 가지 계략을 꾸몄다. 소현세자의 궁녀였던 신생을 매수하여 강빈이 인조와 소용 조씨, 새롭게 세자가 된 봉림대군(효종) 등을 저주하기 위해 대궐 곳곳에 사람의 뼈와 구리로 된 흉상을 묻어뒀다고 고발하게 한 것이다.

신생의 고변告變이 있자, 인조는 강빈의 궁녀들인 계향과 계환을 잡아다 궁궐 내옥內獄에서 국문을 벌였다. 하지만 그들은 끝까지 자복하지 않았고, 급기야 국문 중에 사망하였다. 신생의 고변처럼 그런 엄청난 일이 있었다면 당연히 의금부에서 국문장을 마련하여 국법에 따라 심문하는 것이 옳았다. 하지만 인조는 이를 조정에 맡기지 않고 내옥에서 은밀히 국문하였다. 만약 조정 대신들이 알았다면 크게 반발했을 사안이었다.

이렇듯 몰래 국문을 벌이다 궁녀들이 죽자, 인조는 그들이 왕실을 저주하여 내옥에서 국문했고 국문 중에 죽었다는 내용만 조정에 알렸다. 그리고 궁녀들의 죽음은 왕실 내부 사건이니 조정은 간여치 말라고 명했다. 막상 일은 그렇게 처리했지만, 인조는 난처했다. 정작 목표는 궁녀들이 아니라 강빈이었는데, 궁녀들의 자백을 받지 못했으니 강빈을 함부로 몰아세울 수도 없는 일이었다. 어렵게 신생을 매수하여 고변시킨 일은 이렇게 실패로 끝났다.

그러나 인조는 포기하지 않았다. 이듬해인 1646년 1월에 대궐이 발칵 뒤집어지는 사건이 발생했다. 인조의 수라상에 올라온 전복구이에서 독극물이 발견된 것이다. 사건이 발생하자마자 인조는 강빈을 의심했다. 그래서 강빈의 궁녀들과 음식을 올린 나인들을 함께 국문토록 했다. 왕이 증거도 없이 강빈의 궁녀들을 국문하자 조정에서는 인조의 태도가 의도적이라고 판단했다. 이미 강빈의 오라비인 강문성과 강문명에게 죄명을 붙여 유배를 보냈고, 강빈의 일족을 대거 벼슬에서 쫓아냈기 때문이다. 그때 강빈의 아버지 강석기는 죽고 없었다.

전복구이 사건으로 총 여덟 명의 궁녀를 하옥했는데 그중 정렬,

계일, 애향, 난옥, 향이 등은 강빈의 궁녀였고 나머지 천이, 일녀, 해미 등은 음식을 맡은 궁녀였다. 이때 강빈 또한 궁궐 후원 별당에 유폐되었다. 인조는 유폐시킨 강빈에게 단 한 명의 시녀도 붙이지 못하게 했고 문도 폐쇄하고 그 문에 작은 구멍을 뚫어 음식과 물을 주게 했다. 그러자 세자(봉림대군, 효종)가 이렇게 간했다.

"강씨가 비록 불측한 죄를 의심받고 있다고는 하나 간호하는 사람은 있어야 할 것입니다. 더구나 지금 죄지은 흔적이 분명치도 않은데, 성급하게 이런 조처를 하고 시녀 하나 붙이지 않는단 말입니까?"

그제야 인조는 강씨에게 시녀 한 명을 붙여줬다. 당시 사건에 대해 실록의 사관들은 다음과 같이 판단하고 있다.

대개 이때 강빈이 죄를 얻은 지 이미 오래였고, 조소원이 더욱 참소하였다. 상이 이 때문에 궁중 사람들에게 누구든 강씨와 말을 나누는 자는 벌을 주겠다고 했다. 그 때문에 양궁(세자빈궁과 대전)의 왕래가 끊어져 어선御膳(임금에게 올리는 음식)에 독을 넣는 것은 형세상 있을 수 없는 일이었다. 그런데도 상이 이처럼 생각하므로, 사람들이 다 조씨가 모함한 데서 연유한 것으로 의심했다.

실록의 이 내용을 보면, 당시 전복구이 독극물 사건은 인조와 조소용이 꾸민 짓이다. 인조는 이 사건을 빌미로 어떻게 해서든 강빈을 죽이려 했다. 그러나 강빈의 궁녀와 음식을 만든 궁녀들이 모두 자백하지 않은 채 고문을 받다 죽었다. 결국 강빈의 죄를 입증하지 못했지만, 인조는 대신들을 불러 강빈을 죽이라고 했다. 하지만 조정에서는 증거도 없고 자백도 없는 상황에서 강빈을 죽일 수 없다고 버텼다. 그러자 인조는 비망기備忘記에 이렇게 썼다.

'강빈이 심양에 있을 때부터 은밀히 왕위를 바꾸려고 도모했다. 갑신년 봄에 청나라 사람이 소현세자와 빈을 보내줬는데, 그때 내간에서 강빈이 은밀히 청나라 사람과 도모하여 장차 왕위를 교체하는 조처가 있을 것이라고 말했다. 이렇듯 군왕을 해치려 했으니 해당 부서가 율문을 상고해 품의하여 처리토록 하라.'

그 소리를 듣고 대신들은 서로 보며 어떻게 대답해야 할지 몰랐다. 그때 이시백이 말했다.

"시역弑逆(부모나 임금을 죽임)이야 말로 큰 죄인데, 어떻게 짐작으로 단정할 수 있겠습니까?"

이렇게 대신들이 반대하자, 인조는 화를 내며 오히려 대신들이 반란을 도모할까 의심하며 포도청에 명하여 대신들을 감시하게 했다. 이후 인조는 조정의 반대에도 승정원에 강빈을 폐출하고 사사하라는 말을 내리고 그 뜻을 조정에 알리게 했다.

하지만 누구 하나 나서서 강빈을 죽여야 한다고 말하지 않자 인조는 정승들과 삼사의 장관들을 모두 불러 강빈이 시역의 죄를 저질렀다고 강변하고 죽일 것을 주장했다. 심지어 이 과정에서 성종이 자신의 왕비를 죽인 것을 들먹이며 아내와 며느리 중에 누가 더 중하냐고 묻기도 했다. 성종이 아내를 죽이는 것도 조정에서 받아들였는데 어째서 아내보다 먼 며느리 죽이는 일을 받아들이지 않느냐는 다그침이었다.

이쯤 되자 조정에서도 더는 인조의 뜻을 거스르지 못했다. 이미 인조가 강빈을 죽이기로 작정한 이상 막을 방도가 없었다.

인조는 이처럼 자신의 왕위를 빼앗길까 염려하여 아무 죄도 없는 아들과 며느리는 물론이고 관련도 없는 궁녀들을 무려 십여 명이나 죽였다. 그것도 모자라 이듬해에는 강빈의 어머니와 형제들을 문초하고, 그들의 종과 강빈과 조금이라도 관계가 있었던 모든 궁녀를 문초하여 죄인으로 몰았다.

하지만 강빈이 사람 뼈와 구리로 형상을 만들어 왕과 세자를 저주했다는 고변을 한 궁녀 신생에 대해서는 끝까지 죄를 묻지 않았다. 헌사에서는 신생도 역모에 가담한 것이 분명하다고 했지만, 인조는 신생의 도움으로 궁궐 곳곳에 묻혀 있던 흉물들을 찾아냈다며 그 공로를 생각하여 벌하지 말라고 명했다. 근본적으로 신생은 인조와 소용 조씨에게 매수된 것인 만큼 끝까지 그녀를 보호할 수밖에 없었다.

강빈을 죽인 인조의 시선은 이번에는 그녀의 세 아들에게 향했다. 인조는 그들을 제주도에 유배 보냈다. 이후 유배된 세 손자 중에 경선군과 경완군은 의문의 병에 걸려 죽었다. 다만, 셋째 아들 경안군은 가까스로 살아남았다. 하지만 그도 역모의 불씨가 된다고 하여 제주에서 남해로 다시 강화로 유배지를 전전하며 살아야 했다.

15장

효종 편

재주를 숨기고 살다

봉림대군(효종)은 원래 왕이 될 가능성이 거의 없던 인물이다. 왕위는 형 소현세자가 잇기로 되어 있었고, 설사 소현세자가 무슨 일을 당하여 죽는다고 하더라도 왕위계승권의 다음 서열은 소현세자의 아들들에게 있었다. 그러니 봉림대군은 왕위를 꿈꿀 수 없었다. 그는 어릴 때부터 이 사실을 인지하고 스스로 재주를 숨기고자 애썼다. 왕위계승권자가 아닌 왕자가 뛰어난 능력을 가졌다는 것이 세간에 알려지면 목숨이 위태로울 수 있었기 때문이다. 이와 관련하여 《공사견문록》에는 이런 기록이 남아 있다.

임금이 일찍이 잠저潛邸(임금이 되기 전에 살던 집)에 있을 때, 사부인 윤선도에게 처신하는 방도를 물었더니 그가 이렇게 아뢰었다.

"공자나 왕손은 향긋한 나무 밑에 있고, 맑은 노래와 빼어난 춤은 떨어지는 꽃 앞에 있다고 했으니 이 어찌 천고의 명작이 아니겠습니까?"

이 글은 세상에 재주와 덕을 감추고 어리석은 듯 처세하라는 귀띔이었다.

임금이 늘 여러 부마에게 이렇게 일렀다.

"윤선도가 나를 아껴서 한 말인데, 나를 깨우치는 데 도움이 많았다."

왕위를 잇지 못할 왕자는 어떻게 처신하는 게 현명한가? 봉림대군 이호가 스승 윤선도에게 던진 질문이다. 그러자 윤선도는 시 한 구절을 들려주었다. 그 구절은 어차피 왕이 되지 못할 신세이니 재주와 덕을 감추고 어리석은 듯 행동하여 왕을 안심시키며 살라는 은유적 표현이었고, 이호는 그 말을 알아들었다. 그리고 대군으로 사는 동안 늘 그 가르침을 가슴에 새기고 함부로 능력을 드러내지 않았다.

윤선도가 봉림대군을 가르친 것은 1628년 3월부터 1632년 11월까지 4년 8개월 동안이다. 윤선도는 1628년(인조 6년) 별시 문과 초시에 장원으로 급제하고 고향인 해남에서 지냈다. 그리고 그해 3월에 우의정 장유의 특별 추천으로 왕자사부가 되어 봉림대군과 인평대군을 가르쳤다. 1632년 당시 봉림대군 이호의 나이는 불과 열네 살이었다. 그런데 그 어린 나이에 윤선도가 은유적으로 일러

준 글귀를 알아듣고 스스로 능력을 감추고 살 생각을 했다는 것은 그만큼 어린 시절부터 남다른 데가 있는 아이였다는 얘기다.

하지만 범상치 않은 소년 이호가 청년기로 접어들 무렵, 전혀 예상치 못한 인생이 기다리고 있었다. 1636년 열여덟 살에 병자호란이 일어나고 조선이 청에 굴복하자 이호는 1637년에 형 소현세자와 함께 청나라에 인질로 끌려가 무려 8년 동안 심양에서 살아야 했다. 그는 볼모 생활 중에도 윤선도의 귀띔을 잊지 않았다. 하지만 사람의 성품과 능력은 숨긴다고 숨겨지는 것이 아니었다. 이에 대해 실록은 한 가지 사건을 예로 들고 있다.

정축년(1637년)에 소현세자를 따라 인질로 심양에 들어갔을 때 소현세자와 한집에 거처하며 정성과 우애가 두루 지극하였으며, 난리를 만나 일을 처리하면서 안팎으로 주선한 것이 모두 매우 적절하였다. 연경으로 들어간 뒤 청인淸人들이 금옥金玉과 비단을 소현과 왕에게 주었으나 왕은 홀로 받지 않으며 포로로 잡혀 온 우리나라 사람들을 대신 돌려주기를 바란다고 하니 청인들이 모두 탄복하며 허락하였다. 또 어떤 관상가가 왕을 보았는데 자기들끼리 "참으로 왕자王子다." 하였다.

낭중지추囊中之錐라 했던가? 송곳은 주머니 속에 있더라도 결국 드러나기 마련이듯 재주가 뛰어난 사람이 아무리 숨기려 하여도 저절로 남의 눈에 띄게 되는 법이다. 효종 역시 마찬가지였다. 그는 어떻게 해서든 재주와 능력, 성품을 숨긴 채 살고자 했지만 은 연중에 드러나곤 했다.

이렇듯 봉림대군의 명성이 자자해지자 심양을 왕래하던 조선 신하 중에는 봉림대군에게 아부하는 자들도 있었다. 당시 조선에 는 소현세자가 청나라 사람들에게 신망을 얻어 어쩌면 소현세자 를 조선 왕으로 봉하고 인조를 인질로 끌고 갈지도 모른다는 헛 소문이 파다하게 퍼져 있었다. 이 때문에 인조는 소현세자를 몹시 경계하고 미워했다. 그런 인조의 속내를 읽는 몇몇 사신들은 심양 에 갈 때마다 은근히 봉림대군과 친밀해지고자 했다. 그들은 혹 인조가 소현세자를 내쫓고 봉림대군을 세자로 책봉할 수도 있다 고 판단했던 것이다.

그러나 효종은 행동만 바른 것이 아니라 성품도 대쪽 같은 구석 이 있었다. 아부를 싫어하고 공사를 구분하지 못하는 자들을 멀리하 는 성품이었다. 거기다 효심도 깊었다. 그래서 묘호도 효종이라고 한 것이다. 실록의 다음 기록은 효종의 지극한 효심을 바로 보여준다.

'인조의 병세가 위독해지자 왕이 손가락을 잘라 피를 내어 먹였 는데 얼마 되지 않아 인조가 승하하였다. 왕은 맨땅바닥에 거처하 며 가슴을 치며 통곡하면서 물이나 간장도 들지 않았다.'

조선의 왕 중 문종처럼 효심이 남다른 인물이 몇 있지만, 자신 의 손가락을 베어 부왕에게 피를 먹인 경우는 드물었다. 특히 효 종은 이날 손가락을 너무 심하게 잘라 하마터면 손가락 하나가 잘 려나갈 뻔했다고 하니 그야말로 지극한 효심이었다.

예상치 못한 의료사고의 희생자

효종은 검소하고 주색을 멀리했으며, 건강관리를 아주 잘하는 왕이었다. 그래서 특별한 병치레 없이 무척 건강했다. 그런데 마흔 살을 갓 넘긴 즈음에 갑자기 죽었다. 무슨 일이 있었던 걸까? 이에 대한 의문은 효종의 사망 경위를 적은 실록의 기록을 통해 확인할 수 있다. 1659년(효종 10년) 5월 4일, 실록은 효종의 죽음에 대해 이렇게 적고 있다.

상이 대조전에서 승하하였다. 약방 도제조 원두표, 제조 홍명하, 도승지 조형 등이 대조전의 영외에 입시하고 의관 유후성, 신가귀 등은 먼저 탑전에 나아가 있었다(신가귀는 병으로 집에 있었는데, 이날

병을 무릅쓰고 궐문으로 나아가니 입시하라고 명하였다).

상이 침을 맞는 것의 여부를 신가귀에게 하문하니 가귀가 대답하였다.

"종기의 독이 얼굴로 흘러내리면서 농증膿症을 이루려고 하니 반드시 침을 놓아 나쁜 피를 뽑아낸 연후에야 효과를 거둘 수 있습니다."

하지만 유후성은 경솔하게 침을 놓아서는 안 된다고 하였다. 왕세자가 수라를 들고 난 뒤에 다시 침 맞을 것을 의논하자고 극력 청하였으나 상이 물리쳤다. 신가귀에게 침을 잡으라고 명하고 이어 제조 한 사람을 입시하게 하니 도제조 원두표가 먼저 대조전으로 들어가고 제조 홍명하, 도승지 조형이 뒤따라 들어갔다. 침을 맞고 나서 침구멍으로 피가 나오니 상이 말했다.

"가귀가 아니었더라면 병이 위태로울 뻔하였다."

피가 계속 그치지 않고 솟아 나왔는데 이는 침이 혈락血絡을 범했기 때문이었다. 제조 이하에게 물러나가라고 명하고 나서 빨리 피를 멈추게 하는 약을 바르게 하였는데도 피가 그치지 않으니 제조와 의관들이 어찌할 바를 몰랐다. 상의 증후가 점점 위급한 상황으로 치달으니, 약방에서 청심환과 독삼탕을 올렸다. 백관들은 놀라서 황급하게 모두 합문 밖에 모였는데, 이윽고 상이 삼공과 송시열, 송준길, 약방제조를 부르라고 명령하였다. 승지사관과 제신들도 뒤따라 들어가 어상御床 아래 부복하였는데, 상은 이미 승하하였고 왕세자가 영외에서 가슴을 치며 통곡하였다.

이 기록에 따르면 효종은 과다출혈로 사망했다. 아마도 침으로 종기를 찢으면서 혈관을 건드렸고, 이로 인해 출혈이 멈추지 않아 죽음에 이르렀을 가능성이 크다.

얼굴에 난 종기를 면종이라고 하는데, 대개 한의학에서는 면종에 침 사용하기를 꺼리는 편이다. 침으로 종기를 치료하는 과정을 살펴보면, 끝이 칼처럼 생긴 피침으로 종기를 찢어서 고름을 짜내는 방법을 사용한다.

그런데 얼굴에는 다양한 혈관이 있어서 혹 피침으로 종기를 찢다가 혈관을 잘못 건드리면 심각한 상황으로 치달을 수 있다. 그래서 의원들은 되도록 면종은 고약으로 치료한다.

하지만 효종은 신가귀의 침을 신뢰하였고, 신가귀 또한 침으로 면종을 고칠 수 있다고 자신했다. 그리고 이는 의료사고로 이어져 효종이 사망하는 사태에 이르른 것이다.

이런 급작스럽고 어이없는 효종의 죽음을 두고 타살설이 제기되기도 한다. 그러나 당시 상황을 살펴보면 타살의 가능성은 거의 없다. 신가귀에게 침을 놓으라고 강요한 것도 효종이고, 신가귀 또한 별다른 계획이 있어서 침을 놓은 것이 아니기 때문이다. 또한 신가귀 이외에도 시침할 여러 의관과 신하들이 함께 있었고, 효종의 강요가 없었더라면 신가귀가 아픈 몸으로 침을 놓았을 까닭이 없었다.

어떤 이는 당시 효종의 죽음을 여러 사림 당파들이 합작한 것이라는 의혹을 제기한다. 그 의혹은 효종이 전제 왕권을 추구하며 신권과 강한 충돌을 일으키자, 신권이 결합하여 신가귀를 이용해 타살했다는 것이다. 하지만 이러한 주장은 과하다. 서로 대립하고 있던 붕당이나 당파들이 왕권을 견제하기 위해 하나로 합칠 리도 없지만, 시급한 치료 상황에서 그런 합의를 이뤄낸다는 것은 불가능에 가깝기 때문이다. 따라서 효종의 죽음은 일종의 의료사고라고 보는 것이 합리적인 결론일 것이다.

16장

현종 편

후궁 하나 두지 못한 왕

　현종은 그 묘호에서 보듯 현명한 왕이었다. 인정도 많고 남에 대한 배려심도 깊었다. 이런 그의 성품은 어린 시절부터 잘 드러났다. 그가 세손 시절의 일이다. 궁궐 합문밖에 나가 놀다가 문지기가 아주 여위고 얼굴이 까맣게 탄 것을 보고 내시에게 그 연유를 물었다고 한다. 그래서 내시가 "병들고 춥고 주린 사람입니다."라고 대답하자, 세손 연령은 그 군졸에게 옷을 내려주고 밥을 주게 했다.

　이 이야기 외에도 현종의 배려심에 관한 이야기는 여러 책에 다양하게 전한다. 그렇다면 현종이 후궁을 두지 않았던 것도 왕비를 배려한 일이었을까?

현종은 열아홉 살에 왕위에 올라 15년이나 재위했지만 후궁을 두지 않았다. 조선 왕 중에 후궁을 두지 않은 왕은 단종, 예종, 경종, 순종 네 명뿐이다. 단종은 너무 어려서, 예종과 경종은 건강이 나빠서, 순종은 정치 상황이 나빠서 후궁을 둘 수 없었다. 하지만 현종은 이런 이유도 없었고, 아들도 한 명밖에 얻지 못했으며, 재위 기간도 15년이나 되는데, 후궁을 한 명도 두지 않았으니 선뜻 이해할 수가 없다.

원래 왕들이 후궁을 두는 것은 여색을 탐해서라기보다 후사 때문이다. 왕비에게서 아들을 얻지 못했을 때, 후궁의 아들이라도 택하여 왕위를 승계하려는 것이다. 왕조 국가에서 왕위 계승권자가 선정되지 못하면 국가가 흔들리고 혼란에 빠질 수밖에 없으므로 왕위 계승을 위해 아들을 여럿 두는 일은 매우 중요했다.

현종 이전에 왕위 계승권자가 없어 양자에게 왕위를 잇게 한 경우는 명종이 유일했다. 하지만 명종이 원래 세자가 없었던 것은 아니다. 그에게도 왕위를 계승할 순회세자가 있었는데, 일찍 죽는 바람에 어쩔 수 없이 양자에게 왕위를 잇게 했다. 명종은 세자가 있었음에도 왕비 이외에 다섯 명의 후궁을 두어 후사를 안정시키려고 했다. 그런데 현종에게 아들은 재위 2년에 얻은 순(숙종) 하나뿐이었는데, 후궁을 한 명도 들이지 않은 것은 당시 왕가에서는 있을 수 없는 일이었다.

그렇다면 현종은 왕비 명성왕후 김씨를 너무 사랑해서 후궁을 들이지 않은 것일까? 사실 현종과 명성왕후는 금실이 좋았다. 현종이 명성왕후 김씨와 결혼한 것은 1651년이었다. 당시 세자였던 현종은 열한 살이었고, 김씨는 열 살이었다. 그야말로 꼬마 신랑과 꼬마 각시였고 소꿉동무라고 해도 과언이 아닐 나이였다. 이후로 두 사람은 동궁에서 쭉 같이 살았고, 첫 아이는 김씨가 열일곱 살 되던 1658년에 얻었다. 흔히 부부가 금실이 좋으면 딸이 많다는데, 현종과 명성왕후도 딸을 여럿 두었다.

명성왕후는 1남 5녀를 낳았는데, 첫딸은 1658년에 얻었으나 이내 죽었고, 이듬해 다시 딸을 하나 더 낳았으나 역시 요절했다. 그리고 다음 해 다시 셋째 딸 명선공주를 얻었고, 이듬해인 1661년에 마침내 아들 순을 낳았다. 그녀는 1658년부터 매년 아이를 낳은 셈이다. 그리고 순 이후로 4년 뒤인 1665년에 명혜공주를 낳았고, 1667년에 막내딸 명안공주를 낳았다.

물론 이렇듯 딸을 많이 낳았다고 두 사람의 금실이 좋았다고 단정할 순 없다. 〈현종실록〉 어디를 살펴봐도 현종이 중전과 사이가 나빴다는 기록은 없다. 현종이 후궁을 두지 않았으니 여자 문제로 다투거나 김씨가 투기를 한 기록도 없다. 대신 두 사람이 나란히 충청도 온양까지 온천을 다녀온 기록은 여러 번 나온다.

게다가 현종 시절 내내 명성왕후 김씨의 아버지 김우명과 그 일가가 권력을 좌지우지했다. 외척의 힘이 강했다는 것은 그만큼 중전의 위상이 안정적이었다는 뜻이다. 이는 모두 왕과 왕비의 관계가 매우 좋았다는 의미이기도 하다.

하지만 역사상 부부 금실이 좋은 것과 후궁을 두는 것은 별개의

문제였던 경우가 많다. 세종도 소헌왕후와 금실이 매우 좋았지만, 후궁을 여럿 두었다. 또 신하들도 세종에게 후궁 두길 권했다. 하지만 현종에게는 신하들도 후궁 간택을 권유하지 않았다. 왜일까? 외척으로 강력한 권력을 가졌던 김우명 일가의 눈치를 본 것일까? 아니면 건강 문제였을까?

사실 현종은 어릴 때부터 지병持病이 있었다. 그 지병 탓에 자주 눈병이 나고 몸에, 그것도 얼굴이나 목에 종기가 생겼다. 종기가 얼굴이나 목에 나는 것은 매우 위험한 일이다. 이 때문에 현종은 자주 침을 맞았고, 때로는 종기를 터뜨려 고름을 짜냈다. 하지만 단순히 몸이 허약해서 후궁을 두지 않았다고 단정하는 것은 무리가 있다. 현종은 15년이나 왕위에 있었고, 경종처럼 늘 병상에 있었던 것도 아니다. 자주 종기나 눈병으로 고통스러워했지만, 성생활을 하지 못할 정도는 아니었다. 이는 명성왕후가 지속해서 자녀를 생산했던 사실을 통해서도 확인된다.

그렇다면 현종이 후궁을 두지 못한 진짜 이유는 무엇이었을까? 현종이 다른 여자를 가까이하지 않았던 진짜 이유는 명성왕후 김씨 때문이었을 것이다. 명성왕후는 질투심이 매우 강하고, 성질이 드센 여자였다. 고집도 세고 권력욕도 강했다. 그 때문에 너그럽고 온화한 성품의 현종이 그녀가 싫어하는 일이라 하지 않았을 가능성이 더 크다. 또 신하들이 현종에게 후궁 간택을 권하지 않은 것도 명성왕후와 김우명을 의식해서 그랬을 것이다.

그의 아이를 밴 궁녀는 어떻게 됐을까?

현종은 정말 명성왕후 이외에는 어느 여자도 가까이 하지 않았을까? 비록 정식으로 후궁으로 삼지는 못했지만, 현종도 딱 한 번 왕비 외에 다른 여인을 취한 일이 있었다. 그녀는 군기시軍器寺 서리胥吏 김이선의 딸 김상업이었다.

상업은 현종의 승은을 입은 유일한 궁녀였다. 하지만 그녀는 후궁이 되지는 못했다. 원래 궁녀가 승은을 입어 아이를 낳으면 후궁이 된다. 그러나 승은을 입고도 아이를 낳지 못하면 후궁의 첩지는 받지 못하고 특별상궁이 된다. 이 경우 소임이 없고 상궁의 벼슬을 얻어 후궁 대접을 받게 된다. 그런데 이상하게도 상업은 후궁도 특별상궁도 되지 못하고 그냥 궁녀 신분으로 남았다. 〈숙종실록〉에는 분명히 그녀가 현종의 승은을 입은 여인이라고 기록하고 있는데, 왜 그녀는 궁녀 신분을 벗어나지 못했을까?

상업이 후궁이 되지 못한 이유는 아마도 그녀가 승은을 입은 사실을 현종이 공표하지 못했기 때문이었을 것이다. 현종이 상업과 동침한 시기는 현종 말년이다. 현종은 눈병과 종기를 달고 살다가 급작스럽게 사망한다. 현종이 사망에 이르게 된 경위를 살펴보면, 1674년 8월 1일에 복통이 시작되었고, 8월 7일에는 몸을 가눌 수 없는 처지가 되었으며, 8월 8일에는 몸이 불덩이처럼 뜨거워져 위급한 상황이었다. 그리고 10일가량 사경을 헤매다 8월 18일에 사망했다.

복통이 원인인 것으로 봐서 내장 기관에 문제가 있었고, 몸에 열이 났다는 것으로 봐서 심한 염증이나 출혈이 있었던 것으로 보인다. 말하자면 장 천공으로 인한 복막염 증세로 사망한 것으로 추정되는데, 그 원인에 대해서는 불분명하다.

상업은 현종이 발병하기 얼마 전에 승은을 입고 임신했다. 그리고 그녀가 승은을 입은 사실은 궁궐 내부에 이미 알려져 있었고, 왕비 김씨도 알고 있었다. 하지만 상업은 후궁 첩지는커녕 궁궐에서 내쫓기는 신세가 된다. 그녀를 쫓아낸 사람은 명성왕후였을 것이다. 이에 현종은 상업에게 궁궐로 돌아오라고 했지만, 상업은 돌아오지 못한다. 그런 상황에서 현종이 갑자기 죽은 것이다.

현종이 죽고 상업이 아이를 낳자 명성왕후는 상업의 아이를 현종이 아닌 다른 남자의 아이라고 주장했다. 그 다른 남자란 효종의 동생인 인평대군의 아들 복창군이었다.

복창군은 현종의 사촌이었지만, 형제가 없었던 현종은 인평대군의 세 아들인 복창군, 복선군, 복평군 등과 친형제처럼 지냈다. 그래서 복창군은 현종을 대신하여 상업을 보살펴주고 있었는데, 명성왕후는 이를 복창군과 상업이 간통하여 아이를 낳았다고 몰아갔다.

이 사건을 흔히 '홍수의 변'이라고 한다. 홍수란 '붉은 옷소매'라는 뜻인데, 궁녀를 의미한다. 궁녀 중에 나인들은 옷소매의 끝동에 자주색 물을 들이고, 상궁들은 남색 물을 들이는 데서 연유한 말이다. 즉, 홍수라면 아직 상궁이 되지 못한 젊은 궁녀를 지칭한다.

이 사건은 얼핏 보면, 왕족인 복창군이 궁녀를 건드린 치정 사건으로 보이지만, 그 내막은 명성왕후가 상업을 죽이려고 꾸민 음모였다. 이는 사건의 경위를 분석해보면 명백하게 드러난다.

명성왕후의 아버지 김우명이 올린 상소를 보면 복창군과 동생 복평군이 궁녀 김상업과 내수사의 비자婢子 귀례와 간통하여 각각 임신시켰다는 것이다. 그런데 의금부에서 심문해도 그들은 한결같이 이를 부인했다. 그러자 의금부에서는 고문하여 자복을 받아야 한다고 주장했지만, 숙종은 내용이 모호하다며 모두 석방하라고 명령했다. 당시 실록의 기록을 보면 숙종이 뭔가 감출 것이 있어 이런 조처를 했다고 한다.

그런데 그들이 풀려난 뒤에 명성왕후가 나서서 자신이 그들의 간통 사실을 잘 안다면서 악다구니를 쓰며 그들을 벌줄 것을 주장했다. 그 때문에 복창군 형제와 상업, 귀례 등은 다시 의금부 옥에

간혔다. 그리고 명성왕후의 주장에 따라 사형을 내리기로 한다.

하지만 숙종의 환관 김현과 조희맹, 상궁 윤씨 등은 북창군 형제와 상업, 귀례 등은 죄가 없다며 죽여서는 안 된다고 주장한다. 숙종은 복창군 형제를 다시 풀어줬는데, 명성왕후가 다시 나서서 그들을 죽여야 한다고 주장하자 마지못해 그들을 유배 보내는 것으로 상황을 마무리했다.

하지만 사건은 이것으로 끝나지 않았다. 사실, 이 사건을 통해 명성왕후가 노린 것은 상업을 죽이는 것이었지만, 그녀의 아버지 김우명은 다른 목적이 있었다. 당시 김우명은 서인의 거두였는데, 복창군 형제는 남인과 친했다. 그래서 김우명은 복창군 형제들을 제거하여 남인의 힘을 약화하려 했다. 그런데 숙종이 동조하지 않아 뜻을 관철하지 못한 것이다. 김우명은 이후에도 복창군 형제를 제거하고 동시에 남인들을 숙청할 기회를 노렸다. 그리고 5년이 지난 1680년에 그 일이 성사된다.

1680년 4월, 김우명의 조카 김석주가 앞장서서 남인의 영수 허적의 서자 허견이 복창군 형제와 함께 역모를 꾀하고 있다고 고변했다. 이 사건으로 허견은 능지처참 되고, 복창군과 복선군은 교수형에 처해졌다. 또 복평군은 유배되었으며, 허적은 평민 신분으로 전락했고, 환관 조희맹도 유배되었다. 이 사건을 '경신환국'이라고 하는데, 명성왕후의 질투심에서 비롯된 홍수의 변이 결국은 엄청난 정치 사건으로 비화하여 남인 세력이 대거 몰락하는 사태로 이어진 것이다.

17장

숙종·경종 편

아들 때문에 왕비를 내쫓다

왕과 왕비의 관계는 부부이지만 정으로 맺어진 사이가 아니라 정략의 결과물인 경우가 많다. 대부분은 이 정략의 결과에 순응하며 살았다. 숙종의 첫 왕비는 인경왕후였다. 열한 살, 사랑이 뭔지도 모를 나이에 만나 부부 인연을 맺은 여인, 서인 김만기의 딸 진옥, 그녀는 그렇게 의무적으로 함께 살아야 하는 여자였다. 그녀의 아버지 김만기가 누구인가? 서인 산당의 뿌리 김장생의 증손자이자 김집의 아들, 김익훈의 조카 아닌가? 진옥은 서인 내부의 정략결혼으로 맞은 아내였다. 어머니 명성왕후는 서인 한당 출신이었고, 아내 진옥은 서인 산당 출신이었으니 어머니와 아내도 모두 왕실과 서인의 결탁이 빚어낸 결과물이었다.

소년 왕 숙종은 청년으로 성장하면서 이 정략결혼에 신물이 났다. 특히 서인으로 구성된 외가와 처가, 그런데도 파가 달라 서로 잡아먹지 못해 으르렁대는 그들. 그 치열한 전쟁터에서 어떻게 사랑이 싹트겠는가? 하지만 사랑 없이 아이는 태어났다. 인경왕후 진옥은 열일곱 살 되던 해에 첫아이를 낳았다. 딸이었다. 하지만 아이는 이내 죽고 말았다. 그리고 열아홉 살 때 또 한 아이를 낳았다. 또 딸이었다. 그리고 이 아이도 이내 죽고 만다. 이렇듯 두 아이를 연달아 잃은 그녀는 이듬해 스무 살의 나이로 세상을 떠났다. 그녀의 생을 끊어놓은 것은 천연두였다.

그렇게 두 딸을 잃고, 아내마저 잃은 청년 숙종은 슬픔과 고통 속에서 지내다 새로운 여자를 만나면서 생기를 되찾았다. 이번에는 정략이 아닌 사랑으로 만난 여자였다. 그녀는 장씨 성을 쓰고 옥정이라는 이름을 가진 궁녀였다.

숙종은 옥정을 보고 바로 그녀에게 매료되었다. 하지만 모후 명성왕후는 이를 그대로 두고 보지 않았다. 옥정 집안이 남인들과 친했기 때문이다. 옥정의 당숙 장현은 역관 출신으로 종1품 벼슬까지 오른 인물이었는데, 한양의 거부였다. 그는 재력을 기반으로 남인들을 후원했다. 숙종이 왕위에 오른 1674년부터 남인과 서인 한당파는 정치적으로 제휴 관계에 있었기 때문에 명성왕후는 옥정에 대한 적대감이 없었다. 그러나 한당파는 1680년 경신환국을 통하여 남인들을 대거 내쫓고 서인 산당파와 제휴했다. 이때 옥정의 당숙 장현도 유배되는 처지에 놓였는데, 장옥정 역시 그 화살을 비껴가지 못했다. 명성왕후는 장옥정도 궁궐에서 내쫓아버렸다. 이 때문에 숙종은 사랑하는 여인과 생이별을 했다.

장옥정과 이별한 숙종은 곧바로 서인 민유중의 딸 인현왕후와 결혼해야 했다. 인현왕후는 첫 왕비였던 인경왕후와도 인척이었고, 송시열과도 인척 관계였다. 뼛속까지 서인 산당 출신이었다. 그녀를 추천한 인물은 서인의 영수 송시열과 모후 명성왕후였다. 산당을 대표하는 송시열과 한당의 중심 명성왕후가 손을 잡은 것이다. 숙종은 정략결혼을 원하지 않았지만, 그렇다고 국혼을 거부할 수 없었다. 외가인 서인 한당과 조선 유림의 최대 세력인 서인 산당이 결탁한 국혼이었으니 어쩔 수 없이 받아들였다.

인현왕후가 숙종에게 시집온 때는 1681년으로 인경왕후가 죽은 지 1년쯤 지난 때였다. 당시 그녀는 열다섯 살 어린 소녀였고, 숙종은 스물한 살의 청년이었다. 당시 숙종은 대궐 밖으로 쫓겨난 옥정에 대한 그리움으로 인현왕후에게는 관심이 없었고 어떻게 해서든 옥정을 다시 찾아올 기회를 엿보았다.

숙종은 모후 명성왕후가 눈을 시퍼렇게 뜨고 지키고 있는 한, 장옥정을 다시 궁궐로 들일 방도는 없었다. 설상가상으로 그로부터 얼마 뒤인 1683년 10월, 숙종은 천연두에 걸렸다. 그런데 그 천연두가 숙종의 삶을 크게 바꿔놓았다. 아들의 회복을 빌던 명성왕후가 추운 겨울에 냉수욕을 하며 치성을 드리다 감기에 걸렸고, 그것이 폐렴이 되어 사망하게 된 것이다.

명성왕후가 죽고 삼년상이 끝나자 숙종은 기다렸다는 듯 장옥정을 궁으로 들였다. 장옥정이 궁으로 돌아오자, 숙종은 늘 장옥정의 처소만 찾았다. 숙종은 혹 인현왕후와 영빈이 장옥정을 해칠 수도 있다고 생각해 장옥정의 처소를 중전과 후궁들의 처소가 있던 창덕궁에서 멀리 떨어진 창경궁에 따로 마련했다. 그것도 아주 비밀리에 공사를 진행했고 장옥정에게는 종4품 숙원의 첩지를 내려 정식으로 후궁의 지위를 주었다.

후궁 첩지를 받은 장옥정은 그에 보답이라도 하듯 임신하였다. 그리고 1688년 10월 숙종이 그토록 기다리던 아들을 낳았다. 비록 서자지만, 첫아들을 얻은 숙종의 기쁨은 대단했다. 하지만 인현왕후와 서인들의 반응은 싸늘했다. 당시 대왕대비 조씨의 상중이라는 핑계로 득남을 축하하는 인사조차 올리지 않았다. 심지어 사헌부 지평 이익수는 딸의 산후조리를 위해 입궁하는 장옥정의 어머니 윤씨의 가마를 가로막고, 가마꾼들에게 매질하는 일까지 벌였다.

이 사건은 숙종의 심기를 극도로 악화시켰다. 숙종은 바로 장옥정이 낳은 아들 윤을 원자로 삼겠다는 뜻을 조정에 알렸다. 이는 훗날 세자로 책봉하여 왕위를 계승하겠다는 의미였다. 서인들이 강하게 반발했지만, 숙종은 조금도 물러설 생각이 없었다. 한번 마음먹으면 무슨 일이 있어도 밀어붙이는 게 숙종이었다. 그 상대가 어머니라고 해도 물러서지 않던 그였다. 한마디로 그는 불굴의 직진 대왕이었다. 숙종은 곧 정승과 6판서, 삼사의 요직들을 모두 불러 모아놓고 선언했다.

"지금 원자의 호를 정하고자 하는데, 따르지 않을 자는 벼슬을 버리고 물러가라."

자신과 뜻을 같이하지 않는 자는 모두 내쫓겠다는 의미였다. 이 말을 듣고 이조판서 남용익이 제일 먼저 나와 거부 의사를 밝혔다.

"신이 물러가기는 하겠으나 중전의 춘추가 한창이시니 이번에 하시는 일은 너무 이른 것입니다."

사실, 틀린 말은 아니었다. 그런 까닭에 남인 목창명을 뺀 모든 신하가 남용익의 말에 동조했다. 하지만 숙종은 그들을 모두 물리치고 옥정의 아들 윤에게 원자의 명호를 내리면서 종묘사직에 고했다.

그러자 1689년 2월 초하루, 마침내 서인들도 전면전을 선포했다. 서인의 영수 송시열이 종묘에 고한 원자 정호를 철회하라는 상소를 올린 것이다. 이미 종묘에 고한 일을 철회하라는 것은 숙종에게 무릎을 꿇으라는 것이었다. 종묘에 고했다는 것은 이미 선묘들에게 허락을 얻었다는 뜻인데 이를 철회하라는 것은 선조들의 허락을 모두 무효로 하라는 의미였고, 이는 곧 숙종에게 항복을 요구하는 일이었다.

송시열의 항복요구서를 접한 숙종은 분노하며 송시열을 끌고 와 치죄하라는 명령을 내렸다. 그러자 승정원을 장악하고 있던 서인들이 숙종의 명령을 받들지 않았다. 이에 숙종은 승정원은 물론이고 삼사 요직에 있던 서인들을 모두 내쫓았다. 그리고 그 자리를 남인으로 채웠다. 또 송시열은 물론 서인을 이끌던 김수항, 김익훈, 이사명, 홍치상을 모두 유배 보내고 급기야 죽이기까지 했다. 이 사건을 '기사환국'이라고 한다. 숙종이 기사환국을 일으킨 목적은 단 하나, 사랑하는 여인 장옥정을 지키는 데 있었다.

서인들을 대거 내친 숙종은 그들과 한통속인 부인들도 그냥 두지 않았다. 작은 빌미라도 찾기 위해 눈에 불을 켜고 있는 숙종에게 먼저 걸린 사람은 김수항의 종손녀 영빈 김씨였다. 그녀는 서인 권력의 회복을 위해 은밀히 왕의 동정을 친정에 알리는 역할을 맡고 있었다. 또 그녀는 장옥정의 어머니와 조사석이 불륜 관계라는 유언비어를 유포하기도 했다. 영빈 김씨를 예의 주시하고 있던 숙종은 그런 사실들을 파악하고 그녀를 폐출시켰다. 또 그녀와 내통한 김수항에게 사약을 내려 죽였다.

숙종은 영빈 김씨의 배후가 인현왕후라고 의심했다. 그 때문에 인현왕후를 맹렬히 비난하며 폐출하려는 뜻을 드러냈다. 당시 인현왕후와 숙종은 자주 말다툼을 했다. 1689년 4월 23일은 인현왕후의 생일이었는데, 숙종은 조 대비의 국상 기간이라는 이유로 탄일 하례를 받지 못하게 했다. 하지만 인현왕후는 국모가 탄일에 하례 받는 것은 당연한 권리라며 어명을 무시하고 하례를 받았다.

이 일로 숙종과 인현왕후는 심하게 다투었는데, 싸움 중에 인현왕후는 "나를 폐출할 테면 폐출하라."고 고함을 질렀다. 숙종은 이 내용을 조정에 알려 왕비 폐출 의사를 드러냈다. 이에 86명의 신하가 폐출에 반대하는 의견을 올렸고, 숙종은 그들과 대치하며 폐출을 결행했다. 그 과정에서 반대 의견을 낸 수십 명의 신하를 국문하기도 했다. 그런 다음 숙종은 끝내 인현왕후를 내쫓았다.

숙종이 인현왕후를 내쫓은 목적은 단 하나였다. 장옥정을 왕비로 삼아 그녀와 아들 윤을 보호하기 위해서였다. 서인들이 대거 쫓겨났지만, 인현왕후가 있는 한 서인 세력은 다시 일어날 것이고, 장옥정이 왕비가 되지 않는 한 원자 윤은 서자 신분을 면할 수 없었다. 그런 상황에서 인현왕후나 다른 후궁 중에 누가 아들이라도 낳으면 장옥정과 원자의 신세가 어떻게 되겠는가!

숙종은 인현왕후를 내쫓은 직후에 장옥정을 왕비로 확정했다. 마침내 자신의 연인 옥정을 정부인의 자리에 앉혔다. 그뿐 아니라 원자 윤을 세자로 책봉했다. 대개 세자 책봉은 여덟 살에 하는 것이 관례인데, 혹여 시빗거리가 생길까 봐 마음이 불안했던 숙종은 두 돌도 되지 않은 갓난아이를 세자로 삼았다. 숙종이 인현왕후를 내쫓고 급히 장옥정을 왕비로 확정한 데는 또 다른 이유가 있었다. 인현왕후를 내쫓을 당시 장옥정은 임신 중이었다. 만약 장옥정이 후궁의 몸으로 아이를 낳게 되면 태어날 아이는 서자나 서녀가될 상황이었고, 숙종은 이런 사태를 막기 위해 서둘러 인현왕후를 내쫓았다.

첫사랑, 장희빈을 죽이다

왕비에 오를 당시 장옥정은 건강이 나빴다. 신체 곳곳에 종기가 나고, 머리에도 자주 부스럼이 생겼다. 긴병에 효자 없다는 말이 있지만, 긴병에 열부는 더 없는 법이다. 연인 옥정이 병치레로 자주 드러누워 있는 동안 숙종은 새로운 여자에게 눈이 팔렸다.

숙종의 눈을 사로잡은 여인은 궁궐에서 물을 길어 나르던 무수리(숙빈 최씨)였다. 숙종의 눈에 들었을 때 그녀는 이미 스무 살이 넘었다. 당시 처녀들이 열여섯에서 열여덟 살에 결혼했으니, 최씨는 과년한 나이였다. 어떤 경로로 그녀가 왕의 눈에 들었는지는 자세하게 기록되어 있지 않지만, 그녀가 천비 출신으로 숙종의 승은을 입어 임신한 덕에 후궁이 된 것만은 분명해 보인다.

어쨌든 숙종은 이 새로운 여자를 만나면서 장옥정에 대한 정이 식어버렸다. 더구나 최씨는 아이까지 잉태했다. 1693년 10월에 드디어 최씨가 숙종의 아이를 출산했다. 아들이었다. 숙종은 이 아들에게 길게 살라는 뜻으로 '영수'라는 이름을 내렸다. 하지만 숙종의 기대와는 달리 태어난 지 두 달 만에 죽었다. 하지만 최씨는 첫아이를 잃은 슬픔이 채 가시기도 전에 둘째를 임신했다. 그리고 1694년 10월에 출산했다. 이번에 태어난 아이는 건강했다.

최씨가 연이어 아이를 낳자, 숙종은 최씨를 총애했다. 숙종의 마음이 최씨에게 쏠리자, 서인들은 그 기회를 이용하여 장옥정을 왕비에서 끌어내릴 계획을 세운다. 서인 노론계의 김춘택과 소론계의 한중혁이 손을 잡고 인현왕후 민씨의 복위운동을 전개했다.

한편 서인들이 폐비 민씨의 복위운동을 꾀하고 있다는 사실을 파악한 남인들은 이를 계기로 서인들을 완전히 조정에서 몰아낼 계획을 세웠다. 복위운동 주모자들을 심문한 다음 내막을 파악하여 숙종에게 보고하기에 이른 것이다.

그런데 숙종의 반응은 의외였다. 민씨 복위운동을 보고받고 오히려 남인들을 궁지로 몰아세웠다. 민씨 복위운동을 빌미로 서인들을 일거에 쫓아내려고 한 것 아니냐며 남인들을 질책한 것이다. 숙종이 이런 태도를 보인 배경에는 숙빈 최씨가 있었다. 숙종이 최씨를 총애한다는 사실을 확인한 서인들은 최씨와 결탁하였고, 최씨는 숙종의 마음을 좌지우지하고 있었던 것이다.

숙빈 최씨는 왕비 장씨가 질투심으로 자신을 괴롭힌다며 하소연하였고, 왕비 장씨의 배후에 남인들이 있다며 그들도 함께 비난했다. 숙종은 그 말을 듣고 남인에게 등을 돌렸고, 결국 폐비 민씨 복위운동 사건으로 서인을 몰아내고자 했던 남인들은 오히려 철퇴를 맞아 모두 쫓겨나는 사태가 벌어졌다. 남인들을 내쫓은 숙종은 서인들이 추진하던 폐비 복위 요구를 받아들여 인현왕후를 환궁시켰다. 또 장옥정을 빈으로 강등시켜 왕비전에서 물러나 취선당에 머물게 했다. 이 사건이 1694년에 벌어진 '갑술환국'이다.

하지만 숙빈 최씨와 인현왕후는 이것으로 만족하지 않았다. 장옥정에게 깊은 원한을 가진 인현왕후는 어떻게든 장옥정을 제거하려 했고, 이를 위해 숙빈 최씨와 손을 잡았다. 하지만 인현왕후는 이미 중병에 걸려 있었다. 중궁전으로 돌아온 그녀는 시름시름 앓다가 환궁한 지 7년 만인 1701년에 세상을 떠났다.

인현왕후가 죽자 숙빈 최씨는 몹시 불안해했다. 인현왕후가 죽었으니 장옥정이 다시 중전으로 복위할 것이고 그렇게 되면 자신의 처지가 어떻게 될지 알 수 없었기 때문이다. 그래서 숙빈 최씨는 장옥정에 대해 선제공격을 감행한다.

당시 장옥정은 세자 윤의 건강을 위해 취선당에 신전을 차려놓고 무당을 불러 굿을 했다. 물론 이것은 숙종도 이미 알고 있는 일이었다. 하지만 숙빈 최씨는 장옥정이 신전을 차린 것은 인현왕후를 저주하여 죽일 목적이었다고 고변한다.

숙종은 이 고변을 근거로 장옥정을 치죄하기에 이른다. 그리고 취선당을 드나들던 무당은 물론이고 장옥정의 오빠 장희재, 장옥정의 치죄를 반대하던 소론 세력까지 죽이거나 내쫓아버렸다. 또 장옥정에게도 자진 명령을 내렸다. 한때 그토록 사랑한 여인 장옥정을 결국 자기 손으로 죽이는 결정을 내린 것이다.

이 사건을 두고 대개 사극에서는 장옥정을 대단한 악녀로 설정하는 반면, 인현왕후는 천하에 둘도 없는 마음씨 고운 왕비로 설정한다. 그러나 이 사건의 실상을 보면 전혀 다른 내용을 발견할 수 있다. 장옥정이 악녀도 아니고 인현왕후도 마음씨 고운 왕비가 아니었다.

오히려 숙종과 말다툼까지 벌이며 힘 싸움을 벌인 쪽은 인현왕후이지 장옥정이 아니었다. 장옥정이 신당을 차려놓고 인현왕후를 저주했다는 것도 숙빈 최씨의 주장일 뿐이고, 장옥정이 악녀처럼 묘사된 것도《인현왕후전》같은 소설 속의 허구일 뿐이다.

역사적 사실은 오히려 장옥정이 숙종이라는 남자에게 철저히 배신당하고 이용당한 '정치적 희생양'이었다. 하지만 정권을 장악한 서인들은 장옥정을 악녀로 묘사했고, 인현왕후는 천하에 둘도 없는 천사로 만들어놓았던 것이다.

경종의 생식불능, 중국에까지 알려졌다?

장희빈의 아들 경종은 자식을 얻지 못했다. 이는 경종 본인의 문제이거나 아내의 문제일 수 있다. 경종은 두 명의 아내를 두었다. 두 아내에게서 모두 자식을 얻지 못했다면 경종에게 문제가 있었을 가능성이 높다. 이 문제는 경종 당시에도 세간에 회자 되던 이야기였다. 경종은 자식을 낳지 못해 별수 없이 이복동생인 연잉군(영조)을 후계자로 삼게 되었다. 그런데 영조를 후계자로 확정하는 과정에서 경종의 생식불능 문제가 불거져 조정이 발칵 뒤집혔다.

당시 조선은 세자를 책봉하면 청나라에 승낙을 구해야 했다. 이에 연잉군을 세제로 책봉하고 청나라에 승낙을 구하려고 주청사를 보내게 되었다. 주청사는 노론 4대신의 한 사람이었던 이건명이었고, 부사는 윤양래, 서장관(기록관)은 유척기였다. 그런데 이건명은 청나라에 올리는 글에서 사용해서는 안 되는 단어를 썼을 뿐 아니라 그곳 관리와 대화를 나누는 과정에서 경종에게 결례가 되는 용어를 사용하였다. 이 때문에 이건명은 조선으로 돌아온 후 반대당인 소론의 격렬한 공격을 받아 나로도에 유배되어 참형에 처해졌고, 윤양래와 유척기도 훗날 유배되어 위리안치圍籬安置(유배된 죄인이 거처하는 집 둘레에 가시로 울타리를 치고 그 안에 가두어 둠) 되었다.

도대체 주청사로 간 이건명이 어떤 단어를 사용하였길래 이런 사달이 난 것일까? 이와 관련한 기록이 〈경종실록〉 2년 6월 19일에 전한다.

국본國本(왕위 계승권자인 세자 또는 세제)을 미리 세우는 것은 종묘를 중대하게 여기기 때문입니다. 전대專對(외국에 사신으로 나간 사람이 본국과 상의 없이 임의로 물음에 대답하거나 또는 임시로 일을 처리하던 것)의 임무를 받은 자가 사리에 근거하여 진주陳奏하고 준청準請을 기약함은 사리상 당연한 것인데, 지난번 자문咨文을 찬술한 사람은 감히 '위약痿弱'이란 두 글자를 제멋대로 성궁聖躬에 더하였으며, 피인彼人과 문답하는 즈음에 이르러서는 위질痿疾이란 말을 다시 되풀이하였습니다. 또 '좌우의 잉속媵屬(부인이나 후궁을 낮춰 부르는 말)'이란 등의 말을 터무니없이 꾸며내어 군부君父를 크게 무욕

誣辱하였으니, 이것이 어찌 신자臣子로서 감히 마음속에 발동하여 입 밖에 낼 수가 있는 것이겠습니까?

여기서 이건명 등이 쓴 문제의 용어가 나온다. 바로 '위질'과 '위약'이다. '위질'은 다른 말로 '음위증'이라고 하는데, 요즘 의약용어로 하자면 바로 발기부전이다. '위약' 역시 같은 의미다. 주청사가 청나라에 글을 올리면서 경종이 자식이 아닌 이복동생을 국본, 즉 세제로 삼는 이유가 발기부전으로 인해 아이를 낳지 못한 탓이라고 한 것이다. 또한 이건명은 청나라 예부와 나누는 대화에서도 '위질'이라는 용어를 사용함으로써 경종을 욕되게 했다.

이건명은 외교 문서나 대화에서 그저 왕이 자식을 두지 못해서 동생을 후계자로 삼게 되었다는 정도로 말했어야 했다. 외교 문서에 그 사실을 밝히고 상대 외교관에게 그런 말을 했다는 것은 참형을 당하고도 남을 일이었다.

어쨌든 이 사건은 노론의 영수격인 이건명이 참형에 처해지고 함께 갔던 윤양래와 유척기가 유배 가는 선에서 끝이 났다. 그런데 당시 세간에서 관심을 가진 것은 경종이 발기부전이라는 사실보다는 왜 발기부전이 되었느냐는 것이었다. 이와 관련하여 야사에서는 경종의 모후 장옥정 때문이라는 기록을 남겼고, 지금까지도 그것이 사실로 받아들여지는 경향이 있다. 과연 그것은 사실일까?

장옥정이 숙종에 의해 죽은 것은 1701년이었다. 경종 이윤은

1688년생이니, 당시 우리 나이로 열네 살이었다. 열네 살 세자는 어머니에게 자진명령이 떨어지자, 궁문 밖에 거적을 깔고 정승들에게 하소연했다.

"나의 어머니를 살려주시오."

그 말을 듣고 좌의정 이세백은 옷을 털며 자리를 피했고, 영의정 최석정은 울면서 이렇게 대답했다.

"신이 감히 죽을 각오를 하고 저하의 은혜를 갚겠습니다."

하지만 최석정은 오히려 탄핵당해 유배길에 올랐고, 장옥정을 죽이지 말 것을 청하는 모든 신하가 벼슬에서 쫓겨났다. 그리고 마침내 장옥정이 죽자, 세자 윤은 생모를 잃은 비통한 심정과 자신에 대한 공격이 시작될 것이라는 공포에 질려 마음에 병이 들었고 시름시름 앓았다.

세자 윤이 이때 병을 얻은 것과 관련하여 일설에는 장옥정이 사약을 받는 자리에서 아들의 하초를 움켜쥐고 잡아당겼기 때문이라고 한다. 이는 이문정이 지은 《농수수문록》에 나오는 내용인데, 이 말이 퍼져서 사실처럼 알려졌다.

그런데 이 책은 당시 장옥정을 죽이려던 노론 입장에서 서술된 책이어서 신빙성이 떨어진다. 더구나 《농수수문록》에서 장희빈이 사약을 받아 죽는 과정에서 경종의 하초를 잡아당겼다고 했으나, 실제 장희빈은 사약을 받고 죽은 것이 아니라 숙종의 자살 명령으로 목을 매고 죽었다. 《농수수문록》의 내용은 사실관계부터 잘못 기술된 것이다. 따라서 장희빈이 사약을 받아 죽는 과정에서 경종을 성불구자로 만들었다는 풍설은 잘못된 것이다.

이런 풍설은 노론 측에서 악의적으로 만들어 퍼뜨린 이야기다. 장희빈을 악인으로, 인현왕후를 선한 인간으로 설정하여 장희빈의 죽음을 권선징악의 프레임으로 만든 《인현왕후전》도 노론 인사들이 쓴 악의적인 글일 뿐이다.

18장

영조 편

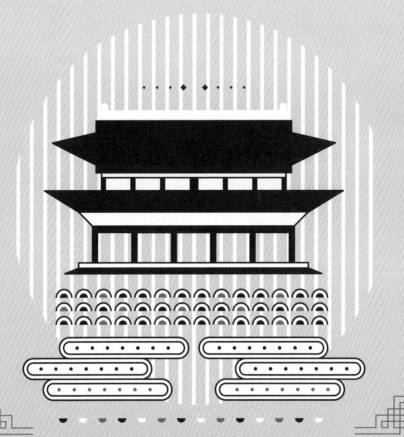

그는 왜 첫사랑의 독살을 방관했을까?

조선 시대 남녀가 모두 그렇듯 영조도 사랑 없는 결혼을 했다. 그러다 연잉군 시절인 1716년에 비로소 첫사랑을 만났다. 스물세 살 열혈청년의 마음을 사로잡은 이는 이준철의 딸로 훗날 정빈 이씨로 불리는 여인이다.

1716년 당시 이금(영조)의 신분은 그저 숙종의 서자 연잉군이었다. 또한 어머니 숙빈이 비천한 신분이었고, 장희빈의 아들 윤이 세자로 있었기 때문에 왕위를 노릴 입장도 아니었다. 하지만 당시 세자 윤의 건강이 좋지 않았던 터라 숙종은 내심 연잉군을 후계자로 생각하고 있었다. 실제로 이듬해인 1717년에 숙종은 노론 영수 이이명과 독대하고 이금을 후계자로 정해달라고 부탁한다. 그런 점에서 보면 이금이 이준철의 딸 이씨를 만났던 시점은 정치적으로 매우 민감한 시기였다.

그런데 이런 상황에서 연잉군은 사랑에 빠진 것이다. 스물셋 혈기왕성한 시절이었고, 그녀는 아이까지 잉태했다. 이금과 그녀 사이에 태어난 첫아이는 딸이었다. 훗날 화억옹주로 불리는 이 딸은 불행하게도 돌도 되지 않아 죽었다. 화억옹주가 죽고 이듬해인 1719년에 둘째를 낳았는데, 그 아이가 영조의 장남 행(효장세자)이다. 행의 아명은 만복이었다. 만복은 영조의 장남이기도 했지만 숙종의 첫 손자이기도 했다. 당시 숙종은 와병 중이었는데, 만복이 태어났다는 소식을 듣고 매우 기뻐했다고 한다.

이씨는 만복을 낳고 연년생으로 딸 하나를 더 낳았는데, 화순옹주였다. 화순옹주를 낳을 당시 조정은 긴박한 상황을 맞이하고 있었다. 숙종은 병마가 깊어 죽음을 앞두고 있었고, 세자 이윤 또한 병이 깊었다. 그래서 숙종은 연잉군이 세자를 대신하게 하려 했다. 하지만 세자 이윤을 지지하던 소론 세력은 이를 용납하지 않았고, 이금은 정치적 소용돌이 속으로 빨려 들어갔다. 조정의 구도는 어느덧 세자 이윤을 지지하는 소론 세력과 연잉군 이금을 지지하는 노론 세력으로 갈려 팽팽한 힘겨루기를 하고 있었다.

그렇게 두 세력이 한 치도 양보할 기미가 없는 가운데 숙종이 죽고 세자 이윤(경종)이 용상에 올랐다. 이어 연잉군 이금은 세제에 책봉되었다. 그러자 만복의 생모 이씨도 후궁이 되어 종5품 소훈의 첩지를 받았다. 만약 훗날 이금이 왕위에 오르면 그녀의 아들이 세자가 될 것은 자명했다.

하지만 후궁 첩지를 받고, 훗날 왕의 어머니가 되리라는 포부를 품자마자 그녀에겐 예상치 못한 불행이 닥쳤다. 1721년 겨울, 아침밥을 먹은 그녀가 갑자기 배를 움켜쥐고 쓰러졌고, 이어 눈을 까뒤집고 정신을 놓았다. 어의들이 동원되어 그녀를 살리기 위해 안간힘을 썼지만, 이미 늦었다. 하지만 사인도 분명하지 않았다. 정황상 독살이 분명해 보였지만 범인은 오리무중이었다.

그녀의 죽음에 대한 진실은 몇 개월이 지난 뒤에 윤곽을 드러냈다. 경종 2년(1722년) 3월 27일에 남인의 서얼 출신인 목호룡이 노론 측에서 경종을 시해하고자 모의했다는 이른바 삼급수설(대급수: 칼로 살해/ 소급수: 약으로 살해/ 평지수: 모해하여 폐출함)을 주장하며 역모를 고변했는데, 이 고변 중에 정빈 이씨의 죽음이 거론되었다.

목호룡은 이들 세력이 숙종의 죽음 전후에 당시 세자였던 경종을 해치려고 모의하였다고 주장했다. 목호룡은 남인 서얼로서 풍수를 공부하여 지관이 된 사람이다. 정치적 야심을 품고 있던 그는 풍수설을 기반으로 노론에 접근하여 처음에는 왕세제 편(영조)에 섰으나, 정국이 소론의 우세로 돌아서자 배반하여 이 같은 음모 사실을 고변하였다.

목호룡의 고변 당시 정국은 소론이 노론을 공격한 후, 노론 핵심 세력이 모두 유배된 때였다. 그 내막은 이렇다.

숙종이 죽고, 경종이 즉위한 초년에는 여전히 노론이 정권을 잡고 있었다. 그들은 경종의 건강이 점차 악화하는 데다, 후사마저 없다는 이유를 내세워 건저(세자를 세우는 일)할 것을 주장한다. 즉, 경종이 너무 병약하여 언제 죽을지 모르니 연잉군을 세제로 삼아 왕위가 흔들리지 않게 해야 한다는 것이었다.

경종은 소론의 반대에도 불구하고 1721년 노론의 주장에 따라 연잉군을 세제에 책봉했다. 그런데 노론은 두 달 뒤인 그해 10월 경종이 병약하여 정사를 주관할 수 없다며 이번에는 연잉군이 대리청정해야 한다고 주장했다. 이는 곧 경종에게 정사에서 손을 떼라는 말이었다.

노론이 대리청정을 주장하자 소론이 왕을 보호한다는 명분을 내세우며 거세게 반발하였다. 하지만 경종은 와병 중이어서 세제청정을 받아들였다가, 소론의 반대로 다시 거둬들였다. 이후 경종은 세제청정을 명했다가 다시 거둬들이기를 반복한다.

이 바람에 노론, 소론 간에 당쟁만 격화되었다. 그리고 1721년 12월 경종의 지지를 받은 소론은 과격파인 김일경을 우두머리로 일곱 명이 앞장서서 세제대리청정을 요구한 집의 조성복과 청정 명령을 받들고자 한 노론 4대신(영의정 김창집, 좌의정 이건명, 영중추부사 이이명, 판중추부사 조태채)을 '왕권 교체를 기도한 역모자'라고 공격하는 소를 올렸다.

이 상소로 인하여 1716년 병신처분(소론을 배척한 처분) 이래 지속되던 노론의 권력 기반이 무너지고 대신 소론 정권으로 교체되는 환국이 단행되었다. 이 결과 노론 4대신은 파직되어 김창집은 거제부에, 이이명은 남해현에, 조태채는 진도군에, 이건명은 나로

도에 각각 안치되었고, 그 밖의 노론 대신들도 삭직, 문외출송 또는 정배되었다. 그리고 소론파에서 영의정에 조태구, 좌의정에 최규서, 우의정에 최석항 등이 임명됨으로써 소론 정권의 기반을 굳혔다. 이 사건을 일러 '신축옥사'라고 한다.

이렇게 신축옥사를 통해 조정을 장악한 소론은 이참에 아예 노론을 무너뜨릴 계획을 세웠는데, 그것이 바로 목호룡의 역모고변이었다. 목호룡은 고변을 통해 노론 세력이 은을 모아 궁녀들을 매수하여 경종을 독살하려 했다고 주장했다. 하지만 목호룡 자신이 나서서 이를 저지하는 바람에 실행되지 못했다는 것이다.

목호룡은 또 자신의 저지로 경종의 독살에 실패한 노론 세력은 소론을 궁지에 몰기 위해 세제(영조)의 후궁인 소훈 이씨(정빈 이씨)를 독살했다고 주장했다. 말하자면 노론 무리가 이씨를 독살하고 소론의 소행이라고 뒤집어씌워 소론을 몰아내려고 했다는 것이었다. 또한 그 이후에 경종을 독살하려 했다고도 주장하며 소훈 이씨를 독살한 것은 약을 시험한 것에 지나지 않는다고 말했다.

목호룡은 노론의 사주를 받고 소훈 이씨가 먹던 음식에 독을 탄 인물은 환관 장세상이라고 했다. 목호룡의 말에 따르면 정빈 이씨 독살을 주도한 인물은 서덕수인데, 그가 1721년 6월에 은자 300냥을 환관 장세상에게 보내 독약을 사게 했고, 이후 그해 11월에 장세상이 동궁의 주방 나인 이씨를 시켜 음식에 타서 정빈 이씨를 독살했다는 것이다.

목호룡이 정빈 이씨를 죽인 주범으로 지목한 환관 장세상은 세제 이금의 최측근이었다. 그런데 그가 이금의 연인을 정치적 희생양으로 삼아 독살했다는 것을 이금은 도저히 받아들일 수 없었다. 이금은 연인이자 자식들의 어미를 잃고 동시에 가장 신뢰하고 믿던 최측근마저 잃어야 할 상황이었다.

설상가상으로 현실은 더욱더 참혹했다. 목호룡의 고변이 있자 국청이 설치되어 역모 관련자들을 잡아 와 처단하였고, 유배 가 있던 노론 4대신도 다시 한성으로 압송되어 사사되었다.

국청에서 처단된 사람 중에 법에 따라 사형당한 사람이 20여 명, 맞아서 죽은 이가 30여 명, 그 밖에 그들의 가족이라는 이유로 체포되어 교살된 자가 13명, 유배 114명, 스스로 목숨을 끊은 부녀자가 9명, 연좌된 사람이 173명에 달하였다.

반면에 권력을 잡은 소론파는 윤선거와 윤증을 복관하고 남구만, 박세채, 윤지완, 최석정 등을 숙종묘에 배향하였으며, 목호룡에게는 동지중추부사 벼슬을 내리고 공로를 인정하여 동성군에 봉하였다. 이 대대적인 옥사가 신축년과 임인년에 연이어 일어났다고 해서 '신임사화'라고 한다.

신임사화 후, 세제 이금의 처지는 한 치 앞을 바라볼 수 없는 안갯속이었다. 목호룡의 고변 속에는 노론이 추대하려던 임금이 세제 이금이었고, 전례로 봐서 모역에 가담한 왕자가 살아남은 경우는 없었다. 하지만 연잉군 외에는 왕통을 이을 왕자가 없었기 때문에 그는 목숨을 부지할 수 있었다.

그러나 이 사건 때문에 연잉군은 갖가지 고초를 겪게 된다. 자신이 수족처럼 부리던 장세상이 소론 측 사주를 받은 내관 박상검, 문유도 등의 모함으로 쫓겨나고, 소론 측 대신들에 의해 경종을 문안하러 가는 것도 금지당했다. 동궁에 유폐된 것이다. 거기다 신변의 위협마저 느끼게 되자 혜순대비(인원왕후 김씨)를 찾아가 왕세제 자리를 내놓는 것도 불사하겠다며 자신의 결백을 호소했다.

김 대비는 평소 노론 입장에 서서 왕세제를 감싸왔던 터라 왕세제의 간절한 호소를 담은 언교를 몇 차례 내려 소론의 전횡을 누그러뜨렸다. 그 덕택으로 이금은 간신히 목숨을 부지할 수 있었다.

하지만 연인의 죽음에 대한 진실은 밝혀낼 엄두도 내지 못했다. 아직 기저귀도 떼지 못한 아이들의 어미가 독살당해 혼백이 구천을 떠돌고 있는데도 슬퍼하지도 못하고 목숨 구걸에 매달리고 있었으니, 그야말로 비련이 아닐 수 없었다.

55

영조의 경종 암살설

영조는 왕위에 오른 뒤 경종을 독살했다는 누명에 시달려야 했다. 그가 왕위에 오르자 이미 세간에는 그가 경종을 독살했다는 소문이 파다하게 퍼져 있었다. 영조가 경종을 독살했다는 소문의 근거는 이랬다.

본래 경종은 병마에 시달리며 입맛을 잃은 상태였는데, 연잉군이 경종의 입맛을 돋우기 위해 게장을 올렸다. 경종은 그 게장 맛을 보고 입맛이 좋아져 조금씩 음식을 먹게 되었는데, 이때 마침 연잉군이 후식으로 생감을 올렸다. 그런데 게장과 생감은 궁합이 맞지 않는 음식이라 금기시했다. 하지만 연잉군은 이를 무시하고 생감을 올렸는데, 생감을 먹은 지 이틀쯤 지나자 경종이 갑자기

복통을 호소했다. 이에 연잉군은 인삼을 올렸고, 이후로 인삼을 몇 번 먹은 뒤에 경종이 급사했다는 것이다. 말하자면 연잉군이 올린 음식과 약재를 먹고 경종이 갑자기 죽었기 때문에 이는 필시 독살이라는 것이 소론의 주장이었다.

경종 독살설의 근거가 된 또 하나의 논리는 영조가 경종과 전혀 피가 섞이지 않은 관계라는 것이었다. 즉, 경종과 영조는 형제가 아니라는 말이었는데, 이는 영조가 숙종의 자식이 아니라는 뜻이었다.

그렇다면 영조는 도대체 누구의 아들이란 말인가? 이에 대해 세간에서는 영조가 숙종의 아들이 아니라 김춘택의 아들이라는 소문도 함께 퍼졌다. 영조가 김춘택의 아들이라는 소문의 근거를 들어보면 이렇다.

김춘택은 숙종의 장인이었던 김만기의 손자로 숙종의 첫 왕비 인경왕후 김씨의 조카이기도 하다. 그는 인현왕후 집안과도 밀접하여 인현왕후 복위에 중추적인 역할을 했다. 이 과정에서 희빈 장씨의 오빠 장희재의 처와 간통하여 내연 관계를 형성한 후, 그녀에게 남인 내부의 정보를 얻어내 인현왕후 복위에 이용하기도 했다. 이렇듯 김춘택은 음흉한 구석이 있는 인물이었다.

이런 그가 인현왕후와 무척 친밀했으므로 숙빈 최씨와도 그랬을 것이란 추측 아래 숙빈의 자식들이 실제로는 숙종의 자식이 아니라 김춘택의 자식일 것이라는 소문이 만들어졌다. 그 근거로는 영조가 숙종의 외모와 전혀 닮지 않았다는 것에서 시작한다. 즉,

숙빈 최씨는 숙종을 만나기 전에 김춘택과 사랑을 나눴고 그래서 숙빈 최씨는 숙종의 자식이 아닌 김춘택의 자식을 잉태한 채 대궐로 들어갔다는 것이다.

하지만 이 소문은 사람들의 입을 타고 마치 사실인 것처럼 세간에 퍼져갔다. 소론 세력 중에 조직적으로 이런 소문을 퍼뜨린 자들이 있었기 때문이다. 그리고 마침내 그 소문을 퍼뜨린 자들은 자신들이 퍼뜨린 소문을 기반으로 반란을 일으켰다. 이른바 '이인좌의 난'이었다. 이인좌 무리는 소론 강경파로 영조가 경종을 독살했음을 사실로 믿는 사람들이었다. 그들은 난을 일으키면서 다음과 같은 말들을 쏟아냈다.

"지금 왕은 가짜 왕이다. 지금 왕은 경종대왕을 독살하고 왕위를 차지한 반역자다. 또 그는 숙종대왕의 아들도 아니다. 그는 왕실의 씨가 아니라 김춘택의 아들이다."

이런 말은 백성들을 현혹하였고, 급기야 많은 무리를 형성하여 청주성을 무너뜨리고 군대를 몰아 한양으로 진군하였다. 다행히 도순무사 오명항이 그들을 진압한 덕분에 난은 실패로 끝났다. 하지만 이후에도 영조는 경종을 독살했다는 의심 때문에 몹시 괴로워했다. 게다가 김춘택의 아들이라는 소문도 그를 괴롭혔다. 그것은 근본적으로 생모가 천비 출신이어서 생긴 소문이었다. 그런 까닭에 그가 김춘택의 아들이라는 소문이 얼마나 그의 심장을 후벼파는 일이었을지는 능히 짐작하고도 남을 일이다.

자식 차별이 심했던 아비

영조가 아들(사도세자 이선)을 뒤주에 가둬 죽인 일은 영조 치세의 가장 불행한 일이었고, 조선 후기 역사에서 대중에 가장 널리 알려진 사건이다. 영조가 사도세자를 죽인 배경에는 자식에 대한 영조의 잘못된 태도(차별과 증오)가 자리하고 있었다.

사실, 영조는 자식들을 노골적으로 차별하는 아버지였다. 자신이 좋아하는 자식과 싫어하는 자식은 한곳에 머물지도 못하게 했다. 그뿐만 아니라 자식을 고의로 괴롭히는 가학증 증세마저 있었다. 그 증세는 아들, 사도세자(이선)를 불안과 공포에 휩싸인 환자로 만들어버렸다.

사도세자가 마음병을 앓게 된 동기는 어린 시절에 겪은 무서운 사건 때문이었다. 사실, 사도세자는 어릴 때 매우 영특한 아이였다. 거기다 영조가 어렵게 얻은 귀한 아들이었다. 그래서 영조는 아들을 매우 아끼고 자랑스럽게 생각했다.

하지만 세자 선이 아무리 뛰어나도 놀기 좋아하는 아이라는 사실을 영조는 간과했다. 세자는 가끔 상궁들과 칼싸움 놀이를 했는데, 어느 날 칼싸움 놀이를 한 뒤에 생모 영빈 이씨가 무엇을 했느냐고 묻자,《소학》을 공부했다고 거짓말하는 일이 생겼다. 전쟁놀이를 했다고 하면 혼날까 두려워 거짓으로 고한 것이다. 이후로도 전쟁놀이를 한 뒤에 영빈이 물으면 역시 공부를 했다고 거짓말했다. 하지만 여느 어린아이들의 거짓말이 그렇듯이 이내 들통이 나고 말았다. 영조는 영빈에게서 세자가 거짓말한다는 말을 듣고는 대노하여 바로 창경궁 저승전으로 달려가 세자를 무섭게 꾸짖었다. 그뿐 아니라 세자에게 전쟁놀이를 가르친 상궁 한씨와 이씨에게 가혹한 형벌을 가하고 그들을 궁에서 내쫓아버렸다.

이 사건 이후, 세자는 극도의 공포감에 사로잡혀 일종의 공황장애를 겪기 시작했다. 또 아버지 영조 앞에만 서면 두려움에 떨며 아무 말도 하지 못했다. 부왕 앞에 설 때면 청심환을 꼭 먹어야 했고, 때로는 영조가 무슨 말을 하려고 하면 자신을 질책하는 것으로 생각하고 기절하기도 했다. 세자 선의 아내 혜경궁 홍씨는 자신이 쓴《한중록》에 이런 현상을 "공포증과 광증을 드러냈다."고 표현하고 있다.

세자 선의 병증은 시간이 흘러도 개선되지 않았다. 그런데도 열

다섯 살 되던 1749년에는 영조를 대신하여 섭정을 시작했다. 승명대리(임금의 명으로 대신 정사를 돌보는 것)를 시작한 것인데, 이는 제왕수업의 일환이었다. 당시 상황을 《한중록》은 이렇게 서술하고 있다.

기사년(1749년)에 경모궁이 열다섯 살이 되어 1월 22일에 관례를 행하고, 27일에 합례合禮(신랑·신부가 첫날밤을 보내는 것)를 하였다. 동궁을 늦게 얻으셔서 열다섯 살이 되어 합례까지 하니 기쁜 마음으로 오붓하게 재미를 보시면 좋은 일일 텐데, 어찌 된 뜻인지 영묘께서는 홀연히 동궁에게 정사를 보라고 영을 내렸다. 그날이 바로 관례를 행한 날이었다. 많은 일이 정사政事를 대리한 후에 일어난 탈이니 어찌 슬프지 않겠는가?

당시 영조 나이 쉰여섯이었는데, 건강에 문제가 있어 서무 처결에 어려움이 있었다. 그래서 세자에게 대리청정하게 한 것인데, 막상 일을 시켜보니 세자의 자질이 썩 마음에 들지 않았다. 이후로 영조는 격려나 칭찬은 하지 않고, 걸핏하면 불러다 호통과 폭언을 쏟아내며 질책했다. 이 때문에 세자 선은 더욱 부왕을 꺼렸고, 영조는 그런 낌새를 알아차리고 미운 감정을 드러냈다. 심지어 세자에게 질문하고 그 대답이 마음에 들지 않으면 보는 데서 물로 귀를 씻기도 하였다.

영조는 사람에 대한 호불호가 분명한 사람이었다. 자신이 좋아하는 자식과 싫어하는 자식은 한곳에 머물지도 못하게 했고, 싫어하는 사람의 말을 들으면 귀를 씻거나 이를 닦았다. 세자 선의 말을 들은 후에는 대부분 귀를 씻었다. 그만큼 세자를 싫어했다. 영조는 딸이 많았지만, 딸들에 대한 차별도 심했다. 싫어하는 딸은 세자 선의 누나 화협옹주였고, 좋아하던 딸은 화평옹주와 화완옹주였다. 이들은 모두 영빈 이씨가 낳은 딸들인데, 영조가 그들을 차별하는 바람에 영빈 이씨조차 불안해하고 서러워할 정도였다.

세자에 대한 영조의 적대감은 대리청정 이후 더욱 심해졌다. 영조는 노골적으로 사사건건 세자의 정무 처리를 불만스러워했는데,《한중록》은 그 내용을 이렇게 전하고 있다.

영묘께서는 매번 공사나 금부, 형조, 살육 같은 일은 친히 보지 않으셨다. 옹주들 처소에 계실 때에는 주로 내관들에게 그 일을 맡겼다. 그러다가 동궁에게 정사를 대리하실 때는 이런 말을 하셨다. "화평옹주의 상을 당한 후에는 서러움도 심하고 병환도 잦아 휴양하려고 동궁에게 정사를 대신 보게 한다."
그러나 사실은 안에 들이지 못하는 꺼림칙한 공사를 내관에게 맡기니 답답했던 터라 동궁에게 맡기려 한 것이었다. 나라에 올린 상서에 나랏일에 대한 비판이 있거나 편론이 있으면 소조(세자, 대리청정을 하고 있었기 때문에 영조는 대조로 세자 선은 소조로 일컬음)께서는 스스로 결정하지 못하셨다. 그래서 대전께 상소하면 그 상서가 아랫사람의 일로 소조께서 아실 일이 아닌 데도 격노하셨다. 소조와 신하가 조화롭지 못하여 전에 없던 상서가 났으니 모두 소조 탓이 되었다. 상소에 대한 비답을 대전께 여쭈면 임금께서는 이렇게 꾸중하였다.

"쯧쯧, 그만한 일을 결단하지 못하고 내게 번거롭게 물어보다니 내가 네게 정사를 대리시킨 보람이 없구나."

또 여쭙지 않으면 이렇게 꾸중하였다.

"어허, 그런 일을 내게 묻지도 않고 혼자 결정하다니."

저리한 일은 이리하지 않았다고 꾸중하시고, 이리한 일은 저리하지 않았다고 꾸중하였다. 이일 저일 다 격노하시며 마땅치 않게 여기셨다. 심지어 얼어 죽는 사태나 가뭄으로 인한 재앙 같은 천재지변이 있어도 "쯧쯧, 이는 다 소조에게 덕이 없어 이러하다"며 꾸중했다.

일이 이러하니 소조는 날이 흐리거나 겨울에 천둥이 치면 또 무슨 꾸중을 듣지 않을까 하여 근심하고 염려하였다. 그래서 모든 일에 겁을 내며 몹시 두려워하였다. 그런 까닭에 망령이 나서 병환의 징조가 싹트고 있었다.

《한중록》의 이 내용이 사실이라면 영조는 아들을 고의로 괴롭히는 매우 간악한 아비였다. 당시 세자는 기껏 열다섯 살에 불과했다. 그런 소년에게 육십을 바라보는 중늙은이가 별별 트집을 다 잡으며, 정신적인 부담을 가중시켰다. 이런 사실에 비춰볼 때, 영조 또한 정신적인 문제가 있지 않았을까 의심이 될 정도다. 생명

에 위협을 받으며 가까스로 왕이 된 것에 대한 보상심리를 아들에
게 발산하고 있었는지도 모른다.

19장

정조 편

수호천사 홍국영을 제거하다

정조는 세손 시절에 살해 위협에 시달리며 살았다. 그때 정조를 한결같이 지켜주던 수호천사가 있었다. 바로 홍국영이었다. 세자 시강원 관원이었던 홍국영은 늘 목숨을 걸고 정조를 지켰고, 덕분에 정조는 무사히 왕위에 오를 수 있었다. 그리고 왕위에 오른 뒤, 정조는 홍국영의 손을 빌려 정적들을 제거하고 왕권을 확립했다. 그런데 왕권이 안정되자, 정조는 자신의 수호천사였던 홍국영을 저버렸다. 토사구팽이었을까? 홍국영을 쫓아내지 않으면 안 될 상황에 처했던 걸까? 우선 당시 상황부터 살펴보자.

1776년 왕위에 오른 정조는 홍국영에게 왕권을 맡기다시피 했다. 홍국영을 승정원 도승지(왕명 출납을 관장)로 삼고, 이어 이조참

판, 대사헌 등의 요직을 안겼다. 또 도성의 군권을 쥐고 있던 수어

사守禦使를 겸하게 하였고, 금위대장, 훈련대장, 숙위대장 등도 맡

겼다. 말하자면 조정의 인사권과 군권을 모두 내주고 자신을 호위

하게 하여 목숨까지도 맡겼다. 그런 까닭에 홍국영은 정승까지 자

신이 마음대로 움직였고, 조정을 한 손에 쥐게 되었다. 그래서 당

시 홍국영을 일러 '세도재상勢道宰相'이라고 불렀다.

세도재상 홍국영은 정조를 대신하여 정적들을 무섭게 제거해

나갔다. 홍국영이 자신을 대신하여 칼춤을 추며 정적들의 폐부를

찌르는 동안 정조는 규장각을 세워 자신의 근위 세력을 양성했다.

홍국영은 규장각 사업에도 깊이 관여했다. 규장각의 실질적인 수

장인 직제학 자리에 있으면서 인재들을 끌어들였다. 서얼 출신들

을 규장각 검서관으로 임명하여 정조를 보필하게 했다.

정조는 그런 홍국영을 신뢰한다는 의미로 그의 여동생을 후궁

으로 맞아들였다. 그녀가 바로 원빈 홍씨였다. 정조는 그녀를 맞아

들일 때 거의 국혼에 준하는 혼례식을 했고, 입궁하자마자 그녀를

정1품 빈으로 책봉했다. 대개 후궁을 들이면서 바로 빈으로 책봉

하는 경우는 거의 없었다. 정조가 이처럼 조처한 것은 원빈을 그

때까지 아이를 출산하지 못한 효의왕후 김씨를 대신하는 급으로

생각했다는 것이나 다름없었다. 만약 원빈이 아들을 낳기라도 하

면 바로 원자로 책봉하고 왕위 계승권자로 삼겠다는 뜻이었다.

원빈은 정조의 아들을 낳을 운명은 아니었던 모양이다. 1778년,

열네 살의 나이로 입궁한 원빈은 그 이듬해에 갑자기 죽었다. 홍

국영은 원빈의 죽음을 매우 비통해했다. 그런 홍국영을 위로하기 위해 정조는 원빈의 장례를 성대하게 치렀다. 장례는 왕비에 준하는 수준이었다. 그녀의 무덤을 인명원이라고 하였는데, 이는 일반 후궁의 무덤과는 격이 다른 조치였다. 그것은 왕을 낳은 후궁이나 세자로 있다가 죽은 왕자에 준하는 대우였다. 심지어 원빈의 장례에 참여하지 않은 중추부 영사 정홍순을 파직하기까지 했다.

그렇게 홍국영에 대해 정성을 다하면서도 정조는 뜻밖의 결정을 내렸다. 홍국영이 원빈의 죽음을 애도하여 도승지 자리에서 물러나겠다고 사의를 표명했는데, 정조는 이를 곧바로 받아들였다. 원빈 홍씨가 죽은 것이 1779년 5월 7일인데, 홍국영을 도승지에서 체직遞職한 것이 17일 후인 5월 24일이었다. 세도재상으로 불리며 천하를 한 손에 움켜쥐고 있던 홍국영의 정치 생명이 끝나는 순간이었다. 그야말로 대사건이었는데, 의외로 이 과정은 순조롭고 평화롭게 이뤄졌다.

홍국영은 스스로 도승지에서 물러나는 모양새를 취하며 사직 상소를 올렸다. 그 내용을 요약하면 원빈의 죽음 때문에 슬퍼하는 부모를 모시기 위해 도승지에서 물러나고자 한다는 것이고, 또 이미 자신이 맡은 일을 대신할 사람들이 있기 때문에 이제 자신이 할 일이 없어 물러나는 것이 도리라는 내용이다. 그리고 정조는 이 상소를 바로 받아들였고, 홍국영은 시골로 떠났다.

《한중록》은 홍국영이 원빈의 죽음에 대해 효의왕후 김씨를 의심하여 내전의 나인들을 함부로 국문했다고 기록하고 있다. 또 일설에는 홍국영이 효의왕후를 독살하려고 했다는 말도 있다. 홍국영의 낙향 배경에는 알려지지 않은 무언가가 있다는 뜻이다. 다시 말하면 정조와 홍국영 사이에 균열이 생겼을 가능성이 크다는 것이다.

홍국영은 권좌에서 물러난 뒤에도 막후에서 권력을 행사했다. 홍국영의 백부 홍낙순이 좌의정 자리에 있었고, 조정의 요직에는 여전히 홍국영 세력이 버티고 있었다. 그들은 1779년 12월 서명응을 탄핵하여 내쫓으려 했다. 당시 대사헌 이보행은 서명응이 역적 홍계능과 내통했다면서 역적으로 몰았다. 하지만 정조는 서명응을 처벌하지 않고 오히려 그를 탄핵한 홍국영 세력을 내친다. 당시 이보행에게 서명응을 탄핵하도록 조정한 인물은 좌의정 홍낙순이었다. 그는 홍국영의 뜻을 대변하는 인물이었다. 정조는 서명응 탄핵 사건과 관련하여 이듬해 4월 1일 홍낙순을 내쫓는다. 정조가 홍국영을 버린 것이다.

서명응은 세손 시절 정조의 스승이었고, 규장각의 첫 제학이었다. 홍국영 세력에 의해 탄핵당할 당시에도 규장각을 이끌고 있었다. 또 서명응의 동생 서명선은 당시 영의정이었다. 그들 형제는 정조가 홍국영과 함께 가장 믿고 의지하던 인물들이었다. 따라서 홍국영 세력이 서명응을 탄핵한 것은 곧 정조의 근위 세력이 내부 분열을 일으키고 있음을 의미했고, 정조가 서명응이 아닌 홍낙순을 내쫓았다는 것은 홍국영을 버렸다는 뜻이었다.

정조가 홍국영을 버리고 서명응을 택하자 김종수가 홍국영을 탄핵했다. 김종수 역시 정조의 어릴 적 스승이었다. 김종수에게 홍국영을 탄핵하도록 한 장본인은 정조 자신이었다. 그런데도 공식 석상에서는 홍국영에 대해 매우 안타까운 감정을 드러냈다. 하지만 속내는 전혀 달랐다. 이번 기회에 반드시 홍국영을 제거할 생각이었던 것이다.

이후로 홍국영을 유배 보내거나 죽여야 한다는 상소가 빗발쳤지만, 정조는 받아들이지 않았다. 그러면서도 홍국영을 횡성으로 내쫓고, 다시 강릉으로 내쫓았다. 그것은 유배나 진배없는 조치였다. 그리고 그러는 과정에서 홍국영은 죽었다. 1781년에 사망했으니 홍국영의 나이 서른네 살이었다. 자연사로 보기에는 너무 젊은 나이였다. 게다가 얼마 전까지만 해도 천하를 호령하던 인물이었다. 그런 그가 별다른 병명도 없이 급사했다는 것은 의문이 남는 대목이다.

어쩌면 홍국영의 죽음 또한 정조의 뜻이었을지 모른다. 정조는 이중 플레이에 능한 임금이었다. 앞으로는 싸우지만 뒤로는 타협하고, 앞으로는 신뢰하지만 뒤로는 불신하는 왕이었다. 정조의 이런 이중 플레이는 심환지가 남긴 밀찰에서 잘 드러난다. 정조가 실록에서 보여주는 겉면은 매우 혁신적인 도덕군자지만, 밀찰에서 보여주는 내면은 음흉하고 성질 사나운 정치꾼이었다. 따라서 앞에서는 홍국영을 자신을 보호하고 왕위를 지켜준 은인으로 치켜세우고 있지만, 뒤에서는 홍국영을 필요한 만큼 이용하고 이용가치가 떨어지자 내친 뒤에 죽이는 다른 얼굴이 숨어 있을 수 있다는 뜻이다.

밀찰을 통해 뒷거래 정치를 하다

흔히 정조는 우리 역사에서 혁신 군주로 불린다. 또한 호학 군주로 불리기도 하고, 탕평 군주로 불리기도 한다. 정조를 혁신 군주라 부르는 것은 금난전권 폐지나 서얼 차별 완화와 같은 과거의 악습을 일소하고 새로운 시대를 열고자 했기 때문이고, 호학 군주라 부르는 것은 학문을 좋아하고 융성시켰기 때문이며, 탕평 군주라 불리는 것은 탕평책을 통해 당색에 연연하지 않고 인재를 고루 등용했기 때문이다.

하지만 정조에겐 이런 모습 외에 다른 모습이 하나 더 있었다. 그것은 실록이나 일성록, 승정원일기 등의 정사에서는 전혀 드러나지 않는 그의 숨겨진 얼굴이다. 그 면모는 심환지와 주고받은 밀찰이 발견되면서 비로소 세상에 알려졌다.

정조가 심환지에게 보낸 밀찰이 세상에 알려지면서 혁신과 탕평을 내세우던 그가 사실은 각 붕당의 영수들을 압박하고 강제하여 조정을 자기 뜻대로 움직이려 한 독선적인 왕이었다는 사실이 드러났다.

그렇다면 그는 왜 심환지와 밀찰을 주고받았으며, 그 밀찰 속에는 어떤 내용이 들어 있었을까?

정조가 정치적 목적으로 보낸 밀찰 중에 확실하게 발굴된 것은 심환지에게 보낸 350여 통이다. 물론 심환지와 정치적으로 대립하면서 정조의 혁신 정치를 돕던 남인의 영수 채제공에게도 많은 밀찰을 보냈을 것으로 추정하지만, 아직 그 내용이 발굴되지 않았다. 따라서 정조의 속내를 파악할 수 있는 밀찰은 심환지에게 보낸 것에 한정될 수밖에 없다.

심환지에게 보낸 밀찰을 보면 다음 세 가지를 명확하게 파악할 수 있다. 첫째는 이 서찰의 성격이 제삼자에게는 보이지 말 것을 지시한 비밀 편지라는 점이다. 그래서 비밀을 유지하기 위해 발신자를 표시하지 않았고, 내용을 읽고 나서는 반드시 태워 없앨 것을 명령하고 있다. 둘째는 자신의 감정을 가감 없이 드러냈다는 점이다. 그런 까닭에 욕설에 가까운 감정 표현도 거침없이 하고, 매우 직선적이고 독선적인 성정을 파악할 수 있는 내용도 쉽게 접할 수 있다. 셋째는 자신의 일신상의 비밀이나 사람에 대한 판단 기준, 당시 조정 신하들에 대한 자신의 속내 등 왕으로서는 매우 위험한 발언을 남발하고 있다는 점이다. 따라서 이 밀찰의 내용은 정조의 진짜 얼굴을 파악하는 데 매우 요긴한 자료다.

이 많은 밀찰 내용은 실록의 기록과 상반되기도 하고, 아귀가 딱딱 맞아떨어지기도 한다. 그리고 중요한 것은 실록에 나타난 결과 중 이해되지 않는 부분이 이 밀찰의 내용과 비교하면 이해할 수 있는 내용이 많다는 것이다. 그런 의미에서 보면 실록에 쓰인 정조의 모습은 꾸며지거나 분장한 얼굴이고, 밀찰의 내용은 그 분장 뒤에 가려진 진짜 얼굴이라고 볼 수 있다.

그렇다면 정조가 자신의 속내나 약점, 심지어는 병증까지 드러내며 수백 통의 밀찰을 주고받았던 심환지는 어떤 인물인가? 일반적으로 심환지는 노론 벽파의 거두로서 정조와 정치적으로 철저히 대립하던 인물로 알려져 있다.

1730년에 태어난 심환지는 정조가 왕위에 오르던 1776년에 마흔일곱 살이었고, 이때 그는 소론의 거두 서명응, 서명선 형제를 탄핵하다가 갑산에 유배된 상태였다. 유배되기 전에 그의 벼슬은 종5품 홍문관 부교리에 불과했다. 그가 홍문관으로 다시 돌아온 것은 홍국영이 도승지에서 물러난 뒤인 1780년이었다. 하지만 그는 이때 다시 소론을 비판하는 상소를 올리다 벼슬에서 물러난다.

이후 그가 다시 부교리로 복직한 것은 쉰여덟 살이던 1787년이었다. 복귀한 후에 그는 승진을 거듭했고, 예순셋이라는 많은 나이에 도승지가 되었다. 예순여섯 때인 1795년에는 대사헌이 되었고, 정조와 비밀 편지를 주고받기 시작한 1796년에는 이조판서 자리에 있었다. 그리고 우의정을 거쳐 정조가 사망할 당시인 1800년에는 좌의정에 올랐다.

이런 심환지의 이력에 근거해 볼 때, 심환지가 노론 벽파의 수장으로 활동한 것은 1795년 대사헌이 되면서부터다. 그리고 정조와 밀찰을 주고받던 시기는 1796년 이조판서에 오른 직후부터였다. 말하자면 정조가 그를 노론 벽파의 우두머리로 인정한 시기는 그가 이조판서에 오른 뒤부터라는 얘기다.

정조와 심환지가 주고받은 밀찰은 350여 편에 이른다. 당시 심환지는 김종수, 윤시동, 권유, 서영보, 이서구 등과 노론 벽파의 핵심으로 활동했다. 정조는 그중에 김종수와 심환지를 특히 신임했다. 당시 어용겸과 서용보가 심환지의 심복으로 활동했는데, 이 두 사람은 정조와 심환지의 연락책이었다. 당시 노론 벽파의 정적은 소론의 영수 서명선과 남인의 영수 채제공이었다. 따라서 정조는 심환지뿐 아니라 서명선과 채제공과도 밀찰을 주고받았을 것으로 보인다.

정조가 보낸 밀찰의 수신처는 심환지의 삼청동 서울 집이었다. 심환지에게 보낸 정조의 편지를 읽다 보면 당시의 조정이 정조가 연출하는 하나의 공연장이었다는 느낌이 든다. 정조 자신이 심환지에게 언제 벼슬에 나오라고 명령을 하면 몸이 아파서 나올 수 없다고 대답하라는 내용도 있고 또 조정에 나와 어떤 내용으로 상소문을 작성하고 언제 올리라는 것까지 지시하고 있다. 심환지에게 이런 지시를 한 것으로 볼 때, 소론의 영수 서명선과 남인 영수 채제공도 같은 방법으로 움직였을 가능성이 높다. 따라서 당시의 조선 조정에서 일어나는 대부분의 일은 정조가 비밀스럽게 연출한 것이라고 볼 수 있을 것이다. 모든 정사와 인사를 철저히 계획한 뒤, 중신들을 배우처럼 활용하여 한 편의 연극을 완성해 나가듯 조정을 이끌었다는 것은 정말 상상하기 힘든 일이기 때문이다.

이미 모든 것을 연출한 뒤 아무것도 모르는 척 시치미 뚝 떼고 앉아 사관들의 눈을 속이고 조정의 일을 실록에 기록하게 하여 사실로 믿게 만든 왕. 만약 심환지가 밀찰을 남기지 않았다면 실록의 기록만이 역사적 사실로 굳어졌을 것이다.

뜻이 좋고 결과가 좋으면 그 과정은 어떠해도 상관없다고 말하는 사람들도 있을 것이다. 하지만 과정이 정상적이지 않은 일 치고 결과가 좋은 일은 없다. 그것은 바로 정조가 죽자마자 벌어진 노론 벽파의 살생극과 외척들의 권력 독점이 증명한다.

연암체를 금지한 문체반정

정조는 박지원, 박제가 등 북학파의 든든한 후원자였던 것으로 알려져 있다. 이에 북학파의 리더 격인 연암 박지원에 대해서는 매우 호의적이었을 것이다. 하지만 정조는 연암의 대표작인 《열하일기》가 발표된 뒤, 연암체를 금지하는 문체반정을 실시한다. 이는 혁신 군주라는 그의 이미지와는 상반되는 정책이다. 그는 왜 문체반정을 실시했을까?

정조는 북학을 적극적으로 지원했지만, 북학과 함께 청나라의 책들이 유입되는 것을 싫어했다. 1792년 10월 19일에는 청나라 사신으로 떠나는 박종악과 김방행에게 돌아올 때 청나라 책을 사오지 말라고 당부했다. 당시 정조는 조선 선비들의 문체가 점점

비속해진다며 한탄했다. 그래서 대사성 김방행에게 이런 명령을 내리기도 했다.

"성균관 유생들의 시험지 가운데 패관잡기에 관련되는 답이 나오면, 비록 전체 내용이 주옥같이 뛰어나더라도 최하점으로 처리하라. 또 그 사람의 이름을 기록하여 과거에 응시하지 못하게 하라. 엊그제 유생 이옥이 임금의 명에 응하여 지은 글귀를 보니, 순전히 소설체를 사용하고 있어 매우 놀랐다."

정조는 이 말을 하기 2년 전인 1789년(재위 15년) 2월 12일에 이미 이런 명령을 내렸다.

"문체가 옹졸한 자는 모두 과거 시험에 합격시키지 마라."

여기서 말하는 옹졸한 문체란 곧 연암체 또는 패사소품체稗史小品體를 뜻한다. 당시 조선에는 연암 박지원의 문체가 유행했는데, 바로 그 문체를 사용하지 말라고 한 것이다. 연암체가 유행한 것은 《열하일기》가 발표되면서였다.

《열하일기》는 연암 박지원이 마흔네 살에 쓴 일기 형식의 기행문이다. 1780년에 조선 조정은 청나라 고종 건륭제의 고희연을 맞이하여 진하사절단을 보내게 되는데, 박지원의 8촌 형인 박명원이 사절단의 정사로 가게 되었고, 연암은 박명원의 수행원으로 따라가게 되었다. 진하사절단 정사 박명원은 연암보다 열두 살 위였는데, 영조의 딸 화평옹주와 결혼하여 부마도위로서 금성위로 불렸다.

사절단은 1780년 6월 24일에 의주를 출발하여 10월 27일에 돌아오게 되는데, 연암이 그 과정에서 겪은 일과 자신의 느낌, 그리고 새로운 문물에 대한 견해를 매우 자유로운 필체로 기록한 것이 《열하일기》다. 연암은 이 책에서 청의 앞선 문물을 소개하고, 낙후된 조선의 문화를 개선할 방도를 역설하는가 하면, 중국인들이 우리 문화에 대해 가지고 있는 왜곡된 시선을 교정할 방법을 제시하기도 한다. 또한 여행 중에 만난 사람들과 나눈 대화 내용이나 그곳에서 들은 이야기를 자유분방한 필치로 서술했다.

당시 조선 선비 사회에는 청나라는 오랑캐 나라라는 인식이 만연해 있었고, 그 때문에 청나라를 배울 생각을 하지 못했다. 하지만 박지원은 청의 앞선 문물을 받아들여 조선인의 삶을 개선하고, 국가를 부강하게 하는 것이 우선이라고 생각했는데, 《열하일기》 속에 이런 사상을 잘 녹여놓았다.

《열하일기》는 평안북도 의주에서 출발하여 압록강을 건너고, 요동의 중심지 심양을 거쳐 산해관, 북경, 그리고 건륭제의 휴양지 열하에 이르는 여정과 다시 열하에서 북경을 거쳐 조선으로 돌아오는 이야기에서 끝을 맺는다.

필치가 탁월하고 해학을 곁들인 재담까지 뛰어난 《열하일기》는 술술 읽힌다. 일기체 수필에 기행문, 여행지에서 만난 사람들과의 대화, 자신의 견문기 등이 다수이고, '호질'이나 '허생전' 같은 소설이 곁들여 있고, 한 편의 분량이 그다지 많지 않다.

《열하일기》는 엄청난 인기를 끌며 빠르게 번져나갔고, 급기야 글줄깨나 쓴다는 문인들은 앞다투어 연암체로 된 저작을 쏟아냈다. 연암체는《논어》나《춘추》,《맹자》등의 정통적인 문체에서 벗어나 소설 양식을 구사하면서 해학적인 표현을 즐겨 쓰고, 사건의 묘사를 있는 그대로 생동감 있게 표현하는 특징을 지녀서 '패사소품체'로 불렸다. 보수적인 문객들은 이런 문체가 난삽하고 품위가 없다고 비판했다. 그러자 정조가 직접 나서서 문풍을 바로 잡아야 한다며 패사소품체 금지령까지 내리기에 이르렀다.

패사소품체는 정사에 들어갈 수 없는 사소한 이야기나 자질구레한 이야기를 엮는 문체를 의미하는데, 이는 민간의 풍속이나 소문같이 하잘것없는 것을 기록한 패관문학에서 비롯되었다. 정조는 패사소품체의 하나인 연암체를 없애기 위한 일환으로 소설의 유통과 유입을 금지하고 학문이나 문학적인 글쓰기에 본보기가 될 만한 제자백가의 책이나 당송팔가문, 조선 초에 정통 문체로 서술된 책들을 집중적으로 간행했다. 이러한 일련의 정책을 '문체반정文體反正 정책', 즉 '문체를 바르게 되돌려 놓는 정책'이라고 했다.

문체반정 시기에는 패사소품체를 쓰면 왕으로부터 견책을 받기도 했고, 일정 기간 과거에 응시하지도 못하게 했다. 또한 당시의 대신이었던 이상황, 김조순 같은 인물들이 불순한 문체로 된 소설을 본 것이 발각되자, 스스로를 고발하는 자송문自訟文을 지어 바치게까지 하였다. 또 규장각 각신이던 남공철은 과거를 볼 때 쓴 대책문 가운데 소품문을 인용한 사실이 발각되어 벼슬이 깎이기도 하였다. 정조는 박지원은 물론이고, 박제가, 이덕무 등 검서관들의 문체를 비판하며 자송문을 지어 바치게 했다.

정조의 문체반정 정책은 매우 폐쇄적이고 위압적이며 시대를 거스르는 문학관에서 비롯되었다. 개혁 군주로 알려진 정조는 문학이라는 것을 성리학의 도를 퍼뜨리는 도구 정도로 인식하고 있었다. 재미나 해학 같은 것은 문학에 쓰여서는 안 된다는 사고에 갇혀 있었다.

정조와 보수 관료들의 문체반정이 시대를 거스르는 정책이었음은 당시 민중에게서 별다른 효과를 얻지 못했다는 점에서도 드러난다. 연암체가 가진 재미와 풍자에 매료된 민중들은 암암리에 패사소품체로 된 소설들을 유행시켰고, 그로 인해 패사소품체는 문체반정 이전보다 더욱 확산되었다.

문체반정은 정조의 보수적이고 독단적인 면모를 유감없이 드러낸 조치였다. 이런 정조의 모습은 정치 분야에서도 드러나게 되는데, 그것이 바로 노론 심환지 같은 붕당의 영수들과 밀찰을 주고받으며 조정을 독단적으로 이끌려고 한 모습이다.

그런데 심환지와 주고받은 밀찰 속에서 재미있는 사실이 발견된다. 그토록 패사소품체의 사용을 막으려 했던 정조 자신이 정작 편지글에서는 누구보다도 패사소품체를 많이 사용했다는 사실이다. 소품체에서 흔히 사용하는 해학적인 표현은 물론이고 욕설이나 속담까지 사용했다. 신하들에게는 연암체 사용을 금지하고 문체반정까지 실시한 그가 자기모순을 범했으니, 참으로 아이러니가 아닐 수 없었다.

20장

순조·헌종·철종 편

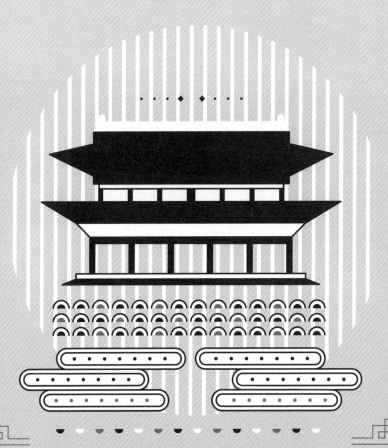

순조가 외척의 손아귀에서
벗어나지 못한 이유

흔히들 조선이 당쟁 때문에 망했다고 말한다. 하지만 이는 역사적 사실이 아닐뿐더러 식민 사관의 영향 때문이다. 단언컨대 조선을 망국으로 이끈 것은 당쟁이 아니라 외척 독재였다.

조선 시대에 당쟁이 생긴 것은 붕당정치가 시작된 이후인데, 붕당정치는 선조 때인 1575년에 사림이 동인과 서인으로 분열되면서 시작되었다. 이후로 225년 동안 당쟁이 지속되다가 1800년에 정조가 죽으면서 종결되었다.

당쟁 225년 동안 당과 당이 목숨을 걸고 치열하게 대립하던 시대는 숙종, 영조, 정조 때였다. 그런데 역설적으로 이 시기가 조선 후기의 문예부흥기였다. 당과 당이 극단적으로 대립할 때 오히려 나라는 부강해지고 백성은 태평성대를 누렸다.

실로 붕당정치의 과정에서 일어난 무수한 사건들은 한편으로는 인재를 발굴하고 조선을 새로운 방향으로 발전시켰으며, 다른 한편으로는 인재의 등용을 가로막고 조선을 폐쇄적으로 만들었다. 붕당이 서로 경쟁하여 선비를 키우고 나라를 안정시킨 면은 긍정적 측면이요, 당론에만 몰두하고 국가는 뒷전으로 밀어두고 인재의 등용을 막고 조정을 권력의 도구로 전락시킨 것은 부정적 측면이라 하겠다.

하지만 붕당정치가 활성화되어 당론이 분명하고 당파가 서로 경쟁할 때는 비록 유림과 신하들은 죽고 죽이는 투쟁을 지속했으나 조선 평민의 삶은 안정되었다. 하지만 붕당이 사라지고 외척이 조정을 장악하여 왕권을 무력화하자, 매관매직이 일상화되고 탐관오리가 판을 쳤으며, 백성은 굶주림과 학정으로 울부짖었다. 이런 까닭에 당쟁이 조선 망국의 주범이 아니라 외척 독재가 조선 망국의 주범이라 하는 것이다.

정치는 동서양을 막론하고 시끄러운 것이다. 그러나 시끄럽다고 해서 나라가 망하는 것은 아니다. 오히려 정치판이 시끄럽다는 것은 정치가 건강하다는 방증이기도 하다. 정치적 투쟁과 소란이 없는 정치야말로 나라를 망하게 하고 백성을 고통스럽게 한다.

조선의 붕당정치는 몹시 시끄러운 정치였다. 그에 비해 외척 독재의 조정은 조용했다. 한쪽이 독점했으니 소란스러울 이유가 없었다. 그리고 그 조용한 정치는 곧 나라를 망국으로 몰고 갔다.

조선 몰락의 원흉이 안동 김씨와 풍양 조씨로 대표되는 외척 세력이지만, 그들의 독재를 방치하고 국정을 제대로 이끌지 못한 책임은 왕에게 있다. 특히 외척의 발호가 시작되고 전횡이 일상화되어 더는 그들의 힘을 막을 수 없는 상태가 되도록 방치한 순조의 책임이 크다 할 것이다.

순조는 왜 외척의 손아귀에서 벗어나지 못했을까? 조선 왕조를 혼란과 몰락으로 이끌어 간 그는 정말 무능하고 어리석은 왕이었을까? 정작 실록의 기록은 그를 결코 무능하고 어리석은 인물로 서술하고 있지 않으니, 이 또한 어찌 된 일일까?

순조의 묘호에 붙은 '순純'은 '지극히 높고 아무것도 섞이지 않은 순수한 덕'을 의미한다. 순조는 생전에 자신의 호를 '순재純齋'라고 짓고 사용하던 벼루나 작품에 이 호를 썼다. 그는 순수하고 후덕한 성격이었으며 검소하고 겸손했다. 또한 학자를 우대하고 학문을 숭상했다. 그런 까닭에 유학과 역사에 관한 책을 짓기도 하는 등 명민한 학자적 면모를 드러냈다.

이런 성품의 왕들이 통치한 기간에는 대개 태평성대가 이어지는데, 뜻밖에도 순조의 시대에는 정치적으로 희생된 인물이 많았고, 고통을 참지 못하고 떨쳐 일어난 민란이 무려 다섯 차례나 이어졌다. 이런 상황이 전개되는 동안 명민했던 순조는 무엇을 하고 있었을까? 타고난 후덕한 성품과 학문적 능력은 어디로 간 것일까? 왜 그는 외척의 전횡을 막아내지 못했을까?

그가 왕위에 오른 것은 1800년 6월이었다. 그때 순조의 나이는 겨우 11살이었다. 소년이 왕이 되었으니, 직접 정치를 하지 못하는 것은 당연했다. 그를 대신해서 증조할머니 격인 대왕대비 김씨(영조의 계비 정순왕후)가 섭정이 되어 옥새를 거머쥐었다.

당시 조정은 노론 벽파와 시파로 갈라져 당쟁을 벌이고 있었는데, 노론 벽파의 뒷배가 바로 그녀였다. 그러니 벽파가 조정을 장악하여 독주하였고, 그 과정에서 엄청난 피바람이 불었다.

노론 벽파는 신유박해를 일으켜 천주교도를 대대적으로 잡아들여 수만 명의 목숨을 앗아갔다. 또한 그 희생자 중에는 수많은 정치인도 섞여 있었다. 천주교도 박해를 넘어 정적을 제거하는 살육전을 벌인 것이다. 이에 정치는 사라지고 가혹한 탄압과 공포가 지배하는 세상이 되었다.

노론 벽파의 폭압 정치는 5년 동안 이어지다가 벽파의 중심인 정순왕후의 죽음과 함께 권력을 내줬다. 벽파 정권이 무너지자, 순조의 장인인 김조순이 열여섯 살짜리 왕을 끼고 권력을 장악하면서 본격적인 외척 시대가 열렸다. 권좌란 권좌는 모두 김조순 일가가 장악하는 바람에 조정의 요직은 안동 김씨 일색이 되었다.

이후로 안동 김씨를 견제할 세력이 모두 사라지자, 그들은 온갖 부정부패를 일삼았다. 그에 따라 과거제도가 문란해지고 매관매직이 판을 치니 탐관오리가 횡행하고 백성에 대한 수탈이 일상화되었다. 그러자 고통을 견디지 못한 백성들은 민란을 일으켜 저항했고, 나라는 더욱 혼란으로 치달았다.

순조는 20여 년간 이어진 안동 김씨 세도정치를 막기 위해 1827년에 스스로 왕권을 내려놓고 아들 효명세자에게 서무 결제권을 넘기는 극단의 고육책을 썼다. 세자를 섭정으로 삼아 대리청정함으로써 처가의 힘을 약화하고자 한 것이다.

하지만 무려 20년 이상 안동 김씨가 조정을 장악하고 있었던 탓에 마땅히 그들에게 대항할 세력을 찾을 수가 없었다. 고심 끝에 순조는 효명세자(익종)의 처가인 풍양 조씨를 요직에 앉혀 안동 김씨를 견제하려 했다. 외척을 외척으로 막는 일종의 이이제이 전술을 쓴 것인데, 그러나 이것은 또 하나의 외척을 키우는 결과를 낳았을 뿐, 조정을 정상화하는 효과를 내지는 못했다.

안동 김씨와 풍양 조씨, 양대 외척이 권력을 다투는 틈바구니에서 효명세자는 왕권을 안정시키고자 안간힘을 썼지만 역부족이었다. 그들 외에 마땅히 쓸 인재가 없었다. 설상가상으로 고군분투하던 효명세자가 대리청정 4년째 되던 1830년에 스물둘의 나이로 죽고 말았다.

이제 순조는 더는 외척의 전횡을 막을 방법을 모색조차 할 수 없는 처지가 되었다. 그런 상황에서 4년을 더 외척의 틈바구니에서 살다가 1834년에 45세를 일기로 생을 마감했다.

효명세자와 헌종 부자,
그들은 왜 이십 대에 죽었을까?

헌종은 500년 조선 왕조사를 통틀어 가장 어린 나이에 왕위에 오른 인물이다. 헌종은 1827년 음력 7월 18일에 태어났는데, 왕위에 오른 것은 1834년 음력 11월 18일이다. 그의 나이 여덟 살이었다. 세자가 아니라 세손의 지위로 왕위에 올랐다. 세손이 왕위에 오른 경우는 정조에 이어 두 번째였다. 정조는 조부 영조가 83세까지 장수한 덕에 스물다섯 혈기 왕성한 청년 시절에 즉위했지만, 헌종은 조부 순조가 45세에 죽는 바람에 여덟 살 어린아이 때 즉위했다.

헌종의 아버지는 순조의 아들 효명세자(익종)이다. 효명세자는 부왕 순조를 대신하여 나라를 다스리는 섭정이 되어 안동 김씨의 전횡을 막기 위해 애썼지만 스물두 살 젊은 나이에 병으로 죽고 말았다. 그의 죽음에 대해 실록은 정확한 원인을 기록하지 않았지만, 병증의 진행 과정으로 보면 시름시름 앓다가 어느 날부터 원인 모를 각혈을 시작한 뒤에 한 달도 되지 않아 죽었다고 한다.

당시 의원들은 각혈과 관련된 약을 다양하게 올렸다. 처방된 약을 보자면 자음강화탕滋陰降火湯, 복령보심탕茯苓補心湯, 귀용지황탕歸茸地黃湯, 청심소요산淸心逍遙散, 가미사화탕加味瀉火湯, 죽여등심다竹茹燈心茶, 용뇌안신환龍腦安神丸, 가감이사탕加減二四湯, 청화음淸火飮, 인삼과죽음人蔘瓜竹飮, 자음화담탕滋陰化痰湯 등 다양한데, 이렇게 약을 계속 바꿨다는 것은 병증에 대해 정확한 원인을 알지 못했다는 뜻이다. 다만 이 약들의 공통점은 폐결핵 같은 만성 호흡기 질환에 쓰는 탕약들인데, 한의학적으로는 진액이 부족하여 화가 상부로 치솟는 증상을 치료하는 처방이라 할 수 있다.

하지만 이 처방들은 모두 아무런 효과를 보지 못했다. 그 때문에 효명세자의 죽음에 대해서 독살을 의심하는 사람들도 있다. 그리고 효명세자가 독살되었다면, 그를 독살한 세력은 안동 김씨 또는 풍양 조씨 등 외척 세력이 아니었을까 하고 추론한다. 당시 효명세자가 외척의 전횡을 막기 위해 외롭게 싸우고 있었으니 일견 일리 있어 보이는 추론이다. 하지만 효명세자가 독살되었다는 확실한 증거는 없었다.

효명세자가 스물두 살에 독살 의혹을 남기고 죽었는데, 공교롭게도 헌종도 스물세 살 청년기에 죽었다. 그런데 헌종도 아버지 효명세자와 마찬가지로 처음에는 대수롭지 않은 병처럼 보였다. 그저 얼굴에 부기가 있었을 뿐, 다른 증세는 크게 없었다. 그 내용을 실록은 헌종 15년(1849년) 5월 14일에 이렇게 기록하고 있다.

관물헌에서 약원의 입진을 행하였다. 도제조 권돈인이 말하였다.

"요즈음 입진한 의관이 전하는 말을 들으니, 면부面部에 부기浮氣가 있다 합니다. 이제 우러러보건대, 조금 부기가 있으니 아랫사람의 심정이 불안하기 그지없습니다. 대소변은 어떠하시며, 일간의 제절은 또 어떠하십니까?"

이에 임금이 말했다.

"대소변은 자못 잘 나온다마는, 다만 약간 부기가 있어서 아직은 쾌히 낫지 않았다."

권돈인이 말하였다.

"소변의 양은 어떠하십니까?"

이에 임금이 말하였다.

"간밤에는 한 보시기가 흡족히 되었다."

권돈인이 말하였다.

"낮과 밤을 통계하면 몇 차례나 되십니까?"

이에 임금이 말하였다.

"초경初更 전부터 4, 5경까지 소변이 반 요강이 흡족히 되었다."

권돈인이 말하였다.

"소변이 잘 나온다면 약간 부기의 증후는 절로 점점 쾌히 가라앉게 될 것입니다. 침수와 수라는 어떠하십니까?"

이에 임금이 말하였다.

"침수는 자못 편안하고 음식도 여느 때와 같다마는, 먹은 뒤에 배가 거북한 기가 조금 있다."

권돈인이 말하였다.

"신이 입시하지 못한 지 거의 한 달이 넘게 되었습니다. 신색神色 제절에는 별로 가감이 없으나 조금 나아가시는 조짐이 있습니다."

이에 임금이 말하였다.

"부기가 조금 있으나 그 밖에는 전일보다 조금 나은 것이 있다."

이 대화에서 알 수 있듯 당시 헌종의 병증은 심각하지 않았다. 그저 얼굴에 부기가 있다는 정도였다. 물론 부기가 나타나기 전에도 병증은 이미 보였다. 이 대화가 있은 시기로부터 두 달 전쯤에 권돈인은 헌종을 방문하여 얼굴이 마르고 몸이 좋지 않아 보인다는 말을 했다.

그 무렵, 헌종은 대전의 시종들을 시켜서 스스로 많은 탕제를 지어 먹고 있었다. 권돈인은 개인적으로 약을 지어 먹는 것은 매우 위험한 일이라며 반드시 내의원 의원들에게 약을 조제하게 할 것을 권했다.

사실, 헌종은 건강에 관해 매우 민감했다. 그래서 젊은 나이임에도 툭하면 보약을 먹곤 하였다. 물론 내의원에서 지은 것이 아니었다. 약을 대던 곳은 구체적으로 기록되지 않았지만, 헌종은 개인적으로 내의원이 아닌 다른 의원에게 약을 지어 먹고 있었다. 그런데 그 약들이 문제가 됐는지 몸이 계속 말라갔고, 급기야 얼굴에 부기가 나타나기 시작했다. 그리고 부기가 나타난 지 채 한 달도 되지 않은 6월 6일에 사망했다.

헌종의 사망 과정을 보면 아버지 효명세자의 죽음과 매우 유사한 부분이 있다. 우선 별다른 병증 없이 몸이 약해졌다는 점이 같고, 갑자기 각혈을 하거나 부기가 나타난 것도 유사하다. 그리고 젊고 건강한 몸이었는데 갑자기 병증을 드러내다가 불과 한 달도 되지 않아 사망에 이른 점도 흡사하다.

그렇다면 이들 부자는 왜 이렇게 유사한 과정을 거쳐 사망에 이르게 된 것일까? 역시 헌종도 효명세자와 마찬가지로 독살을 의심해볼 여지가 있다. 헌종도 효명세자와 마찬가지로 외척의 권력 독점에 염증을 내고 있었다. 특히 헌종 시절에는 외가인 풍양 조씨의 전횡이 심했는데, 이와 관련하여 《한사경韓史綮》이란 책에는 헌종이 당시 풍양 조씨 일문을 대표하던 조병구를 무섭게 다그치는 장면이 나온다.

하루는 조병구가 대궐에 들어왔다는 소리를 듣고 헌종이 그를 불러 죄목을 일일이 나열하며 따지고 들었다. 그리고 급기야 이런 말을 한다.

"외숙의 목에는 칼이 들어가지 않습니까?"

조병구는 이 말을 듣고 겁에 질려 대궐을 빠져나온 뒤, 집으로 가다 수레가 뒤집혀서 머리를 땅에 박고 죽었다고 한다.

조병구는 헌종의 외조부 조만영의 장남이다. 실록은 그가 헌종 11년(1845년) 11월 11일에 죽은 것으로 기록하고 있다. 하지만 그가 어떤 경위로 죽었는지는 자세히 기록하고 있지 않다. 다만 그의 아버지 조만영은 장남의 죽음을 너무 슬퍼하다 병을 얻어 이듬해에 죽었다고 기록하고 있다.

《한사경》의 기록으로 봐서 당시 헌종은 외척들을 매우 못마땅하게 여겼고, 이 때문에 외척들이 헌종을 싫어했을 가능성이 짙다. 그런 까닭에 헌종 역시 아버지 효명세자처럼 독살되었다는 추론이 나오는 것이 아닌가 한다.

철종이 강화도 촌부로 산 까닭

효명세자에 이어 헌종마저 젊은 나이에 죽자, 조선 왕실은 왕위를 계승할 왕손을 찾기도 힘든 처지가 되었다. 정조가 남긴 아들이라곤 순조뿐이었고, 순조가 남긴 아들은 효명세자뿐이었다. 그런데 효명세자는 스물두 살에 죽고, 겨우 대를 이은 헌종마저 스물세 살에 죽었으니, 더는 왕의 씨앗을 찾아볼 수 없게 된 것이다.

그런 상황에서 당시 왕실에서 최고 어른인 순조의 비 순원왕후(명경대비) 김씨는 왕위를 계승할 왕족을 물색하였다. 하지만 왕손은 이미 씨가 마른 상태여서 종친 중 한 명을 선택할 수밖에 없었는데, 그렇게 가까스로 찾아낸 인물이 바로 25대 왕 철종이었다.

철종은 헌종에게는 7촌 재당숙쯤 되었다. 원래 후대의 왕은 동

생이나 조카뻘이 계승하는 것이 순리였지만, 헌종의 6촌 이내에
드는 왕족은 단 한 명도 없었다. 그래서 7촌 중 한 사람을 선택할
수밖에 없었다.

순원왕후가 철종을 낙점한 것은 안동 김씨의 정치적 모략에 의
한 것이었다. 원래 헌종의 건강이 나빠질 당시에 왕위계승권자로
지목된 사람은 이하전이었다. 이하전은 선조의 아버지 덕흥대원
군의 종손인데, 비록 10촌 밖 먼 친척이긴 했지만, 어쨌든 항렬로
따지면 헌종에게는 조카뻘이었다. 그러니 왕위를 계승하게 할 명
분은 만들 수 있는 존재였다.

그런데 이하전은 벽파 세력과 친분이 두터웠고, 벽파 세력의 중
심에는 풍양 조씨가 있었다. 이하전이 왕이 되면 조정은 풍양 조
씨가 장악할 것이 뻔했다. 당시 안동 김씨의 수장인 김좌근이 이
사실을 알고 급히 왕위계승권자를 바꿨는데, 그가 철종이었다.

철종은 왕위계승권자로 지명될 당시 강화도에서 한낱 농부로
살고 있었다. 글도 배우지 못한 무지렁이였다. 그래도 명색이 종
친인데, 어쩌다 문자도 모른 채 살게 된 것일까? 그 배경에는 철종
집안의 한 많은 사연이 있다.

철종은 정조의 아버지인 사도세자의 증손이다. 사도세자에겐
부인 혜경궁 홍씨 외에도 숙빈 임씨와 경빈 박씨 등 몇 명의 후궁
이 있었다. 그리고 숙빈 임씨에게서 은언군과 은신군, 두 서자를
얻었고, 경빈 박씨에게서 은전군을 얻었다. 그런데 정조의 이복동
생인 이 세 사람은 매우 불행한 삶을 살았다.

사도세자가 죽고 정조가 세손이 되자, 사도세자를 죽음으로 몰아넣은 세력은 정조가 왕위에 오른 뒤 자신들에게 벌어질 일이 걱정되어 새 왕자를 추대하려는 음모를 꾸몄다. 그러나 이 일이 발각되자 은전군은 자결하고 은언군과 은신군은 제주도에 유배되었다. 이후 은신군은 제주도에서 병사하고 은언군은 강화도로 유배지를 옮긴다.

세 사람 중에 유일하게 살아남은 은언군에게는 아들이 셋 있었다. 1779년 정조 3년, 큰아들인 상계군 이담은 홍국영의 음모에 의해 모반죄로 강화도에 유배되었다가 자살하였다. 한편 큰며느리 신씨와 은언군의 아내 송씨는 1801년 순조 1년에 천주교 신자로 사약을 받았는데, 이때 은언군도 가족을 단속하지 못했다는 이유로 탄핵받다가 곧이어 사약을 받고 사사되었다.

은언군의 죽음 이후 남은 두 아들에게도 고난이 이어졌다. 1844년(헌종 10년)에 몰락한 노론계 인사 민진용이 반역을 도모하였다. 순조 말기부터 김유근과 김홍근에 의해 안동 김씨의 세도정치가 이어지다가 헌종 10년에 이들이 물러나자 권력에 틈이 생기게 되었다. 이 틈을 이용하여 반역을 꾀한 민진용은 자신이 가진 뛰어난 의술로 은언군의 아들 이광(철종의 아버지 전계대원군)과 은언군의 손자 원경의 신임을 받던 이원덕을 포섭하였다. 민진용은 은언군의 손자이자 이광의 적자인 원경을 왕으로 추대하기 위해 모의하다가 발각되어 모두 능지처참되는데, 이 사건을 '민진용의 옥'이라 한다.

민진용의 옥에 연루되어 전계대원군 이광의 적장자 원경이 사약을 받고 죽는다. 여기서 서자인 차남 경응과 삼남 원범만 살아남는데 이들은 또다시 강화도로 유배된다. 이리하여 두 사람은 강화도에서 5년간 나무를 하고 농사를 지으며 살았다. 그들은 그저 문자도 모르는 무지렁이로 살고 있었는데, 어느 날 갑자기 삼남 원범에게 왕통을 이으라는 교지가 내린다. 이때 원범의 나이 열아홉이었다.

1849년 6월 6일 헌종이 후사 없이 죽자 별안간 명을 받은 원범은 봉영 의식을 행한 뒤 6월 8일 덕완군에 봉해지고 이튿날인 6월 9일 창덕궁 희정단에서 관례를 행한 뒤 인정문에서 즉위하였다. 나이가 어리고 학문을 연마한 바 없다는 이유로 1851년까지 대왕대비인 순원왕후 김씨(명경대비)가 수렴청정하였다. 그 덕분에 순원왕후의 집안인 안동 김씨는 다시 풍양 조씨를 제치고 권력을 장악하였다.

명경대비의 수렴청정 아래 철종은 스물한 살 되던 1851년 9월에 대왕대비의 근친 김문근의 딸을 왕비로 맞게 되었다. 그 뒤 김문근이 영은부원군이 되어 국사를 돕게 되니, 안동 김씨가 다시 풍양 조씨를 제치고 세도정치를 이어가게 되었다.

21장

고종·순종 편

연상의 연인 때문에 명성황후를 외면하다

고종은 열두 살 어린 나이에 왕위에 오른 뒤, 3년이나 지나서야 혼례를 올리고 왕비를 맞아들였다. 1866년 3월 21일, 고종과 혼인한 여인은 민치록의 딸 민자영이었는데, 그녀가 명성황후 민씨다. 고종은 이날 그녀와 초야를 치른 뒤로 중궁전을 잘 찾지 않았다. 그 때문에 왕비 민자영은 속을 끓여야 했다. 고종은 왜 민자영을 홀대했을까?

당시 고종은 다른 여인에게 마음을 두고 있었다. 고종의 마음을 빼앗은 여인은 궁녀 이순아였다. 이순아는 고종이 왕위에 올라 궁궐 생활을 시작하면서 만난 첫사랑이었다. 열두 살 소년 고종이 이순아를 만났을 때 그녀는 스물한 살이었다. 어린 소년이 성숙한 처녀에게 홀딱 빠진 상황이었다. 그렇게 3년 동안 그녀에게 얼이 빠져 있던 상태에서 혼례를 치렀으니, 이제 갓 만난 신부 민자영에게 눈을 돌릴 여유조차 없었던 것이다.

그러고 보면 고종은 왕비를 맞이하기 전에 이미 후궁부터 만든 셈이었다. 후궁 이순아의 처소는 영보당이었다. 고종은 눈만 뜨면 영보당으로 달려가기 바빴고, 민자영은 늘 뒷전이었다. 설상가상으로 1867년 겨울에 이순아는 아이까지 잉태했고, 이듬해 윤4월에 왕자를 낳았다. 고종의 첫아들 완화군 이선이었다.

완화군의 탄생으로 영보당 이씨의 입지는 크게 강화되었고, 민자영의 처지는 더욱 외롭게 되었다. 사실, 왕실에 왕자가 태어난 것은 실로 오랜만이었다. 철종의 왕비 철인왕후가 왕자를 낳긴 했으나 어린 나이에 잃었고, 이후로 왕자가 태어난 일은 없었다. 그런 까닭에 완화군의 탄생은 왕실을 흥분시키기에 충분했다. 대왕대비 조씨(신정왕후)는 물론이고, 흥선대원군과 고종까지 몹시 들떴다. 특히 고종은 너무 기쁜 나머지 완화군을 원자로 삼으려고 하였다. 이 때문에 민자영의 불안은 더욱 가중되었다.

당시 상황을 황현은 《매천야록》에서 이렇게 기록하고 있다.

> 궁인 이씨가 완화군을 낳자 계씨 성을 하사했다. 그때 고종은 17세였는데, 무척 기뻐했다. 심지어 원자로 책봉하려고까지 했다.
> 이에 흥선대원군이 충고했다.
> "만약 왕비에게서 아들이 태어난다면 장차 어찌하시렵니까?"

그러면서 서두르지 말라고 하였다.

고종이 일찍이 박유붕을 불러 완화군의 관상을 보게 하였더니 박유붕이 한참 있다가 말했다.

"서두르지 마소서."

이에 고종이 몹시 화를 내며 혹 박유붕이 흥선대원군의 사주를 받은 것이 아닌가 의심하였다. 얼마 지나지 않아 박유붕이 죽었다. 구례에 사는 유제관이라는 사람이 무과에 합격하여 한양에서 살았는데, 박유붕과 평소에 왕래가 있었다. 어느 날엔가 유제관이 가서 보니 박유붕이 데굴데굴 구르며 죽으려 하는데, 아홉 구멍에서 피가 쏟아졌다. 깜짝 놀라 그를 흔드니 팔을 저으며 대꾸하지 않다가 곧 절명하였다.

어떤 사람이 말하길 사약을 받고 죽었다고 하였다. 유제관이 나에게 직접 말해준 것이다.

《매천야록》에서 보듯 고종은 어떻게 해서든 완화군을 원자로 삼고 싶어 했다. 심지어 완화군의 관상에 대해 부정적인 견해를 드러낸 관상쟁이를 죽일 정도로 그의 의지는 강력했다. 이는 모두 이순아에 대한 그의 애정이 얼마나 대단했는지 보여주는 일이었다. 뭇 남성들처럼 그 역시 사랑하는 여인의 아들이 자기 대를 이어주길 바랐던 것이다.

이런 상황에서 벗어나기 위해 민자영은 무슨 수를 써서라도 이순아의 아들이 원자가 되는 일을 막아야만 했다. 하지만 시어머니

격인 대왕대비 조씨도 남편의 친부 흥선대원군도 모두 자기편이
아니었다. 민자영은 그야말로 고립무원의 처지였다.

그런데 그야말로 전혀 뜻밖에도 시아버지 흥선대원군이 완화군
의 원자 책봉을 막았다. 당시만 하더라도 시아버지와 며느리 사이
가 나쁘지 않았고, 덕분에 민자영은 가까스로 빈껍데기 왕비 신세
는 면하게 되었다.

64

명성황후가 죽자
고종이 곧바로 불러들인 여인

1895년 음력 8월 20일, 추석 명절을 지낸 지 불과 5일밖에 되지 않은 때였다. 일군의 일본 낭인들과 일본군이 경복궁에 침입하여 명성황후시해사건을 일으켰다. 변란 중에 중전은 사라졌고, 시신조차 없었다. 낭인들이 그녀를 무자비하게 죽인 후 시신을 불태웠다는 말이 돌았다. 이후 궁궐 기둥 밑에서 발견된 유골 몇 점으로 장례를 치르고 왕비 민자영은 죽은 사람이 되었다.

그런데 왕비 민자영의 죽음으로 비통한 심정에 빠져 지낼 것으로 보였던 고종은 느닷없이 한 여인을 궁궐로 불러들인다. 국란이 일어나 한 치 앞을 내다볼 수 없는 위기 상황에 고종이 불러들인

이 여인은 누구였을까?

고종과 이 여인이 처음으로 인연을 맺은 것은 1882년에 일어
난 임오군란 때였다. 첫사랑 이순아가 왕비 민자영과의 암투 끝에
궁궐에서 쫓겨난 후 고종은 더는 곁눈질하지 못했다. 왕비 민씨가
눈을 부릅뜨고 지키고 있는 한 어느 여인에게도 눈길을 줄 수 없
었다. 그런데 1882년 7월에 구식군대가 임오군란을 일으키면서
변수가 생겼다. 군란 중에 왕비 민씨가 궁궐을 빠져나가 고향 여
주에 몸을 숨겼고, 흥선대원군이 다시 집권하여 그녀가 죽었다며
장례를 치렀다. 이후 흥선대원군은 두 달 가까이 정권을 장악했다
가 청나라 군대에 납치되는 사태가 벌어졌다. 그때 여주에 숨어있
던 민씨가 궁궐로 돌아왔다.

중전 민씨가 약 3개월 동안 궁궐을 비운 사이 고종은 새로운 여
인을 품었다. 고종의 마음을 사로잡은 여인은 궁녀 엄씨였다. 그녀
는 평민 엄진삼의 딸로 궁녀가 되었는데, 임오군란으로 왕비 민씨
가 궁궐을 비운 사이, 고종을 지극정성으로 받들었다. 덕분에 고
종의 마음을 사로잡기에 이르렀다. 1882년 당시에 엄씨의 나이는
스물아홉 살이었다. 그때 고종의 나이 서른이었는데 그런 나이에
왕의 사랑을 얻었으니, 그녀로서는 일생의 기회를 잡은 셈이었다.

그런데 고종과 엄씨가 채 사랑의 꽃도 피우기 전에 왕비 민씨가
궁궐로 돌아왔다. 그리고 자신이 자리를 비운 사이에 엄씨가 고종
을 잘 보살폈다는 소리를 듣고, 엄씨를 상궁으로 올려 지밀로 배
치했다. 엄씨는 키가 작고 통통했으며, 인물은 보잘것없었다. 그러

니 민씨는 크게 신경 쓰지 않고 지밀에 배치한 것이었다.

그런데 중전 민씨가 보기에 연적이 되리라고는 생각지도 않은 엄씨를 고종이 품은 것이다. 사단은 1885년에 일어났다. 서른두 살의 엄 상궁이 남편의 승은을 입었다는 사실을 안 중전은 노발대발했다. 그러고는 당장 엄씨를 대궐에서 내쳐버렸다. 상궁 직위도 박탈하여 서인으로 전락시켰다. 어찌 됐든 왕의 승은을 입었다면 후궁인 셈인데, 왕비 민씨는 조금도 망설이지 않고 그녀를 쫓아내버렸다. 그러자 고종은 서인으로 만드는 것은 너무 가혹하다며 상궁의 직위는 유지하게 했다. 혹 엄 상궁이 궁핍하게 살 것을 염려한 조치였다. 하지만 중전 민씨의 성화에 궁궐에 두지는 못했다.

이후 고종은 다시는 엄씨를 만나지 못할 것으로 생각했다. 엄씨를 다시 가까이했다간 중전이 엄씨를 어찌할지 알 수 없었기 때문이다. 고종은 그렇게 아내의 눈치를 보며 이후로 10년 동안 엄씨를 만나지 못한 채 살아야 했다.

그러던 중에 명성황후시해사건이 터졌고, 민자영은 불귀의 객이 되었다. 고종은 중전 민씨의 장례를 치르자마자, 바로 엄씨를 궁궐로 불러들였다. 이후로 그들은 부부로 살았다. 10년 동안 헤어져 있던 그들은 다시 사랑의 불꽃을 피웠다. 이후 고종은 일본의 영향력에 벗어나기 위해 1896년에 러시아 공사관으로 몸을 피하는 아관파천을 단행했다. 그때도 고종은 엄씨를 데리고 갔다.

이후로 그들은 다시는 떨어지지 않았다. 덕분에 엄씨는 1897년에 영친왕(의민태자) 이은을 낳았다. 그때 그녀의 나이 마흔넷이었다. 당시로서는 손자를 볼 나이도 훨씬 지난 때였다.

엄씨를 사랑한 고종은 그녀를 황후로 책봉할 생각이었다. 그래서 순빈으로 책봉하고 황후로 앉히기 위해 방법을 모색했다. 하지만 왕실은 그녀의 황후 책봉을 강하게 반대했다. 특히 이준용의 반대가 심했다. 이준용은 고종의 형인 이재면의 아들이자 흥선대원군의 장손이었다. 이준용 외에도 친일파들이 엄씨의 황후 책봉에 반기를 들었다. 결국, 고종은 엄씨를 황후로 책봉하는 데 실패했다. 대신 그녀를 황귀비로 삼았다.

그런 가운데 황위에서 물러나게 되자, 고종은 엄씨의 아들 은을 순종의 황태자로 삼게 했다. 이에 대해 의친왕 이강이 강력하게 반대했지만 고종은 뜻을 관철했다.

고종이 엄씨의 아들 이은을 순종의 황태자로 삼은 것은 엄씨에 대한 애정의 표현이기도 했다. 이은이 황제 자리를 계승하면 자연스럽게 그녀도 태후 자리에 오를 수 있을 것으로 판단한 것이다.

하지만 고종의 그런 바람과 달리 고종이 퇴위하자 통감 이토 히로부미는 영친왕을 강제로 일본으로 데려가 버렸다. 유학이라는 명분을 앞세웠지만 볼모로 끌고 간 것이다. 어린 아들이 인질이 되어 일본에 끌려가자 속을 끓이던 엄씨는 병을 얻었다. 그녀가 병상에 있던 1910년 8월 22일 한일합병조약이 체결되고, 조선이 몰락함으로써 그녀의 아들 이은이 황위에 오를 길은 완전히 막히고 말았다. 그런 가운데 엄씨는 1911년에 병상에서 일어나지 못하고 생을 마감했다.

순종은 왜 일본을 방문해야 했을까?

세간에 자세히 알려지지 않은 이야기지만, 조선의 마지막 왕 순종은 1917년 6월 8일부터 6월 28일 사이에 일본의 수도 도쿄를 다녀왔다. 일제에 국권을 빼앗긴 지 7년이 지난 때였다. 당시 순종이 도쿄를 방문한 것은 일본 천황 요시히토에게 인사를 하기 위함이었다. 말하자면 식민국의 왕으로서 본국의 황제를 알현한 것인데, 순종은 왜 이런 굴욕적인 행위를 해야 했을까?

조선 왕실은 한일합병으로 국권을 상실했을 때도 고종이나 순종이 일본을 방문한 일은 없었다. 국권은 상실했지만, 왕조의 자존심은 지키고 있었다. 그런데 국권을 상실한 지 7년 만에 그 자존심을 내팽개치고 일본으로 가서 천황 요시히토에게 고개를 숙이

고 신하의 예를 행한 것이다. 순종은 왜 나라를 빼앗기던 당시에
도 행하지 않았던 굴욕적인 입조 행위를 7년이나 지난 시점에 와
서 행했을까?

순종의 도쿄 방문에 관해서는 〈순종실록〉 부록에 제법 자세히
나오는데, 갑자기 도쿄를 가게 된 경위에 대해서는 아무런 기록도
남기고 있지 않다. 다만 풍문으로 떠돌던 내막이 구전과 야사를
통해 일부 전해진다. 그에 의하면 순종에게 도쿄 방문을 강압한
인물이 있었는데, 윤덕영이었다.

윤덕영은 순종 비 순정효황후의 아버지 윤택영의 형이다. 황후
의 큰아버지였던 그는 대한제국의 황후궁대부로 재임하면서 시종
원경 등의 고위직을 지냈고, 한일합병 때에는 순종의 인장을 탈취
하여 국서에 찍는 행위를 하는 등 국권 탈취에 동조한 공으로 일
본 정부로부터 자작 작위를 받았다. 순종의 지위가 이왕李王으로
격하된 조선에서는 이왕직(일제 강점기 이왕가와 관련한 사무 일체를 담
당하던 기구) 찬시에 임명되어 일본 정부의 지령을 순종에게 전달
하거나 강압하는 역할을 했다. 순종의 굴욕적인 도쿄 방문도 일본
정부의 지령이었을 가능성이 크다. 그리고 그 지령을 순종에게 전
달하고 강압한 인물이 바로 윤덕영이었다.

윤덕영이 처음에 도쿄 방문을 요청한 사람은 순종이 아닌 고종
이었다. 하지만 고종은 단호히 거절했다. 이에 윤덕영은 갖은 수
단을 동원하여 고종을 압박했고, 결국 고종 대신 순종이 방문하게
된 것이다.

도쿄 방문 목적은 '일본 천황 부부 알현'이었다. 윤덕영은 이 일을 강요하며 소국으로서 대국의 황제를 알현하는 것은 당연한 의무라고 주장했다. 물론 윤덕영뿐 아니라 당시 친일에 앞장선 자들이 한결같이 주장한 논리였다. 순종은 늙은 아버지(고종)가 그런 압박을 받는 것을 차마 볼 수 없어 자신이 도쿄행을 결심하게 된 것이다.

도쿄 방문의 출발점은 지금의 서울역인 당시 남대문역이었다. 그곳에서 특별열차가 출발했는데, 동행한 인물은 순정효황후의 아버지인 후작 윤택영을 비롯하여, 자작 이재곤, 이왕직 장관 자작 민병석, 찬시 자작 윤덕영, 부무관 자작 이병무 등 하나같이 일본 정부에 충직한 친일파였다.

6월 8일, 남대문역을 출발한 특별열차는 그날 밤에 부산역에 도착했고, 순종 일행은 부산의 철도 호텔에서 하루를 묵었다. 다음 날, 일본 군함 히젠호를 타고 시모노세키항에 입항하여 하루를 묵었다. 이어 10일에는 마이코역에 이르러 아리스가와 궁(有栖川宮)의 별저에서 유숙하고, 11일에 나고야역에 이르자, 영친왕 이은이 마중을 나왔다. 당시 영친왕은 일본 육사를 막 졸업한 상태였다. 12일에는 마침내 도쿄역에 도착하여 가스미가시키 이궁(霞關離宮)에서 하루를 묵고, 14일에 일본 황궁에 가서 봉황문에서 요시히토 천황과 황후를 만나 인사했다. 또 당시 태자였던 히로히토를 방문했는데 역시 알현의 형식을 갖췄다.

순종의 인사는 여기서 끝나지 않았다. 일본 황족들을 일일이 방문하며 인사했다. 그리고 16일에 아카사카 이궁(赤坂離宮)에서 개최된 황족의 오찬회에 참석했다. 그날 또 영친왕이 머물던 도리이사카(鳥居坂) 별저를 방문했다. 17일에는 일본의 내각 총리 데라우치 마사타케가 마련한 만찬회에 참석했다. 데라우치 마사타케는 한국에서 총독을 지낸 인물이라 순종도 익히 아는 얼굴이었다. 이어 일본의 옛 수도 교토를 거쳐 27일에 다시 군함을 타고 귀국길에 올라 28일에 남대문역에 도착함으로써 3주에 걸친 도쿄 방문 일정을 마쳤다.

순종의 도쿄행은 그저 여행 한 번 다녀온 차원의 일이 아니었다. 도쿄 방문에 엄청난 비용이 들었다. 수많은 수행원이 따라붙어야 했고, 가는 곳마다 특별히 하사금도 내려야 하는 상황이었다. 그런 모든 상황을 고려하여 책정한 예산은 당시 돈으로 12만 원이었다.

12만 원을 지금 돈으로 환산하면 약 60억 원이다. 그러나 당시의 12만 원은 지금의 60억과는 비교조차 하기 힘들 만큼 높은 가치가 있었다. 당시 왕실에는 자금이 말라 있었고, 또 돈이 무척 귀한 시절이었다. 그런 상황에서 12만 원은 지금의 60억이 아니라 600억보다도 더 큰 가치가 있었다.

1911년에 한국인이 경영한 공장 자본금 총합이 63만 7,240만 원이었다는 통계를 참고하면 당시 12만 원의 가치를 알 수 있다. 1911년에 전국에 한국인이 경영하던 공장이 66개였는데, 12만 원은 이 66개 회사 자본금 총합의 18%에 해당하는 거액이었다.

또 1913년 설립된 부산은행의 자본금이 30만 원인 것과 비교해봐도 지방 은행 자본금의 40%나 되는 큰돈이었다.

순종은 이런 엄청난 비용을 들이면서 굴욕적인 '천황 부부 알현'을 해야 했다. 그가 가지 않으면 아버지 고종이 가야 했을 일이다. 당시 이왕직에 근무하던 모든 관리는 친일파였고, 그들이 벌떼처럼 달려들어 고종의 도쿄 방문을 강압하고 있었다. 그러니 순종은 늙은 아버지를 대신하여 역사의 굴욕을 자처할 수밖에 없었다. ●